Ernst Toller – Eine politische Biographie

EDITION DESCARTES 1
Beiträge zu den Geisteswissenschaften

Dieter Distl

Ernst Toller

Eine politische Biographie

Neuburg, 12.5.2006

herzlich zugeeignet

von

Dieter Distl

Im Verlag Benedikt Bickel

Die folgende Arbeit wurde am 25. Februar 1993 an der Ludwig-Maximilians-Universität zu München als Dissertation angenommen.

© 1993 Verlag Benedikt Bickel
Ignaz-Taschner-Str. 16, 86529 Schrobenhausen

Das Werk einschließlich aller seiner Teile ist urheberrechtlich geschützt. Jede Verwertung außerhalb der engen Grenzen des Urheberrechtsgesetzes ist ohne Zustimmung des Verlages unzulässig und strafbar. Das gilt insbesondere für Vervielfältigungen, Übersetzungen, Mikroverfilmungen und die Einspeicherung und Verarbeitung in elektronischen Systemen.
Texterfassung: Claudia und Werner Kreitmeier

Layout und Computer Aided Publishing (CAP): Benno Bickel
Umschlaggestaltung: Viktor Scheck
Druck: Li-Waj Tang, München
ISBN 3-922803-77-6 (brosch. Ausgabe)ISBN 3-922803-03-2 (geb. Ausgabe)

*J*eder, der hören wollte, hat hören können. Jeder, der wissen will, muß wissen. Wer nicht hörte, wollte nicht hören, wer nicht weiß, will nicht wissen. Wer vergißt, will vergessen.

Ernst Toller

*T*rotz alledem, wen wundert´s, bin ich immer noch der Meinung. Ich kann den Traum von einer gerechteren Gesellschaft in mir nicht auslöschen.

Dieser Traum ist älter als alles, was sich Kommunismus nannte. Er ist so alt wie die Menschheit und wurde immer wieder getötet, weil er halt immer wieder auferstand.

Wolf Biermann, 1990

*Gewidmet meiner Tochter Julia
und ihren Urgroßeltern*

VORWORT

Der Politiker und Schriftsteller Ernst Toller und seine tragische Lebensgeschichte haben mich gefesselt, seit ich politisch zu denken begann. Ernst Toller gehört zur Generation meiner Großeltern, die wie Toller im letzten Jahrzehnt des 19. Jahrhunderts geboren wurden. Diese Menschen erleichterten mir einen Zugang zur Geschichte.

Die jetzt vorliegende Arbeit wurde entscheidend angetrieben durch die täglichen - das Vergehen der Zeit deutlich machenden - Riesenfortschritte und natürlich durch die nächtlichen Umtriebe meiner Tochter, die fast 100 Jahre nach Toller zur Welt gekommen ist und einmal im 21. Jahrhundert verstehen soll, welche Schicksale ihre Lebenssituation und ihre Zeitumstände bedingt haben. Meiner Tochter Julia und ihren Urgroßeltern, die sie nicht mehr kennenlernen konnte, ist deshalb auch dieses Buch gewidmet.

Es zeichnet sich übrigens nicht durch voluminösen Umfang aus, obwohl es eine lange Entstehungszeit hat. Fast vierzehn Jahre arbeitete ich mit großen und kleinen Unterbrechungen daran. Diese erwiesen sich rückblickend als die größte Erschwernis. Nicht nur der rasante Fortschritt im Bereich der Textverarbeitung in dieser Zeit, auch die sich ändernden formalen Anforderungen an eine wissenschaftliche Arbeit, machten immer wieder ein völliges Überarbeiten des Typoskripts notwendig.

So entschloß ich mich nach langem Abwägen, die 1982 vorgelegten Empfehlungen der amerikanischen *Modern Language Association* zu übernehmen, die versuchen, die international verbreitetsten Belegverfahren auf den einfachsten Nenner zu bringen, obwohl ich dadurch gezwungen war, die Quellenbelege in Fußnoten zugunsten knapper Angaben im laufenden Text (Gibaldi, *Handbook*) zu eliminieren; nach dieser Empfehlung sollte auf Fußnoten zum Zwecke des Quellenbelegs grundsätzlich verzichtet werden (15-16). Ich bin jedoch überzeugt, daß dies die Lesbarkeit des Textes fördert, was schließlich auch der Sinn der Mühen ist.

Daß ich dabei nicht entmutigt wurde, verdanke ich den virtuosen Textverarbeitungskenntnissen eines fintenreichen Ehepaares; insbesondere aber der beharrlichen Förderung durch Prof. Kurt Sontheimer, der hilfreichen Unterstützung durch Prof. John M. Spalek, der Ermutigung zum Einstieg durch Prof. Wolfgang Frühwald, den Hinweisen auf manch unentdeckte Spur von Prof. René Eichenlaub, an dessen Lehrstuhl an der Université de Haute Alsace ich einige Jahre als Lektor des DAAD unterrichten konnte und wo der Forschungsarbeit viel Verständnis entgegengebracht wurde. Immer wieder kreuzten sich meine Wege mit Dr. Carel ter Haar, wenn es galt, an Toller zu erinnern oder erinnert zu werden. Sein Beispiel von Treue einem Forschungsgegenstand gegenüber, die nur mit Liebe zum Menschen Ernst Toller erklärt werden kann, hat mich immer wieder tief beeindruckt.

Die Archivmitarbeiterinnen und -mitarbeiter am Institut für Zeitgeschichte in München, an der Akademie der Künste in Berlin, beim Bayerischen Staatsarchiv und beim Deutschen Literaturarchiv in Marbach beispielsweise ermöglichten ausnahmslos ein Arbeiten in einer angenehmen und deshalb aufbauenden Atmosphäre.

Geholfen hat mir meine Mutter beim Entziffern von Tollers Handschrift seiner frühen Jahre. Sie hat dazu zahllose Seiten in eine für mich lesbare Form transskribiert. Geholfen hat mir meine Frau, da sie immer voll ehrlicher Hoffnung war, daß das einmal begonnene Werk trotz des langen Bearbeitungszeitraumes beendet werden würde. Den Freunden, an deren Tischen Ernst Tollers Leben häufig minutiös erläutert wurde und allen geduldigen und ungenannten Helfern danke ich herzlich.

Nachdem Ernst Toller erwachsen war, mußte er vier Jahre Krieg, fünf Jahre Haft und sechs Jahre Asyl erleiden. Mit fünfundvierzig Jahren sah er dann keinen Ausweg mehr und erhängte sich. Ich verstehe die vorliegende Arbeit deshalb auch als Mahnung an mich und andere, alles zu tun, daß sich ähnliche Schicksale und die sie bedingenden politischen Entwicklungen nicht wiederholen.

INHALTSVERZEICHNIS

Vorwort	VII
Inhaltsverzeichnis	XI

I.	**EINLEITUNG**	1
	1. Ernst Toller: Schriftsteller und/oder Politiker	2
	2. Warum eine politische Biographie?	4
	3. Materialbasis	13
	4. Untersuchungsschwerpunkte	#
II.	**HERKOMMEN (1893 - 1914)**	15
III.	**POLITISIERUNG UND ERSTES POLITISCHES ENGAGEMENT (1914 - 1918)**	19
	1. Kriegserlebnis	19
	2. Der Wandel im Denken	21
	3. Erstes politisches Handeln	26
	3.1 Studentenprotest	26
	3.2 Bürgerinitiative für den Frieden	31
	3.3 Hinwendung zur Arbeiterbewegung	33
IV.	**TOLLER UND DIE REVOLUTION IN MÜNCHEN (1918/19)**	39
	1. Erste Phase der Revolution	39
	2. Zweite Phase der Revolution	43
	2.1 Aufbau der revolutionären Staatsorgane	53
	2.2 Aufrufe und Erlasse Tollers	59
	2.3 Die kommunistische Räteregierung	68
	3. Ergebnis	77

V. POLITISCHER GEFANGENER - GEFANGEN IN DER POLITIK (1919 - 1924) 79
1. Kampf ums Leben - der Hochverratsprozeß gegen Ernst Toller 79
2. Kampf ums Recht - gegen den Staat und die eigene Partei 85
3. Kampf um die Reste der Revolution 93
4. Kampf um literarische Anerkennung 95
4.1 *Die Wandlung* 97
4.2 *Masse Mensch* 99
4.3 *Die Maschinenstürmer* 104
4.4 *Massenspiele* 108
4.5 *Hinkemann* 109
4.6 *Der entfesselte Wotan* 112
4.7 *Das Schwalbenbuch* 113
5. Kampf um eine Weltanschauung 114

VI. ALS WAFFE DAS WORT (1924 - 1933) **121**
1. Das Wort als Waffe - gegen die Klassenjustiz 123
2. Das Wort als Waffe - gegen Militarismus und Wiederauf-
   aufrüstung 126
2.1 Feuer aus den Kesseln 128
3 Das Wort als Waffe - gegen Intoleranz und Rassismus 129
3.1 In den USA 131
3.2 In der Sowjetunion 133
4. Das Wort als Waffe - gegen den Nationalsozialismus 136
5. Das Wort als Waffe wird stumpf 142

VII. EXIL (1933 - 1939) **145**
1. Kampf für die Menschenrechte 146
2. Sammlung der einzelnen im Exil gegen den Nationalsozialismus ... 149
3. Mobilisierung der Demokratien gegen die Diktaturen 161
4. Hilfe für Spanien 166
5. Tollers letzte Tage 174
6. Nachrufe 177

VIII. ZUSAMMENFASSUNG **179**

IX. QUELLEN- UND LITERATURVERZEICHNIS **183**

X. ABKÜRZUNGSVERZEICHNIS **215**

I. EINLEITUNG

Die Ursprünge dieser Dissertation gehen auf das Hauptseminar "Literatur und Politik" im Wintersemester 1978/79 bei Prof. Dr. Kurt Sontheimer zurück. Das Thema meiner damals vorgelegten Seminararbeit erwies sich insofern als gehaltvoll, als gezeigt werden konnte, daß gerade Ernst Toller für die Untersuchung des Verhältnisses von Literatur und Politik interessant ist, weil es bei ihm im Gegensatz zu den meisten anderen engagierten Schriftstellern während der Weimarer Republik zu einer Umkehr der Kausalität gekommen ist: Nicht sein literarisches Werk hat die Reichweite seiner politischen Aussagen bestimmt, sondern seine exponierte Rolle als Mitglied der bayerischen Räteregierung und seine anschließende Festungshaft sind beständig zur Wertung seiner schriftstellerischen Arbeit mitherangezogen worden (ter Haar, *Appell*).

Carel ter Haar meint darüberhinaus, daß anders als etwa bei Bertolt Brecht oder Thomas Mann, bei denen die Anziehungskraft primär im dichterischen Werk zu finden sei, das sich somit gleichsam vor den Autor stelle, bei Toller das Werk durch die Person verdeckt werde. Dies habe möglicherweise zur mangelnden Rezeption des Werks nach 1945 in beiden deutschen Staaten beigetragen (1).

Man ist versucht hinzuzufügen, daß sich daran, trotz der verdienstvollen Herausgabe der *Gesammelten Werke* durch John M. Spalek und Wolfgang Frühwald im Jahre 1978[1], nicht viel geändert hat. Obwohl Tollers literarisches Schaffen in den letzten Jahren in der Literaturwissenschaft eine späte Würdigung erfahren hat[2], wird sein politisches Handeln nach wie vor geringer geachtet, wenn nicht gar als Behinderung literarischer Produktion gesehen (Rothe, *Toller*, 113).

Toller gilt als eines der wenigen Beispiele in Deutschland für das Zusammentreffen von aktivem Politiker und engagiertem Schriftsteller in einer Person. Er war sich seiner politischen Verantwortung stets bewußt. Die vorliegende Arbeit soll dazu beitragen, das politische Handeln Ernst Tollers angemessen zu würdigen, um die häufig antinomische Gegenüberstellung vom Schriftsteller einerseits und dem Politiker andererseits zu entkräften oder aufzuheben.

1. Ernst Toller: Schriftsteller und/oder Politiker?

Ein deutscher Staatsmann, der im Verdacht steht, ein Gedicht machen zu können, sei hinreichend verdächtig, von Politik keine Ahnung zu haben, meinte Kurt Eisner (Freya Eisner, 39), und er schloß darüberhinaus aus, daß in Deutschland ein Dichter einmal Minister werden könnte (39). Günter Nenning betitelte 1989 seinen Aufsatz über Gustav Landauer in *DIE ZEIT* "Wo Staat ist, ist kein Geist" und verschärfte so eine Aussage Landauers.

Wie langlebig diese vielbeklagte Kluft zwischen Kultur und Politik, zwischen Künstler und Staatsmann ist, zeigt das Interview von Ulrich Greiner in derselben Zeitung mit Bundespräsident Richard von Weizsäcker, das in der Überschrift Weizsäcker zitiert, "Wir leiden an dem Haßverhältnis zwischen Geist und Macht".

---

[1] Toller, Ernst: *Gesammelte Werke*. Hg. John M. Spalek und Wolfgang Frühwald. 5 Bände. o.O., 1978. Wird in der Folge zitiert als GW, 1-5. Dazu kam ein 6. Band: *Der Fall Toller. Kommentar und Materialien*. Hrsg. von Wolfgang Frühwald und John M. Spalek. München, 1979. Wird in der Folge zitiert als: *Fall*.

[2] vgl. dazu das Kapitel "Materialbasis".

Dieses tiefe Spannungsverhältnis zwischen Geist und Macht[3] wird in Deutschland traditionell gepflegt, und es wird aufrechterhalten durch die Unterstellung, Macht habe kein Verhältnis zur Kultur und Politik und Menschlichkeit schlössen sich aus, wie es Hermann Hesse formulierte (Oesterle, 40).[4]

Nun glaubte man für einen kurzen historischen Augenblick diese Kluft in der Münchener "Literatenrepublik" (Eichenlaub, "Les Intellectuels" und Pörtner) überbrückt. Wurde durch einen Schriftstellerpolitiker wie Ernst Toller dieser Gegensatz aufgehoben? Konnte er eine Synthese von Politik und Kunst herstellen? Da nicht nur die "schöngeistige" Literatur, sondern auch Tollers Gebrauchstexte, wie politische Aufrufe, Flugblätter, Bittschriften, Memoranden zur Bestimmung seines Ideengehalts herangezogen werden, gelingt vielleicht eher eine Bewertung historischer und literarhistorischer Aspekte, als nur eine dichtungsgeschichtliche, also die ästhetische Dimension in den Mittelpunkt der Betrachtung rückende Analyse (Frühwald, *Kunst als Tat*, 363).

Eisner und Landauer hatten gehofft, die Kluft zwischen Gedanken und Tat durch die Revolution geschlossen zu haben. Sie wurden 1919 ermordet. Diejenigen Schriftsteller, die diese Revolution jedoch überlebten, trauerten noch Jahre der unerfüllten und Utopie gebliebenen Revolution der Gesinnung nach, was auch ihre Beurteilung des neuen, demokratischen Staates negativ beeinflussen mußte[5]. Lediglich Walter Rathenau wollte mit parteipolitischem Engagement eine Revolutionierung der Gesinnung herbeiführen (362) und stand damit allein unter den Literaten.

Auch Ernst Toller zog sich nach der Entlassung aus der Haft, die ihm als Revolutionär auferlegt worden war, von jeglicher parteipolitischen Betätigung zurück. Er verließ damit auch die Plattform, die im modernen Parteienstaat politische Handlungsfähigkeit garantieren sollte. Dies soll jedoch

---

[3] Vgl. dazu die grundlegenden Arbeiten von Kurt Sontheimer, Alfred Grosser, Dietz Bering, Erwin K. Scheuch.

[4] Grundsätzlich dazu auch Hans Magnus Enzensberger, Peter Stein, Horst Krüger, Peter Schneider, Thomas von Vegesack, Edgar Roij Wiehn, John Willett, Ralph Rainer Wutenow, Günter Kunert, Botho Strauß u.a.

[5] Vgl. dazu die Arbeiten von Walter Laqueur mit George Mosse.

nicht heißen, Toller habe sich in den Elfenbeinturm der Kunst zurückgezogen. Er verstand im Gegenteil vor allem nach 1933 die Aufgabe des Schriftstellers in erster Linie politisch, da er im Gegensatz zu vielen deutschen Dichtern und Denkern ein inneres Bewußtsein von politisch-moralischer Schuld entwickelt hatte (Härtling).

Toller verteidigte zu jeder Zeit die Unabhängigkeit des politischen Schriftstellers von der Vereinnahmung durch politisch-oppositionelle Gruppen, er bewahrte jedoch auch die künstlerische Qualität der politischen Literatur insbesondere nach 1933 vor agitatorischer Verflachung. Dabei half ihm seine strenge Intellektualität, die sich nicht vorrangig im theoretischen Denken begründete, sondern in seiner Bildung, Beobachtungsschärfe und Nachdenklichkeit. Daß er mit seiner Ungeduld des Denkens innerhalb der Sozialdemokratie, die sich eher kleinbürgerlicher Genügsamkeit[6] als großzügiger Visionen verschrieben hatte, kaum Rückhalt fand, liegt auf der Hand.

2. Warum eine politische Biographie?

Die vorliegende Arbeit ist weder eine literaturwissenschaftliche Untersuchung zum Werk noch eine umfassende Lebensgeschichte Ernst Tollers. Sie verzichtet sogar auf eine dezidiert literatur-ästhetische Wertung (Shaw). Dafür soll sie aber als Biographie der politischen Ideen, der politischen Entwicklung und der politischen Handlungen eines Mannes verstanden werden, die gewissermaßen ergänzend zu literaturhistorischen oder biographischen Abhandlungen gelesen werden kann.

Im Folgenden werden die Abschnitte geistig-politischer Entwicklung rekonstruiert und die dabei zugrundeliegenden Ideologiemuster erforscht. Wo Widersprüche, Brüche, Verwerfungen, aber auch wo Kontinuitäten in dieser Entwicklung gezeigt werden können, soll dies geschehen. Die Verknüpfung mit den politischen Ereignissen wird dabei evident. Die Arbeiten

---

[6] Toller selbst schrieb am 18. August 1919 aus Stadelheim an Maximilian Harden vom "Wesen dieser kleinbürgerlichen Partei mit ihren Schwächen und Halbheiten" (BA), wozu er einen Aufsatz veröffentlichen wollte.

und Gedanken Tollers werden dazu in Beziehung gesetzt und kritisch gewürdigt. Das ist meines Erachtens in früheren Untersuchungen immer wieder nur ansatzweise geschehen und ist überdies auch am ehesten aus politikwissenschaftlicher Sicht zu leisten, geht es doch bei dieser Art der Sozialbiographik in erster Linie um Realitätsverarbeitung, die soziales Lernen ist, da sie in der existenziellen Erfahrung von Kämpfen und Konflikten wurzelt (Luckmann). Jeder verhält sich in einem vorgefundenen Konfliktzusammenhang auf eine bestimmte Art und Weise. Für den Betroffenen resultiert daraus ein Interesse an Erkenntnissen und Verhaltensweisen, die für ihn konfliktlösend wirken. An diesen Lebenserfahrungen wiederum läßt sich festmachen, wie das individuelle Leben durch das Lernen an sozialen Konflikten vorangetrieben wurde. Da dies im Fall Ernst Tollers nicht nur individualgeschichtlich interessant (Scheuer), sondern auch exemplarisch für eine Generation ist, kann schon daraus die Legitimation für diese Verknüpfung von Lebensgeschichte und allgemeiner Geschichte bezogen werden.

Ein völlig gegenteiliger politisch-biographischer Aspekt ergibt sich aus der Tatsache, daß jeder zunächst Politik erfährt, oder anders ausgedrückt, von Politik betroffen ist. Erst im Laufe einer Entwicklung bildet sich das, was man eine eigene politische Identität nennen könnte, aus der die Erfahrung der Politik in eine Politik der Erfahrung umgesetzt werden kann. Ernst Toller hatte, als er an die Spitze einer politischen Bewegung gespült wurde, eben diese politische Erfahrung weder subjektiv verarbeiten noch organisatorisch stabilisieren können. Dazu hätte gehört, daß nach der anfänglichen Verstrickung in die Politik die entsprechende Distanz zum politischen Handeln einen Erfahrungsprozeß vorangebracht hätte. In dieser Hinsicht stellt Ernst Toller eine Ausnahme unter den politisch Gestaltenden der zwanziger Jahre dar (Schlenstedt, "Tat", 38). Allgemeines und Besonderes gehen also bei Ernst Toller eine spezifische Beziehung ein. Neben den genannten Aspekten der Singularität und Typik ist für eine politische Biographie sicher mitentscheidend gewesen, daß die Einschätzung Ernst Tollers sehr häufig nicht nach der literarischen Qualität seiner Schriften erfolgte, sondern nach seinem politischen Handeln (Geifrig), nach seiner ideologischen Ausrichtung und seiner politischen Analyse und Prognostik.

3. Materialbasis

Nach seinem Freitod gerieten Ernst Toller und sein Werk zunehmend in Vergessenheit. Daran konnte auch die erste umfassende wissenschaftliche Arbeit über Leben und Werk Ernst Tollers nichts ändern, mit der der in der deutschen Siedlung von Westphalia in Missouri geborene William Anthony Willibrand bereits 1940, also ein Jahr nach Tollers Tod, promoviert wurde. Er untersuchte vor dessen Lebenshintergrund Tollers Ideologie. Die Ergebnisse dieser Dissertation *Ernst Toller and His Ideology* komprimierte er in einem kleinen Band, den er 1941 unter dem Titel *Ernst Toller: Product of Two Revolutions* vorlegte. Erstmals wurde durch Willibrand also Leben und Werk Ernst Tollers wissenschaftlich bewertet. Dabei kommt er zu der Ansicht, daß Toller weder der geborene Dichter noch der geborene Politstratege war. Die meisten seiner Werke seien auch nicht einem schöpferischen Drang entsprungen, sondern dem Wunsch, seine persönlichen Erfahrungen dramatisch umzusetzen. Willibrand ist überzeugt, daß man von Toller als Dramatiker wahrscheinlich nie etwas gehört hätte, hätte er sich nicht in die politische Arena begeben (42).

Sterling Fishman kam zwanzig Jahre später in seiner 1960 an der University of Wisconsin angenommenen Dissertation "Prophets, Poets and Priests: A Study of the Men and Ideas that made the Munich Revolution of 1918/1919" genau zur gegenteiligen Behauptung, die über Toller auch zu seinen Lebzeiten schon verbreitet worden war, er sei zwar ein guter Autor mit hehren Idealen gewesen, aber kein Politiker (259).

Nachdem Tollers Ansehen im geteilten Nachkriegsdeutschland ziemlich verblaßt war und er nur noch als wenig bekannter Dramatiker des Expressionismus galt, legte Martin Reso 1957 in Jena die erste umfassende deutsche Untersuchung unter dem Titel "Der gesellschaftlich-ethische Protest im dichterischen Werk Ernst Tollers" vor. Sein marxistischer Ansatz läßt ihn in Tollers Leben und Werk jedoch keine Entwicklung erkennen.

Ebenfalls in der DDR angenommen wurde 1963 Hans Marnettes Dissertation "Untersuchungen zum Inhalt - Form - Problem in Ernst Tollers Dramen". Zwar auch einer marxistischen Literaturwissenschaft verpflichtet, kommt Marnette wenigstens zu einigen interessanten Einsichten, wozu sicher seine Aussagen über Tollers Landauer-Rezeption zu rechnen sind.

In ihrer Aussagekraft begrenzt blieb die Dissertation "Mensch und Masse: Gedanken zur Problematik des Humanen in Ernst Tollers Werk", die Katharina Maloof 1965 an der University of Washington einreichte.

Die Forschung entscheidend voran brachte erst die Toller-Bibliographie von John M. Spalek *Ernst Toller and His Critics* von 1968. Er hatte schon 1966 in dem Aufsatz "Ernst Toller: The Need for a New Estimate" die politisch-weltanschaulichen Positionen Tollers näher bestimmt, weil Toller sowohl für die Linken als auch für die Rechten eine politische Zwischenstellung einnahm.

Da Spalek der wohl seit Jahrzehnten profundeste Toller-Kenner überhaupt ist, fiel es ihm auch nicht schwer, mit einigen Klischeevorstellungen über Toller gründlich aufzuräumen und wesentliche Forschungsvorhaben anzuregen. Dies erleichterte er, indem er eine umfassende Sammlung von Arbeiten von und über Toller in der University of Southern California Library in Los Angeles hinterlegte. Auch an anderen Materialsammlungen war er oft entscheidend beteiligt.

Wesentliches ist in der Ernst Toller Collection der Yale University Library in New Haven, Connecticut, in der Ernst Toller Sammlung des Deutschen Literaturarchivs des Schiller-Nationalmuseums in Marbach am Neckar, im Bundesarchiv in Koblenz, im Bayerischen Hauptstaatsarchiv in der Sammlung Ernst Toller und im Archiv der Akademie der Künste in Berlin zu finden.

Auf literaturwissenschaftliche Untersuchungen, die sich ausschließlich auf das literarische Schaffen Ernst Tollers, auf Werkinterpretationen oder ähnliches beziehen, soll hier vorläufig nicht eingegangen werden, wie beispielsweise auf die Arbeiten von Dorothea Klein von 1968, die von Walter Riedel von 1970 oder auf die neueren Forschungen von Helena da Silva von 1985 oder von Penelope Willard von 1988. Nur die Arbeiten, die die Doppelrolle Tollers als Politiker und Schriftsteller berücksichtigen, werden angesprochen.

Klaus Kändlers Buch *Drama und Klassenkampf* von 1970 ist deshalb für mein Vorhaben ebenfalls von untergeordneter Bedeutung, es wurde daher lediglich für die Beziehung zwischen expressionistischer und sozialistischer Dramatik herangezogen.

In Yale wurde 1972 die Untersuchung von Jacqueline Bloom Rogers "Ernst Toller's Prose Writings" eingereicht, in der sie dankenswerterweise mit dem Fehlurteil aufräumte, Tollers dichterische Kraft habe nach seiner Gefängniszeit nachgelassen.

An der Rutgers University, der State University of New Jersey, wurde 1973 Robert Bruce Elsaesser mit der Untersuchung "Ernst Toller and German Society: The Role of the Intellectual as Critic, 1914 - 1939" promoviert. Obwohl Elsaesser Tollers Rolle in der Räterepublik gut herausarbeitet, kann ihm in einigen Thesen nicht gefolgt werden. So behauptet er beispielsweise unbelegt, Toller habe als bekennender Sozialist den Lebensstil des Proletariats verachtet (355) und sei Pazifist geworden, weil er darin eine Möglichkeit gesehen habe, die Menschlichkeit zu bewahren; er sei Sozialist geworden, als er sah, daß der Pazifismus unzureichend war und er habe sich schließlich das Leben genommen, als er erkennen mußte, daß beides nicht sehr wirkungsvoll war (356-357). Aussagekräftiger und gehaltvoller ist da schon die im selben Jahr an der University of Pensylvania eingereichte Doktorarbeit (1980 veröffentlicht) von Michael Ossar *Anarchism in The Dramas of Ernst Toller*, in der ihm der Nachweis gelingt, daß Toller sehr wesentlich von Theoretikern des Anarchismus, insbesondere von Gustav Landauer, aber auch von Peter Kropotkin beeinflußt war.

Die vergleichende literaturwissenschaftliche Studie von Ingrid Soudek aus dem Jahre 1974 ergab für mein Vorhaben wenig Interessantes.

Thomas Bütow publizierte 1975 seine Doktorarbeit *Der Konflikt zwischen Revolution und Pazifismus im Werk Ernst Tollers*. Darin interpretiert er Tollers dramatisches Schaffen aus einem Blickwinkel, der die Doppelrolle des Dichters und Politikers einschließt. Er stellt dem wachsenden Pessimismus des Politikers den Optimismus des Dichters gegenüber. Dieses konfligierende Moment sieht er in den häufig geänderten Dramenschlüssen belegt. Bütows Interpretationen sind in der Reichweite ihrer Aussagen begrenzt, was den Politiker Toller betrifft, da sie meines Erachtens soziologische, zeithistorische sowie landesgeschichtliche Momente einer Werkimmanenz unterordnen.

1976 untersuchte Rosemarie Altenhofer "Ernst Tollers politische Dramatik" und kommt zu dem wesentlichen Ergebnis, daß das marxistischproletarische Drama eine rein instrumentale Funktion im Rahmen der Gesellschaftstheorie besitze, wohingegen Toller dem proletarischen Drama eine Korrektivfunktion zu den Zwängen politischen Handelns zugewiesen habe (136-137).

Eine der wesentlichen Arbeiten, auf die ich mich für Tollers Exiljahre stützen konnte, war die 1976 an der University of Colorado angenommene Dissertation von William Macfarlane Park "Ernst Toller: The European Exile Years 1933-1936". Vor allem Tollers Auftritt beim PEN-Klub-Kongreß in Ragusa 1933 wurde in dieser Arbeit erstmals umfassend dargestellt.

Die wohl anregendste Arbeit über Ernst Toller liegt in der 1977 veröffentlichten Dissertation von Carel ter Haar *Ernst Toller: Appell oder Resignation?* vor. Er arbeitet die politisch-ideologischen Einflüsse Gustav Landauers, Kurt Eisners und Max Webers auf Toller detailgenau heraus, kommt aber schließlich wie viele andere Autoren zu dem Ergebnis, daß die Exiljahre gedanklich nichts Neues mehr gebracht hätten (181).

Außerordentlich materialreich ist die ebenfalls 1977 der Université Strasbourg vorgelegte Habilitationsschrift (Thèse d'Etat) in zwei Bänden von René Eichenlaub, die er 1980 in überarbeiteter Buchform unter dem Titel *Ernst Toller et l'expressionisme politique* herausbrachte. Der von Eichenlaub kreierte Begriff des "politischen Expressionismus", der den Traum von einer alle Menschen umfassenden Brüderlichkeit und von einem Reich der Gerechtigkeit meint, weist dabei auf ein im Kern christliches Weltbild in verweltlichter Form zurück. Das notwendige politische Engagement des Schriftstellers findet hier ebenso seine fundierte Erwähnung (268).

1978 ist ein entscheidendes Jahr für die Toller-Rezeption. Wolfgang Frühwald und John M. Spalek ermöglichten mit der Edition der *Gesammelten Werke* in fünf Bänden nicht nur einen genaueren Einblick in Tollers Werke, sondern auch in Aufsätze und Reden. 1979 ergänzten sie diese Ausgabe um einen sechsten Kommentar- und Materialienband *Der Fall Toller*, mit dem sie erstmals einen anschaulichen Gesamtüberblick über Tollers Werk und seine Wirkung boten.

Als Einführung zu Tollers Werk kann für den englischen Sprachraum die ebenfalls 1979 erschienene Arbeit *Ernst Toller* von Malcolm Pittock gelten. Pittocks Biographie bringt im Rahmen der Werkinterpretationen kaum neue Erkenntnisse, da das Hauptgewicht wieder auf das gut ausgeleuchtete Frühwerk gelegt wird. Zu lapidar wirkt das Ergebnis, aus Tollers politischen Aktivitäten auf eine Vereinbarkeit mit Literatur schließen zu können. Hier zeigt sich deutlich, daß das rein literarästhetische Bewertungsverfahren in diesem Fall zu kurz greift.

In Deutschland kam 1979 Manfred Durzak mit seinem Buch *Das expressionistische Drama: Ernst Barlach. Ernst Toller. Fritz von Unruh* heraus. Insbesondere der Teil, der der bayerischen Räterepublik gewidmet ist, bleibt ziemlich unklar.

Die Dissertation von Martha Gustavson Marks *Ernst Toller: His Fight against Fascism* aus dem Jahre 1980 führt einen kurzen Aufsatz von Ernst Schürer "Literarisches Engagement und politische Praxis: Das Vorbild Ernst Toller" von 1979 weiter. Marks beschränkt sich dabei auf Tollers Aktivitäten zwischen 1924 und 1939 und mißt seinem Exilschaffen erstmals größere Bedeutung bei. Eine Zusammenschau der Entwicklung des politischen Denkens bei Toller ist wegen der Begrenzung des behandelten Zeitraums ausgeschlossen.

Im Februar 1983 erschien von Wolfgang Rothe die Bildmonographie *Ernst Toller*. Der Autor geht davon aus, daß Toller seine politische Karriere in der Haft beendet habe (93), und da im Exil Tollers literarische Arbeit deutlich hinter politischer Aufklärung und praktischer Hilfe zurückgetreten sei, widmet das 123 Seiten starke Buch diesen "nichtliterarischen" Jahren auch nur 14 Seiten. Dieses enge Verständnis von Literatur zeigt meines Erachtens erneut deutlich, daß genuin germanistische Forschungsansätze allein zu einer gerechten Beurteilung dieses Schriftstellers und Politikers nicht ausreichen.

Einen begrenzten Zeitraum wählt sich auch Andreas Lixl für sein 1986 erschienenes Buch *Ernst Toller und die Weimarer Republik 1918-1933*. Im Prinzip kann man hier die gleichen methodischen Einwände vorbringen, die oben für Marks geltend gemacht wurden. Lixls Arbeit ist aber insofern interessant, als er zeigen kann, wie stark sich Toller um die damals neuen Medien Hörfunk und Film bemühte, da er mit ihrer Hilfe eine proletarische Teilkultur entwickeln wollte, um den Rechtsrutsch der Republik abzufangen (215).

Ebenfalls 1986 erschien die Studie von Michael Hugh Fritton *Literatur und Politik in der Novemberrevolution 1918/19: Theorie und Praxis revolutionärer Schriftsteller in Stuttgart und München. (Edwin Hoernle, Fritz Rück, Max Barthel, Ernst Toller, Erich Mühsam).*

Der Autor konfrontiert den selbstgestellten politischen Anspruch mit der literarischen Praxis Ernst Tollers und mißt sie an der politischen, und das heißt in diesem Fall marxistischen Theorie, auf die sie sich angeblich beruft. Dieser ideologiekritische Ansatz knüpft häufig an alten marxistischen Positionen an, die als Vorwurf bei Rosa Meyer-Leviné oder Hans Beyer auch schon zu lesen waren. So wird für die Endphase der Revolution einfach wieder behauptet: "Zu verhandeln gab es also nichts. Es blieb nur Kapitulation oder die Bereitschaft zur bewaffneten Verteidigung" (175). Daß dieser Verteidigungskampf als Alternative nur Selbstvernichtung, möglicherweise um ihrer selbst willen bedeutete, und daß dies in der Forschung inzwischen eigentlich unbestritten ist (Rothe, *Toller*, 127), bleibt unerwähnt. Da nur Werke aus der unmittelbaren Revolutionszeit zur Untersuchung herangezogen werden, kann in der Tat behauptet werden, Tollers metaphysischer Erlösungsglaube stünde nur dem Dichter, aber nicht dem Politiker offen, da die Realität den Ausweg der Erlösung nicht kenne (200). In Frittons Arbeit zeigt sich wohl am problematischsten, zu welchen Fehleinschätzungen Ausschnittuntersuchungen führen können.

1987 erschien dagegen eine außerordentlich bemerkenswerte und die Forschung sicher stark forcierende Untersuchung: Sigurd Rothstein, *Der Traum von der Gemeinschaft: Kontinuität und Innovation in Ernst Tollers Dramen*. Neben schlüssigen Interpretationen der behandelten Dramen beeindrucken insbesondere fundierte Thesen, wie z.B. diejenige, nach der sich Tollers Politikbegriff in seinem dramatischen und literarischen Schaffen ändert. Galt in *Die Wandlung* noch die Macht als "Truggebilde", so ist das gemeinsame Merkmal aller anderen behandelten Dramen der Konflikt. In ihnen spiegelt sich nunmehr ein realistischer Politikbegriff (40).

Renate Bensons Buch *Deutsches expressionistisches Theater: Ernst Toller und Georg Kaiser* erschien zwar ebenfalls 1987, war aber weit weniger aufschlußreich. Es war sogar, wenn sich die Autorin zur Würdigung politischer Zusammenhänge hinreißen ließ, oft trivial und ärgerlich. So sieht sie (86) beispielsweise an einer Stelle in den *Maschinenstürmern* eine antimarxistische Position, was man gelinde gesagt, als arg weit hergeholt bezeichnen kann.

1987 erschien eine vergleichende Arbeit zu George Grosz und Ernst Toller von Martin Kane, die der Begrenztheit von politischer Kunst während der Weimarer Republik nachspürt.

Eine lange Beschäftigung mit Ernst Toller darf man in der Arbeit *Tollers expressionistische Revolution* aus dem Jahre 1990 von Klaus Bebendorf vermuten. Detailreich schildert er die Entstehungsbedingungen der Dramen und ihrer Inszenierungen sowie ihre Rezeption. Es ist das Verdienst dieser Untersuchung, die theaterwissenschaftlich bedeutsame Rezeptionsgeschichte von Tollers Dramen für die Weimarer Republik zusammenhängend aufgearbeitet zu haben.

In London erschien 1990 eine Biographie über Ernst Toller. Der Autor Richard Dove faßt unter dem Titel *He was a German* die Ergebnisse seiner jahrelangen Forschungen zusammen. Neben Rothes Bildmonographie liegt nun erstmals eine materialreiche, rein biographische Studie vor. Man mag die chronologische Darstellung als traditionell kritisieren (ter Haar, "Besprechung"), doch für eine Biographie, die das Werk als einen konstitutiven Bestandteil hat, gibt es wohl kaum ein anderes methodisches Verfahren. Der Londoner Germanist konnte offensichtlich auf zahlreiche eigene Detailstudien zurückgreifen, sonst wäre in dieser Dichte vermutlich nicht darzustellen gewesen, wie Toller als Emigrant in London lebte oder wie er seinen Hilfsplan für Spanien in die Tat umsetzen wollte.

Dove verdankt dabei zahlreiche Einblicke in unveröffentlichtes Material dem Entgegenkommen von John M. Spalek. Ihm verdanke auch ich Einsichtnahmen in Briefkonvolute aus fast sämtlichen Toller-Sammlungen der Welt. Es ist zu hoffen, daß seine Akribie und seine Beharrlichkeit, mit der er ein Leben lang nach Toller forschte, endlich auf verlegerischen Mut trifft, damit eine längst überfällige Briefausgabe erscheinen kann.

Die 1988 an der Universität Warschau angenommene Dissertation von Bozena Choluj erschien 1991 in Wiesbaden unter dem Titel *Deutsche Schriftsteller im Banne der Novemberrevolution 1918: Bernhard Kellermann, Lion Feuchtwanger, Ernst Toller, Erich Mühsam, Franz Jung*. Gewissermaßen ihren "roten Faden" stellt der Revolutionsbegriff dar, den jeder der behandelten Schriftsteller anders faßt. Vor der politischen Theorie Hannah Arendts, wonach man als Subjekt sozial und politisch nur handeln kann, wenn man sich einen Freiraum schafft, kommt sie zu dem Urteil, daß keiner der Autoren das Problem so klar gesehen habe, daß sie aber durch ihre Sympathie für direkte Demokratie nicht weit davon entfernt waren.

Trotz all der materialreichen Arbeiten und gut betreuten Sammlungen und Archive stellt sich die Frage, welche Aspekte eine politikwissenschaftliche Untersuchung zusätzlich würdigen könnte.

4. Untersuchungsschwerpunkte

Die folgende Arbeit sollte den Versuch wagen, paradigmatisch am Werk Ernst Tollers unter besonderer Berücksichtigung seiner autobiographischen Schriften und vor allem bisher unveröffentlichter Aufsätze, Reden und Flugschriften Interdependenzen von Literatur und Politik[7] zu untersuchen, die bei Schriftstellern zwischen den beiden Weltkriegen (Albrecht, "Beziehung") in aller Klarheit zutage traten.

Am biographischen Einzelfall Ernst Toller läßt sich wie bei kaum einem anderen Schriftsteller und Politiker in den Dichtungen die Auseinandersetzung der von Toller vertretenen Ideen mit der Wirklichkeit der Menschen und der Zeit sichtbar machen.

Die Aussageabsicht tritt besonders stark in den autobiographischen Schriften hervor. In dem Maße, wie das dichterische Werk als autobiographisch zu bezeichnen ist, sind die autobiographischen Schriften Tollers als Dichtungen zu betrachten. Der enge Zusammenhang von Autobiographie und dichterischem Werk (Sloterdijk), zwischen politischem und literarischem Leben ist unverkennbar.

Besondere Berücksichtigung sollten jedoch die Schriften finden, die in literaturwissenschaftlichen Untersuchungen eher vernachlässigt wurden, da

---

[7] Grundsätzlich dazu: Adorno, Jaeggi, Sontheimer. Bei Adorno findet sich übrigens die vorschnelle Diskreditierung von "littérature engagée", die, unfähig etwas zu erreichen, weil jederzeit absorbierbar, nichts anderes als Mangel an Talent oder aber Anpassung sei. (Jaeggi, 84)

sie mit einem zu engen Literaturbegriff nicht hinlänglich gewürdigt werden können. Dies beträfe die Korrespondenz Ernst Tollers, seine Reiseberichte, sowie seine Aufrufe und Flugschriften, denen man heute Bürgerinitiativcharakter zugestehen würde.

Zu Beginn der Arbeit sollen einige Arbeitsfragen gestellt werden, für die im Verlauf der Untersuchung Antworten gesucht werden müssen. Eine der wichtigsten Fragen war, welche politischen Einflüsse Toller geprägt haben, ob diese Frakturen unterworfen oder kontinuierlich verfolgbar sind. Weitere Fragen sollen sein, welches Verhältnis Toller zur USPD hatte und wie sich seine Partei ihm gegenüber verhielt; ob die Aufnahme anarchistischer Gedanken und naturphilosophischer Strömungen zeitlich festzumachen ist; welche Rolle die jüdische Assimilationsproblematik in Tollers politischem Denken spielte; wie Toller Länder sah, die er besuchte; hier gilt das Interesse vor allem der Sowjetunion und den USA sowie der Frage, wie sich Toller mit diesen Ländern politisch auseinandersetzte; wie kann man weiter Tollers Verhalten im Spanischen Bürgerkrieg erklären, eine Frage, der bislang, außer in Doves Toller-Biographie, keine allzu große Beachtung geschenkt wurde; abschließend bliebe die Frage zu klären, wie Tollers politische Arbeit zwischen 1933 und 1939 (im Gegensatz oder im Vergleich zu anderen) kritisch gewürdigt werden kann.

Toller galt als eines der wenigen Beispiele in Deutschland für das Zusammentreffen von aktivem Politiker und engagiertem Schriftsteller. Sein literarisches Schaffen fand in den letzten Jahren in der Literaturwissenschaft eine späte Würdigung. Die vorliegende Arbeit soll darüberhinaus dazu beitragen, auch dem Politiker Ernst Toller eine angemessene Beurteilung angedeihen zu lassen, zumal er neuerdings unter gänzlich veränderten politischen Rahmenbedingungen beurteilt werden kann, was letztlich auch die Grenzen seines Werks bestimmen mag[8].

---

[8] Zu einer 'Hoppla'-Inszenierung 1984 in Ost-Berlin meldete für die dpa W. Mommert u.a., daß Revolutionen vorübergehen und er stellt die Frage: "Was bleibt?" Das Stück stimme nachdenklich im Osten über das Hier und Heute und wie es weitergehen könnte. – Noch 1968 hatte Christoph Roland behauptet, die Verbindung von Literatur und Revolution stehe heute allerorts zur Diskussion.

II. HERKOMMEN (1893 – 1914)

Ernst Hugo Toller wurde am 1. Dezember 1893 in Samotschin (Szamocin), Kreis Kolmar, Provinz Posen, im Königreich Preußen geboren (ter Haar, "Ernst Toller", 309). Als Sohn einer jüdischen Kaufmannsfamilie erlebte er während seiner Kindheit und Jugend zentrale gesellschaftliche Konflikte des Kaiserreichs mit[1].

Von Geburt dem Mittelstand (Treue, 17: 275) zugehörig, der sich gewöhnlich viel stärker der unpolitischen Wirtschaft (275) als dem eigentlich politischen Bereich verpflichtet fühlte, standen auch bei den Tollers materielle Interessen im Vordergrund:

> Einzelne Handelsmänner machten ihr Glück. In den Kriegsjahren dürfte dann die Firma Toller, die das Monopol für die Belieferung Bochums mit Kartoffeln besaß und die Ernten zweier Landkreise auf dem Bahnhof verlud, reich geworden sein. Die kleinstädtische Gesellschaft differenzierte sich jedenfalls in der "Saturierungsschlußzeit" (Alfred Weber) vor 1914 erheblich. Es tat sich eine Kluft zwischen Arm und Reich, zwischen Mächtigen und Machtlosen auf, vor allem durch den Zuzug mittelloser Polen. (Rothe, *Toller*, 21)

---

[1] Zum Ostjudentum vgl. Claudio Magris und Trude Maurer. Zur Rolle der Juden in der deutschen Kultur vgl. Botstein. Zur Sozialpsychologie der Juden in Deutschland zwischen 1900 und 1930 vgl. Gershom Scholem. Zur Politik und den Juden im Ersten Weltkrieg vgl. Zechlin oder zum Bewußtseinswandel Eva Reichmann.

Schon früh konnte das Kind Klassengegensätze im Freundeskreis feststellen. Die Armut der Familie seines polnischen Freundes Stanislaus wird als gottgewollt dargestellt und zu diesem Zeitpunkt auch noch akzeptiert:

- Was mußt Du dort zu Mittag bleiben, schilt mich Mutter, Du ißt den armen Leuten ihr bißchen Brot weg.
- Warum haben Sie so wenig?
- Weil der liebe Gott es so will. (GW, 4: 16-17)

Toller wuchs in einer Gegend auf, in der nicht nur die sozialen Gegensätze, sondern auch die zwischen ethnischen und religiösen Gruppen stark aufeinanderprallten. In *Eine Jugend in Deutschland* schrieb Toller:

Samotschin war eine deutsche Stadt. Darauf waren Protestanten und Juden gleich stolz. Sie sprachen mit merklicher Verachtung von jenen Städten der Provinz Posen, in denen die Polen und Katholiken, die man in einen Topf warf, den Ton angaben. Erst bei der zweiten Teilung Polens fiel die Ostmark an Preußen. Aber die Deutschen betrachteten sich als die Ureinwohner und die wahren Herren des Landes und die Polen als geduldet. Deutsche Kolonisten siedelten ringsum in den flachen Dörfern, die wie vorgeschobene Festungen sich zwischen die feindlichen polnischen Bauernhöfe und Güter keilten. Die Deutschen und Polen kämpften zäh um jeden Fußbreit Landes. Ein Deutscher, der einem Polen Land verkaufte, ward als Verräter geächtet.

Wir Kinder sprachen von den Polen als "Polacken" und glaubten, sie seien die Nachkommen Kains, der den Abel erschlug und von Gott dafür gezeichnet wurde.

Bei allen Kämpfen gegen die Polen bildeten Juden und Deutsche eine Front. Die Juden fühlten sich als Pioniere deutscher Kultur. In den kleinen Städten bildeten jüdische bürgerliche Häuser die geistigen Zentren, deutsche Literatur, Philosophie und Kunst wurden hier mit einem Stolz, der ans Lächerliche grenzte, "gehütet und gepflegt". Den Polen, deren Kinder in der Schule nicht die Muttersprache sprechen durften, deren Vätern der Staat das Land enteignete, warf man vor, daß sie keine Patrioten seien. Die Juden saßen an Kaisers Geburtstag mit den Reserveoffizieren, dem Kriegerverein und der Schützengilde an einer Tafel, tranken Bier und Schnaps und ließen Kaiser Wilhelm hoch leben. (GW, 4: 12-13).

Somit kann es nicht verwundern, daß den jungen Toller schon früh soziale Ungerechtigkeit oder der unkontrollierte Einsatz von Macht und Einfluß aufbrachten. Während seiner Schulzeit auf dem königlichen preußischen Realgymnasium in Bromberg wurde eine Beleidigungsklage, die als Folge einer Romanze mit einer Schauspielerin gegen ihn erhoben worden war, von seinem Onkel mit Geld aus der Welt geschafft. (GW, 4: 38). Stärker beschäftigte ihn der Fall eines "närrischen Armenhäuslers" (30), den Bauern eines Abends zum Schnaps einluden und dann mit Vergnügen zusahen, wie er sich betrank. Er starb nach einem epileptischen Anfall. Toller wandte sich an die Lokalzeitung:

> – In voriger Woche starb der Arbeiter Julius. Er lag von 3 - 1/2 10 in Krämpfen am Bahnhof, ohne daß man ihm Hilfe brachte oder einen Arzt herbeirief. Durfte es soweit kommen, daß ein sterbender Mensch von Gassenjungen mit Steinen beworfen und mit Wasser begossen wurde? Als die Polizei davon Kenntnis erhielt, wurde gesagt, daß sie das nichts anginge, da Julius auf dem Gebiete der Königlich Preußischen Eisenbahn liege. Konnte sie sich hier, wo es sich um das Leben eines Menschen handelte, an den Buchstaben des Gesetzes klammern? Hier war es doch gleichgültig, ob ein Mensch auf städtischem oder anderem Gebiet lag. Man sagt, so viel Aufhebens verdiene Julius gar nicht. Würde einem Tiere etwas zugestoßen sein, so wäre sofort Hilfe zur Stelle gewesen. (GW, 4: 30-31)

Bürgermeister Friedrich Ebert[2] fühlte sich persönlich angegriffen und betrieb hartnäckig die Veröffentlichung des Verfassernamens. Tollers Vater, Stadtverordneter und einziger Vertreter der jüdischen Gemeinde im Kommunalparlament (Rothe, *Toller*, 22), sprach beim Bürgermeister vor und bereinigte die Angelegenheit auf seine Weise. Der Bürgermeister zog die Klage zurück:

> Die Einstellung der Klage freut und empört mich; weil der Sohn eines Stadtverordneten ihn angegriffen hat, kneift der Bürgermeister, denke ich. Ich begreife, auch der Mut der Behörden hat Grenzen. (GW, 4: 32)

Ernst Tollers empfindsames Gemüt ließ ihn früh soziale Ungerechtigkeiten fühlen und rassische Benachteiligung ahnen. Er entwickelte ein Sensorium für Moral und Politik. Dieser gefühlsmäßige Ansatz erfuhr zu diesem Zeitpunkt aber noch keine theoretische Untermauerung.

Die Bedingungen seines Lebens schien Toller zunächst ohne größere Widerstände zu akzeptieren, ermöglichten sie ihm doch einen Lebensstil, den er auch nach dem frühen Tod seines Vaters kaum wesentlich wandeln mußte.

Am 20. April 1914 immatrikulierte sich Toller, Ernst Hugo, an der juristischen Fakultät der Universität Grenoble, angelockt durch ein Werbe-

---

[2] Ein merkwürdiger Zufall der Namensgleichheit. – Übrigens bestätigte Tollers Mutter Ida 1927 in einem Beitrag für das *Berliner Tageblatt* den Vorfall, allerdings mit noch viel drastischeren Worten.

plakat der Universität an seiner Schule; am 21. April schrieb er sich auch noch an der "Faculté des Lettres" ein[3]. Seine Fächerwahl bleibt unklar durch den Eintrag "Divers"[4].

Erst hier in Grenoble und auf einer Südfrankreichreise erkannte Toller die Bedingung seines privilegierten Lebens, nämlich Geld (GW, 4: 44-45). Der Bürgersproß begann, "an der Notwendigkeit einer Ordnung zu zweifeln, in der die einen sinnlos Geld verspielen, und die anderen Not leiden" (45). Aber er liebte dieses Geld, zwar mit schlechtem Gewissen (45), konnte doch nur so das Leben in vollen Zügen genossen werden, das außerhalb der heimatlichen Enge von wenig zielgerichteten Studien, von alkoholischem Gemeinschaftssinn und ersten Erfahrungen, auch politischer Natur, geprägt wurde (40-49).[5]

Die Reaktionen sowohl auf den Ausbruch des österreichisch-serbischen Konflikts, als auch auf die Ermordnung des Sozialisten Jean Jaurès erlebte Toller in Frankreich mit. Sein Kontakt zur französischen Bevölkerung war jedoch während seines Studiums in Grenoble offensichtlich oberflächlich geblieben.

Trotz seines Frankreichaufenthalts meldete er sich freiwillig zum Militär (GW, 4: 51). Auch bei diesem jungen Bourgeois verfing die Parole:

> Der Kaiser kennt keine Parteien mehr, hier steht es schwarz auf weiß, das Land keine Rassen mehr, alle sprechen eine Sprache, alle verteidigen eine Mutter, Deutschland. (50)[6]

---

[3] Vgl. Archives de l'Isère, Registres d'immatriculation des Facultés de Lettres et de Droit pour l'année 1913 - 1914. Als Fotokopie bei Eichenlaub, *Toller*, 282-283. Vgl. dazu ders., 34.

[4] ebenda.

[5] Vgl. dazu: Eichenlaub, *Toller*, 34-35.

[6] Vgl. dazu grundlegend Immanuel Geiss, *Das deutsche Reich und der Erste Weltkrieg* und Barbara Tuchmann.

III. POLITISIERUNG UND ERSTES POLITISCHES ENGAGEMENT (1914 - 1918)

1. Kriegserlebnis

In München, der ersten Stadt, in der Toller den Zug verlassen mußte, meldete er sich sofort freiwillig zum Militär. Bei der Infanterie und der Kavallerie wurden keine Freiwilligen mehr benötigt (GW, 4: 48-51). Deshalb ließ sich Toller am folgenden Tag bei der Artillerie mustern. Sein körperlicher Zustand, der seit einer nicht näher bezeichneten Operation während seiner Kindheit nicht der beste gewesen sein dürfte, ließ ihn jedoch befürchten, nicht rekrutiert zu werden (52). Hartnäckig drängte Toller auf seine Einstellung. Noch war er ein "Hurra-Patriot", als er mit dem 1. Bayerischen Fuß-Artillerie-Regiment nach Bellheim in der Pfalz verlegt wurde (53). Trotz des harten Drills (54) und der tristen Tatenlosigkeit in der Etappe blieb die Kriegsbegeisterung erhalten:

> Ja, wir leben in einem Rausch des Gefühls. Die Worte Deutschland, Vaterland, Krieg haben magische Kraft, wenn wir sie aussprechen, verflüchtigen sie sich nicht, sie schweben in der Luft, kreisen um sich selbst, entzünden sich und uns. (53)

Bald wurde Tollers Regiment in die Nähe von Straßburg verlegt, ohne daß sich am eintönigen Tagesablauf etwas geändert hätte. Als die Untätigkeit unerträglich wurde, meldete sich Toller recht "unmilitärisch" für den Einsatz in Frankreich. Der Hauptmann, der ihn zunächst wegen mangelnder Kraft zurückwies (55), akzeptierte ihn, als Toller stur blieb schließlich mit den Worten: "An die Front mit ihm!" (56). Dort war der Empfang für ihn und zwei weitere Freiwillige eindeutig: "- Alle drei Kriegsmutwillige! schrie unser Führer. - Drei Idioten mehr, sagt der Koch." (57)

Jetzt bekam Toller erstmals Gelegenheit, die schreckliche Wirklichkeit des Krieges zu sehen (57-62). Zudem wurde er von seinem Zugführer, einem Medizinstudenten, schikaniert, und so meldete sich Toller - wieder unter Umgehung des Dienstweges - an einen anderen Frontabschnitt, den berüchtigten Priesterwald.[1] Erst jetzt schien sich bei Toller angesichts der Schrecken des Krieges ein Gesinnungswandel zu vollziehen. Ein Schlüsselerlebnis dürfte gewesen sein, daß ein Soldat drei lange Tage und Nächte schwer verwundet zwischen den unbetretbaren Frontlinien schrie, ohne daß ihm Hilfe zuteil werden konnte[2] (69). Ein weiteres Erlebnis beschreibt Toller wie folgt:

> Ich stehe im Graben, mit dem Pickel schürfe ich die Erde. Die stählerne Spitze bleibt hängen, ich zerre und ziehe sie mit einem Ruck heraus. An ihr hängt ein schleimiger Knoten, und wie ich mich beuge, sehe ich, es ist menschliches Gedärm. Ein toter Mensch ist hier begraben. Ein - toter - Mensch. [...] Und plötzlich, als teilte sich die Finsternis vom Licht, das Wort vom Sinn, erfasse ich die einfache Wahrheit Mensch, die ich vergessen hatte, die vergraben und verschüttet lag, die Gemeinsamkeit, das Eine und Einende. Ein toter Mensch. Nicht: ein toter Franzose. Nicht: ein toter Deutscher. Ein toter Mensch. Alle diese Toten sind Menschen, alle diese Toten haben geatmet wie ich, alle diese Toten hatten einen Vater, eine Mutter, Frauen, die sie liebten, ein Stück Land, in dem sie wurzelten, Gesichter, die von ihren Freuden und ihren Leiden sagten, Augen, die das Licht sahen und den Himmel. In dieser Stunde weiß ich, daß ich blind war, weil ich mich geblendet hatte, in dieser Stunde weiß ich endlich, daß alle diese Toten, Franzosen und Deutsche, Brüder waren, und daß ich ihr Bruder bin. (69-70)

---

[1] vgl. dazu Eichenlaub, *Toller*, 40: "De Pont-à Mousson, on l'envoie au Bois-le-Prêtre, non loin de là, site tristement célèbre par les combats acharnés qui s'y déroulèrent, surtout d'octobre 1914 à mai 1915. Les Allemands avaient d'ailleurs surnommé l'endroit le Bois de la mort ou le Bois des veuves."

[2] Das Motiv auch in *Hoppla, wir leben* (GW, 3: 55).

Das Mitleiden, das wir aus Tollers Jugend als entscheidende Antriebskraft für sein Handeln kennengelernt hatten, wird wieder manifest, auch wenn es besonders an dieser Stelle wie nachträglich stilisiert, wie ein Saulus-Paulus-Erweckungserlebnis klingt. Aber auch sein starkes Gerechtigkeitsempfinden, sein empfindsames Gespür für soziale Ungerechtigkeit tritt immer stärker hervor. Der beständige Konflikt zwischen einfachen Soldaten und einem häufig dünkelhaften Offizierskorps, der später in seinem Drama *Feuer aus den Kesseln* eindrucksvoll dargestellt wurde, verdichtet sich langsam zur grundsätzlichen Frage nach der Gleichheit der Menschen: "- Sterben können die Offiziere wie wir, [...] aber leben können sie nicht mit uns." (66) Wir erfahren, daß die Akzeptanz der politischen Ordnung ins Wanken geraten ist:

> Der Kaiser wird kommen, wir müssen antreten, der Hauptmann bestimmt die Soldaten, die die saubersten Uniformen tragen, so werden schließlich Köche, Schreiber und Offiziersburschen für die Kaiserparade gewählt und mit Eisernen Kreuzen dekoriert, Frontschweine haben da nichts zu suchen, sagen die Soldaten. Brüllendes Gelächter weckt die Nachricht, daß alle ihre scharfe Munition abgeben mußten, bevor sie vor des Kaisers Angesicht traten. (66)

Noch einmal wollte Toller die Einheit wechseln. Doch er wurde im Mai 1916 krank in ein Lazarett eingewiesen. Die Krankheit, welche immer es gewesen sein mag[3], bot eine Fluchtmöglichkeit vor der Realität. Verdrängt wurden die Grundfragen, die ihn ein Leben lang mehr als viele andere beschäftigen werden. Das Eintreten für die Schwächeren und für den Grundsatz der Gleichheit waren ihm in den dreizehn Monaten an der Front zum Bedürfnis geworden.

2. Der Wandel im Denken

Toller scheint trotz seiner Fronterfahrungen von den politischen Entwicklungen wenig Notiz genommen zu haben, von Parteinahme ganz zu schwei-

---

[3] Toller selbst behauptet: "Magen und Herz versagen." (GW, 4: 73). Frühwald und Spalek gehen in ihrem Materialienband von einem "Herz- und Nervenleiden" (*Fall*, 12) aus.

gen. Er wurde nach vielen Wochen aus dem Lazarett entlassen und stellte für sich fest: "Ich bin kriegsuntauglich" (GW, 4: 72)[4].

Toller immatrikulierte sich an der Universität München und nahm wieder recht breitgestreute Studien auf. Seine Begeisterung für Literatur half ihm, den Krieg und die Tagespolitik zu verdrängen. Erst Rainer Maria Rilke, dem er in einer Buchhandlung begegnete, stieß ihn wieder auf dieses Faktum, indem er sagte, er habe seit Jahren keine Verse mehr geschrieben, weil der Krieg ihn stumm gemacht habe (75). Toller schrieb dazu im Nachhinein:

> "Der Krieg? Das Wort verschattet meine Augen, seit Wochen habe ich keine Zeitungen mehr gelesen, ich will nichts wissen vom Krieg, nichts hören." (75)

Doch Toller wurde die Kriegsbilder nicht los.

Merkwürdig ist in diesem Zusammenhang jedoch, was die Bayerische Hypotheken- und Wechselbank, Depositenkasse Schwabing am 27. Mai 1919 an den "I. Staatsanwalt bei dem standrechtlichen Gericht für München" unter den Nr. 13 und 15 mitteilt, daß Toller nämlich Kriegsanleihen in Höhe von 500 Mark "deponiert und 5% Deutsche Reichsanleihe 1916 (Jan.-Juli)" habe (StAM Fasz. Nr. 2242/I. Prozeßakte, da: Beschlagnahmebeschluß des Tollerschen Bankkontos). Bezüglich der Herkunft seiner Geldmittel scheint Toller zu diesem Zeitpunkt keine allzu großen Skrupel gehabt zu haben. Er lebte sorglos vom Geld der Familie (GW, 4: 44-45). Eichenlaub weist zurecht darauf hin, es mute schon drollig an, daß der Führer der bayerischen Räterepublik noch im Dezember 1918 sowie im Januar und April 1919 Unterhalt von seiner Mutter bezog (Eichenlaub: *Toller*, 37).

Nach Tollers eigenen Aussagen beschäftigte er sich bis zum Kriegsbeginn mit Politik überhaupt nicht:

> Erst während meiner militärischen Tätigkeit bin ich zum Nachdenken über die Frage der Kriegsbeendigung gekommen, wie überhaupt der Verhinderung der Kriege. Im Herbst 1917 habe ich mich dann zum erstenmal an einem kulturpolitischen Kongreß

---

[4] In einem Dokument der Militärbehörden heißt es: "[...] im Herbst 1916 zur Fortsetzung seiner Studien beurlaubt." (StAM Fasz. 2242) Toller gibt in einem von ihm unterschriebenen Protokoll an: "[...] wurde im Herbst 1916 [...] entlassen [...]." *Amtliches Vernehmungsprotokoll* vom 4. Juni 1919. (Zit. nach GW, 4: 239-240)

in Burg Lauenstein beteiligt, der sich mit derartigen kulturellen und pazifistischen Gedanken befaßte. ("Vernehmungsprotokoll". GW, 4: 240)

Dies war nicht unbedingt eine Schutzbehauptung gegenüber der Staatsanwaltschaft. Der spätere Räterevolutionär hat zu diesem Zeitpunkt von der allgemeinen politischen Entwicklung wenig Notiz genommen. Weder außenpolitische Fakten, wie etwa der Kriegseintritt der USA im April 1917, oder innenpolitische Entwicklungen, wie das späte Zugeständnis des direkten und geheimen Wahlrechts in Preußen durch den Kaiser, finden bei Toller Erwähnung.

Zweifellos konnte man kulturpolitische Fragen dazu benutzen, z.B. die These vom deutschen Verteidigungs- und Kulturkrieg gegen den Zarismus zu widerlegen, wie dies Karl Liebknecht in der Debatte zum Etat des Kultusministers am 16. März 1916 getan hatte. Ausgangspunkt der Rede war Liebknechts Feststellung, daß der Krieg mit seinem Verrohungscharakter zu einem allgemeinen kulturellen Niedergang geführt habe. Die Rede gipfelte in dem Aufruf, daß die geistige Befreiung der Arbeiterklasse nur das Werk der Arbeiterklasse selbst sein könne:

> [...] es ist unsere Aufgabe, der Arbeiterklasse aller Länder bei dieser Gelegenheit zuzurufen: Ans Werk! Sowohl die in den Schützengräben wie im Lande - sie sollen die Waffen senken und sich gegen den gemeinsamen Feind kehren, der ihnen Licht und Luft nimmt. (Zit. Trotnow, *Liebknecht*, 218-219)

Hätte Toller dem einführenden Argument möglicherweise noch zustimmen können[5], die abschließende Parteinahme für die Arbeiterklasse wäre von ihm noch eineinhalb Jahre nach Liebknechts Ausführungen kaum übernommen worden, da er sich zu diesem Zeitpunkt für die Arbeiterbewegung nicht interessierte. Er suchte die Antwort auf die Sinnfrage der Zeit (GW, 4: 77) und erhoffte sich Klarheit durch den Besuch einer Tagung auf der Burg Lauenstein.

Eingeladen dorthin hatte der Verleger Eugen Diederichs (Diederichs). Zweck dieser Veranstaltung war in erster Linie die Suche nach Lösungsmöglichkeiten für die Probleme der Epoche (GW, 4: 77).

---

[5] vgl. Tollers Leserzuschrift an die Zeitung "Kunstwart", die er in *Eine Jugend in Deutschland* erwähnt. (GW, 4: 67)

Für Toller war die Tagung wohl hauptsächlich auch Suche nach geistigen Leitbildern. Er nennt als Tagungsteilnehmer Max Weber, Max Maurenbrecher, Richard Dehmel, Walter von Molo, Karl Bröger, Kurt Kroner[6], sowie die Professoren Meinecke, Sombart und Tönnies[7]. "Alle sind sie aus ihren Arbeitsstuben aufgescheucht worden, alle zweifeln sie an den Werten von gestern und heute [...]", meinte Toller (77). Teilnehmer sind aber vor allem schillernde Persönlichkeiten, deren Worte vor Taten gehen, oder denen Worte vor Taten gehen oder denen Worte wichtiger sind als Taten.

Die Erwartungen der Jüngeren wurden enttäuscht. Die Kritik am Bestehenden schien ihnen nicht auszureichen, sie wollten Handlungsanweisungen für das Bevorstehende.

Weitgehend ausgeklammert aus der Kritik wurde Max Weber: "[...] seine Persönlichkeit, seine intellektuelle Rechtschaffenheit zieht sie an." (78)

> Was hülfe es, die eigene Seele zu gewinnen, sagt er, wenn die Nation verkümmert, das deutsche Reich ist ein Obrigkeitsstaat, das Volk hat keinen Einfluß auf die staatliche Willensbildung, nottue, daß das preußische Klassenwahlrecht verschwinde, die Beamtenherrschaft ausgemerzt, die Regierung parlamentarisiert und die staatlichen Einrichtungen demokratisiert werden, alle Kulturfragen würden durch die Frage beeinflußt, wie der Krieg zu Ende gehe. (78)

Doch diese Eingrenzung auf nationale Fragen[8] stieß bei den Jungen, die vielfach das "Fronterlebnis" verband und die längst eine Lösung auf internationaler Ebene anstrebten, auf Ablehnung:

> Dieses Europa muß umgepflügt werden von Grund auf, gelobten wir, die Väter haben uns verraten, die Frontjugend, hart und unsentimental, wird das Werk der Reinigung beginnen, wer hätte das Recht, wenn nicht sie. (82)

---

[6] Von ihm existiert eine Toller-Büste aus dem Jahre 1916. Siehe Abbildung in: Oskar Walzel, *Deutsche Dichtung*, 362.

[7] Nach Marianne Weber (609) nahm noch Gertrud Bäumer teil, und bei Theodor Heuß findet man außerdem den Namen Ernst Krieck, "dem späteren führenden ""Pädagogen"" des Nationalsozialismus" (215). Allerdings erwähnt Heuß auch Toller als Teilnehmer der Tagung vom Juni 1917 (215), obwohl dieser höchstwahrscheinlich nur an der Herbsttagung teilgenommen hatte. Vgl. dazu auch: ter Haar, *Appell*, 269-270.

[8] vgl. dazu vor allem Marianne Weber, 644, sowie ter Haar, *Appell*, 158 und Fügen, 114-115.

So blieb auf Lauenstein die Anerkennung des Mutes von Max Weber, der die Staatsorgane harter Kritik unterwarf (Wolfgang Mommsen, *Max Weber*). Aber die Jungen wollten "mehr als den Kaiser treffen, anderes als nur das Wahlrecht reformieren, ein neues Fundament wollen sie bauen, sie glauben, daß die Umwandlung äußerer Ordnung auch den Menschen wandle." (GW, 4: 79)[9]

Neben der Beziehung zu Max Weber, wird noch diejenige zu Richard Dehmel erwähnt (79). Ihn unterscheidet in den Augen Tollers von den anderen "Älteren" sicherlich seine Teilnahme als Fünfzigjähriger am Krieg und damit das gemeinsame Fronterlebnis. Er sei von dort müde und verstört zurückgekommen (79). Wahrscheinlich war es Dehmels Ermunterung, den eigenen Weg zu gehen und sich nicht um das Alte zu kümmern, sowie seine aufmunternde Beurteilung von Tollers Gedichten, die Toller positiv für ihn einnahm (79).

Alles in allem war Toller von der Lauensteiner Tagung tief enttäuscht: "Große Worte wurden gesprochen, nichts geschah." (80)

Offensichtlich war es die Hoffnung auf die Autoritäten, und im Gegensatz dazu die eigene Unsicherheit, die Toller beharrlich bei anderen, vornehmlich bei Älteren nach Lösungsmöglichkeiten suchen ließ. Als auch Gerhard Hauptmann Tollers Aufforderung zu geistiger Führerschaft unbeantwortet ließ (80-81), begann ein Umschwung im Denken.

Mit der sinkenden Hoffnung, geistige Führer zu finden, wuchs offensichtlich die Bereitschaft zu handeln, das politische Leben aktiv mitzugestalten. Dieser Wandel ist nicht in einem Generationenkonflikt begründet, die Suche nach geistigen Führern belegt dies, sondern in einer tiefen Enttäuschung, die von der Generation ausging, die eigentlich für diesen Krieg und die geistig-moralische Situation die Verantwortung mittrug (ter Haar, *Appell*, 162). Eigenes Handeln wurde somit nun zur Notwendigkeit.

Allerdings ist Tollers Verhalten wie sein Wandel völlig epochentypisch (Eksteins). Bis in die Begrifflichkeit Ähnliches findet sich beispielsweise bei Johannes R. Becher, obwohl er nicht Soldat war: Rebellion,

---

[9] In der letzten Aussage zeigt sich, daß sich Toller bei der Abfassung seiner Autobiographie *Eine Jugend in Deutschland* an Marianne Weber orientierte.

(ergebnislose) Führersuche, quasireligiöse Erlösungshoffnungen, Bereitschaft zur Einnahme extremer politischer Außenseiterpositionen, Annahme einer Identität von Dichter und Politiker und ähnliches (Becher, *Metamorphose* "Einleitung").

3. Erstes politisches Handeln

3.1 Studentenprotest

Was sich auf der Lauensteiner Tagung als Konflikt zwischen Max Weber und Max Maurenbrecher dargestellt hatte, deren politisches Duell fast "alle anderen Diskussionen zu erdrücken" (Marianne Weber, 609) drohte, war im Kern der Konflikt zwischen Befürwortern eines "Verständigungsfriedens" einerseits und eines "Siegfriedens" andererseits.

Die neue Reichstagsmehrheit hatte am 19. Juli 1917 eine Friedensresolution beschlossen, die sich zu einem Frieden der Verständigung und dauernden Versöhnung der Völker (Erdmann, 18: 205) bekannte. Papst Benedikt XV. hatte sich am 1. August in einer Friedensnote als Vermittler angeboten (206). Die Gegner des Verständigungsfriedens hatten sich 1917 in der "Vaterlandspartei" zusammengeschlossen (210). Am 28. November 1917 ersuchte diese Partei den Reichstag um Aufhebung der Friedensresolution.

Max Weber, dem Toller auf der Burg Lauenstein zum ersten Mal begegnete, beeindruckte ihn tief. Max Weber hielt mit seiner scharfen Kritik an Kaiser Wilhelm II. nicht hinterm Berg[10]. Zwischen dem 26. April und dem 8. September 1917 hatte Max Weber unter dem Titel "Deutscher Parlamentarismus in Vergangenheit und Zukunft" in der *Frankfurter Zeitung* Thesen formuliert, die sich von seinen Aussagen auf der Lauensteiner Tagung kaum unterschieden haben dürften.[11]

---

[10] vgl. dazu vor allem Marianne Weber, 609; ebenso Heuß, 215; und zuletzt Hans Norbert Fügen, 105-106: "[...] sein Haß konzentrierte sich auf den Kaiser." Als zeitgenössische Quelle darf Käthe Lichter, "Max Weber" gelten, die offensichtlich zu Tollers Heidelberg-Gruppe gehörte.

[11] Zum publizistischen Engagement deutscher Schriftsteller im Ersten Weltkrieg allgemein Koester.

Im Kern trat er für eine parlamentarische Regierung in einer konstitutionellen Monarchie ein. Letzteres hinderte ihn nicht, vehement den Rücktritt Wilhelms II. zu fordern. Zusammengefaßt läßt sich behaupten, daß Webers Reformvorschläge in erster Linie bei den Institutionen ansetzten (Fügen, 106-107). Den jüngeren Tagungsteilnehmern aber wurde klar, daß sie Darüberhinausgehendes wollten.

Die Jungen waren enttäuscht, daß niemand den Weg zeigte, "der in die Welt des Friedens und der Brüderlichkeit führt" (GW, 4: 79). Auch wenn bezweifelt werden kann, daß Toller bereits im Jahre 1917 diese Kritik derart deutlich angebracht hat – stellt sie doch möglicherweise eine nachträgliche Sinngebung der viel später verfaßten Lebensbeschreibung dar – so darf dennoch davon ausgegangen werden, daß Toller eine Stimmungslage beschreibt, die 1917 durchaus virulent war.

Als Indiz für die Bewunderung, die Toller Max Weber gegenüber empfand, kann sein Wechsel an die Universität Heidelberg zum Wintersemester 1917/18 gewertet werden. An dieser "Doktorfabrik" (80) lehrte Max Weber. Dort nahm Toller seine weitgefächerten Studien wieder auf und erschien auch bei Max Webers berühmten Sonntags-Jour fix (Fügen, 100). Bei Professor Gothein bekam Toller als Dissertationsthema "Schweinezucht in Ostpreußen" (GW, 4: 80 und Eichenlaub *Toller*, 50).

In Studentenkreisen wurden weiter die Fragen der Zeit diskutiert. Toller, der hier nach eigenen Aussagen endlich Freunden begegnete (GW, 4: 81), vermißte trotzdem auch in diesen Zirkeln, in denen man den Krieg anklagte und nach der Wahrheit suchte, die Bereitschaft zur Tat (81). Man war der Meinung, daß der Krieg nur *einen* Sinn haben könne, den Aufbruch der Jugend, daß dieses Europa von Grund auf umgepflügt werden müsse, wobei man auf die Frontjugend setzte, das Werk der Reinigung zu beginnen (82). "Es hat keinen Sinn, rufe ich, daß Ihr anklagt, heute gibt es nur einen Weg, wir müssen Rebellen werden." (82) Trotz der radikalen Wortwahl, der man sich auch in anderen esoterischen Kreisen befleißigte, ist zunächst nicht mit aufrührerischen Taten zu rechnen. Toller darf als der Meinungsführer angesehen werden, was auch der Prorektor der Universität Heidelberg in einem Brief vom 30. Januar 1918 (abgedruckt in *Fall*, 35-38) behauptete.

Tollers erste politische Veröffentlichung war ein Flugblatt, das am 10. November 1917 auch in der *Münchener Zeitung* abgedruckt wurde. Für "135 Studierende der Universität Heidelberg" (*Fall*, 29-31) zeichnete Toller einen "Protest gegen die Einschränkung der politischen Freiheit der Studierenden in Deutschland". Dieser Protest richtete sich gegen "vaterländisch" gesinnte Studenten, die den Münchener Ordinarius für Pädagogik, Friedrich Wilhelm Foerster, einen konsequenten Pazifisten (Foerster, *Erlebte Weltgeschichte*), aus dem Hörsaal hatten prügeln wollen (*Fall*, 29 und Foerster, 210). Foerster war wegen eines Artikels die "schärfste Mißbilligung" der Philosophischen Fakultät der Universität München ausgesprochen worden. Dadurch war der Münchner Professor einer breiten deutschen und europäischen Öffentlichkeit als Sprecher eines politischen Versöhnungs- und Erneuerungswillens bekannt geworden, der seine Kraft und Konsequenz aus religiösen und ethischen Prämissen geschöpft hat". (Lutz, 485)

In Deutschland hatten sich, wie bereits erwähnt, inzwischen die Gegner des Verständigungsfriedens in der 1917 gegründeten Deutschen Vaterlandspartei gesammelt. Im Wintersemester 1917/18 gründete sich auch eine studentische Ortsgruppe in München. Gegen das Vorgehen dieser Studenten anläßlich der Wiederaufnahme der Vorlesungen durch Professor Foerster richtete sich der Aufruf der Gruppe, für die Toller unterzeichnete. Sie konzedierte zwar grundsätzlich, daß den Studenten Kritik an Dozenten zustehen müsse, wenn diese innerhalb der Lehrveranstaltungen "parteipolitische Ansichten mit dem Lehrgegenstand" (*Fall*, 30) verquickten, sie trat aber entschieden für "unbeschränkte politische Bewegungsfreiheit" (30) außerhalb der Universität sowohl für Dozenten als auch für Studierende ein.

> Die Einschränkung des Vereins- und Versammlungsrechts, [...] läuft darauf hinaus, uns Studierende jegliche politische Betätigung unmöglich zu machen. Wir empfinden es heute besonders erniedrigend und beschämend, daß wir für den Bestand einer staatlichen Ordnung nicht mitverantwortlich sind, für die wir Leben und Kraft einsetzen müssen". (30)

Durch ihr Fronterlebnis glaubte sich diese Generation zu dieser Forderung mehr als legitimiert. Nunmehr wollte man sich auch den organisatorischen Rahmen geben, um für den Frieden und gegen die Agitation der Vaterlandspartei eintreten zu können.

Schon der Name des "Kulturpolitischen Bundes der Jugend in Deutschland" weist sinnfällig die programmatische Richtung politischer Parteinahme, aber unter stark kulturellem Blickwinkel. Die Anlehnung an die von Diederichs veranstalteten Lauensteiner Tagungen ist nicht zu übersehen. Am 24. November 1917 wählte die neugegründete Ortsgruppe Heidelberg des kulturpolitischen Bundes Toller zum Leiter (GW, 1: 34).

Ein hektographierter "Aufruf zur Gründung eines kulturpolitischen Bundes der Jugend in Deutschland" war an alle deutschen Universitäten und an viele Multiplikatoren und Meinungsführer versandt worden (*Fall*, 31-33). Drei Wirkungen sollte der Aufruf haben:

1. Aufrüttelung der Studierenden zur Stellungnahme überhaupt,

2. Zusammenschluß aller der, die im wesentlichen Gleiches bekämpfen (um herauszugreifen: Kriege, Machtpolitik, Militarismus, Ansicht, daß d i e deutsche Kultur vernichtet werden kann, die Menschensittlichkeit als Inhalt hat) - und Gleiches wollen,

3. übernationale Wirkung eines Gesinnungsbeweises. (32)

Der Aufruf, als erster Schritt betrachtet, richtete sich explizit gegen die Grundsätze der Deutschen Vaterlandspartei und erhob seinerseits "kultursittliche Forderungen". Damit verwahrte man sich gegen die Anmaßung der Vaterlandspartei, Sonderinteressen mit dem Wort "vaterländisch" zu decken und zu schützen. Man wisse, daß die eigene Kultur von keiner fremden Macht erdrückt werden kann, verwerfe aber auch den Versuch, andere Völker mit der eigenen Kultur zu vergewaltigen (32-33). "Statt Machterweiterung, Vertiefung der Kultur, die Menschensittlichkeit zum Inhalt hat! Statt geistloser Organisation, Organisation des Geistes!" (33) Die Studenten erklärten weiter, daß sie Achtung empfänden vor all den Studenten in fremden Ländern, die gegen die unfaßbare Sinnlosigkeit und Entsetzlichkeit der Kriege, sowie gegen jegliche Militarisierung überhaupt schon jetzt protestierten. Sie forderten abschließend jeden auf zu gemeinsamer Aktion (33).

Der Aufruf fand Unterstützung bei Friedrich Wilhelm Foerster, Walter Hasenclever, Carl Hauptmann, Karl Henckell, Heinrich Mann, Walter von Molo und Alfred Wolfenstein. Um diesen Aufruf entbrannte eine Pressekontroverse, vor allem zwischen der *Deutschen Tageszeitung* und dem *Berliner Tageblatt* (33).

Am 11. Dezember richtete die in Berlin erscheinende *Deutsche Tageszeitung* heftige Angriffe gegen den Aufruf der Heidelberger Studenten (33-34). Für diese Zeitung bedurfte die vaterländische Gesinnungstüchtigkeit des Aufrufs für urteilsfähige Leser keiner Erörterung. Er kennzeichne sich schon durch seine phrasenhafte Sprechweise als Äußerung unklarer Köpfe ohne geschichtliche und politische Bildung und bekunde einen erschreckenden Mangel an vaterländischem Empfinden. Die Zeitung forderte, "daß gegen die Rundschreiben der Heidelberger Studenten und verwandte Schritte politischer Einsichtslosigkeit ganz energisch Front gemacht wird" (34).

Es war vermutlich die Absicht dieses nationalistischen Blattes, die entstehende Bewegung in Heidelberg zum Stehen zu bringen. Hier hatten sich nämlich junge Leute zusammengefunden, die auf eine - zugegeben wenig publikumswirksame - Art moralische Aspekte in die politische Auseinandersetzung brachten, die dem Blatt an den Nerv ging. Den Kriegstreibern, die das "Vaterland" gern im Mund führten, wurden wieder die politisch-moralischen Aspekte aufgezeigt, die Zentralfrage nach der Menschlichkeit in einem derartigen Konflikt vor Augen geführt.

Das bürgerlich-liberale *Berliner Tageblatt* unterstützte in gewisser Weise die Ansichten der Studenten und ermöglichte ihnen am 28. Dezember 1917 eine Erwiderung auf die Angriffe. Die Leserzuschrift trägt die Unterschrift "stud. Ernst Toller, Heidelberg".

> Politik heißt für uns, sich für das Geschick seines Landes mitverantwortlich fühlen und handeln. Wer diese Aufgabe nicht erfüllt, hat das mit seinem Gewissen abzumachen. Es gibt nur eine Sittlichkeit, die für die Menschheit gültig ist. Es gibt nur einen Geist, der in der Menschheit lebt. (GW, 4: 83)

In einem ironischen Kommentar ging das *Berliner Tageblatt* darüberhinaus noch der Frage nach, warum sich die Presse der Vaterlandspartei so sehr über diese Studenten aufrege, wenn sie deren Bewegung gleichzeitig als Ausgeburt von ein paar unreifen Köpfen bezeichne (*Berliner Tageblatt*, 28.

Dezember 1917)[12]. Darüberhinaus stellt sich die Frage, warum das Flugblatt überhaupt soviel Aufsehen erregte, wiederholte es doch nur eine bekannte sozialdemokratische Position (Eberle). Es ist anzunehmen, daß die Kontroverse auch deshalb so heftig entbrannte, weil die Flugschrift aus dem ansonsten treu nationalistischen studentischen Milieu kam.

Die "Leitsätze für einen kulturpolitischen Bund der Jugend in Deutschland" (GW, 1: 31), die nun aufgestellt wurden, formulierten die selbstgesetzten Ansprüche, die überwiegend kultureller Natur sind. Man machte es sich zur Aufgabe, in jungen Menschen Verantwortlichkeit zu erwecken und sie zu politischer Aktivität zu führen. "Denn der Krieg gab uns die Gewißheit, daß politische Gleichgültigkeit nicht zu verantworten ist." (31)

Eine parteipolitische Zielrichtung wurde nicht anvisiert. Einzig der Punkt II läßt meines Erachtens eine vage Parteinahme für allgemein sozialistische Zielsetzungen vermuten: "Der Bund kämpft für Abschaffung der Armut. Er setzt sich für eine Wirtschaftsform ein, die eine sinnvolle Erzeugung und gerechte Verteilung der materiellen Güter bewirkt." (32)

3.2 Bürgerinitiative für den Frieden

Mit der Gründung des "Kulturpolitischen Bundes" betrat Toller erstmals die Bühne politischer Betätigung. Waren es als erstes das Eintreten für den ins Kreuzfeuer der Kritik geratenen Professor Foerster und die damit verbundene allgemeine Forderung nach freier politischer Betätigung, folgte unmittelbar darauf mit der Gründung des "Kulturpolitischen Bundes der Jugend in Deutschland" und ihrem ersten *Aufruf* eine deutliche Hinwendung zur im weitesten Sinne parteipolitischen Betätigung. Zunächst wurden wieder die Vaterlandspartei und ihre Grundsätze heftig kritisiert; dem schloß sich ein

---

[12] Es dürfte zweifelsfrei feststehen, daß die Anhängerschaft des "Kulturpolitischen Bundes" in der Tat gering war. Der Heidelberger Prorektor Endemann schrieb nämlich am 30. Januar 1918 "Ich hebe besonders hervor, daß die Anhängerschaft Tollers aus etwa 10-12 Studenten und Studentinnen bestanden hat." (zit. *Fall*, 36).

energisches Eintreten gegen die Sinnlosigkeit von Kriegen, ja überhaupt jeder Militarisierung an (*Fall*, 33).

Diese Friedensinitiative überschreitet das, was wir heute landläufig gerne unter dem Begriff "Bürgerinitiative" sehen. Das konkrete Ziel "Frieden" im unmittelbaren Lebensbereich wollte man zwar erreichen, aber man ging weit darüberhinaus, indem man in den Leitsätzen (GW, 1: 31-34) das gesamte politische Spektrum in seinen Forderungskatalog miteinbezog. Der Frieden steht an erster Stelle. Dieser Forderung folgte unmittelbar der Aufruf nach Abschaffung der Armut. Eine neue Wirtschaftsform mit gerechter Güterverteilung wird summarisch gewünscht. Man wollte weiter eine Trennung von Kirche und Staat, die Abschaffung der Todesstrafe, die Senkung des Wahlalters, Mutterschutz, menschliche Wohnungen, Jugendheime u.ä.. Die Mitglieder wurden aufgefordert, für diese Ziele tätig zu werden. Nachdrücklich verwahrte man sich gegen einen wohltätigen Charakter des eigenen Engagements. Man wehrte sich gegen die Militarisierung nahezu aller Lebensbereiche und trat für die Einheitsschulen ein. Der neueren Dichtung maß man bei der Volksaufklärung offenbar große Bedeutung bei; diese Werke sollten preiswert oder sogar kostenlos unter die Leute gebracht werden.

Dieser umfangreiche Programmkatalog geht über das hinaus, was man von einer Initiativgruppe erwartet. Toller wollte offensichtlich auch keinen lockeren Zusammenschluß von Gleichgesinnten, vielmehr wird die Organisationsstruktur detailliert - bis hin zum Monatsbeitrag - beschrieben. Ein großes Ziel hatte man vor Augen: "Aus dem Bund der Jugend soll einmal ein Volksbund werden" (GW, 1: 34) mit dem Ziel der "Revolutionierung der Gesinnung" (34). Politische Bewußtseinsbildung wäre also die große Aufgabe der Organisation gewesen, die Toller gerne sich ausbreiten gesehen hätte.

Die Gründung dieses Bundes, der mit der Wegweisung Tollers aus Heidelberg ein schnelles Ende genommen haben dürfte, war offensichtlich mehr als nur eine Episode im Bewußtwerdungsprozeß eines jungen Menschen. Dieser Bund war der Anfang einer Vielzahl politischer Initiativen eines politisierenden Mannes, der zu diesem Zeitpunkt in kein ideologisches Korsett gezwängt, immer noch auf der Suche nach geistigen Vätern, zwischen bürgerlich-liberalen, reformistischen Positionen einerseits sowie sozialdemokratisch-revisionistischen Vorstellungen andererseits schwankte.

Aber dies war Tollers entscheidender Schritt zur Tat. Nie wieder in seinem Leben hat er das aktive Eintreten für eine Sache seiner Überzeugung mit dem bloßen Beobachten oder Beschreiben getauscht. Nun war auf seinem Weg der erste Schritt vollzogen, auf den weitere bald folgten.

Als Toller als Folge seines Handelns mit einer Reaktivierung zum Militärdienst zu rechnen hatte, entzog er sich durch eine fluchtartige Reise nach Berlin (*Fall*, 33), wo er Kontakte zu Politikern suchte, vor allem um eine Revision des von der Obersten Heeresleitung erwirkten Verbots des "Kulturpolitischen Bundes" zu betreiben.

Was mit studentischem Protest begonnen hatte, hatte sich auch aufgrund der allgemeinen politischen Zeitumstände in die Richtung einer politisch-programmatischen Arbeit verlagert.

3.3 Hinwendung zur Arbeiterbewegung

Kurz vor seiner fluchtartigen Abreise nach Berlin hatte Toller einen Brief Gustav Landauers (1870-1919) erhalten, dessen *Aufruf zum Sozialismus* Toller "entscheidend berührt und bestimmt hat" (GW, 4: 84). Dieses 1911 erstmals erschienene Buch faßt Landauers antimarxistisches Denken zusammen. Es verweist auf seine anarchistisch sozialistischen Grundgedanken in der Tradition von Bakunin, Proudhon und von Kropotkin (Eichenlaub, "l'Anarchisme"), dessen Arbeiten teilweise von Landauer übersetzt worden waren. Im Marxismus erblickt Landauer die staatskapitalistische Ausprägung eines bürokratischen, zentralistischen, etatistischen, philiströsen Denkens:

> [...] wie sie [i.e. Marxisten und Sozialdemokraten, d. Verf.] die Produktionsformen der Dampftechnik im Kapitalismus für sozialistische Arbeitsformen halten, so halten sie den Zentralstaat für die sozialistische Organisation der Gesellschaft und das bureaukratisch verwaltete Staatseigentum für Gemeinschaftseigentum! Diese Leute haben ja doch keinen Instinkt für das, was Gesellschaft heißt. Sie ahnen nicht im entferntesten, daß Gesellschaft nur eine Gesellschaft von Gesellschaften, nur ein Bund, nur Freiheit sein kann. Sie wissen darum nicht, daß Sozialismus Anarchie ist und

> Föderation. Sie glauben, Sozialismus sei Staat, während die Kulturdurstigen den Sozialismus schaffen wollen, weil sie aus der Zerfallenheit und dem Elend, dem Kapitalismus und der dazu gehörigen Armut, aus der Geistlosigkeit und der Gewalt, die nur die Kehrseite des wirtschaftlichen Individualismus ist, also eben aus dem Staat heraus wollen zur Gesellschaft der Gesellschaften und der Freiwilligkeit (Landauer, *Aufruf zum Sozialismus*, 20).

Im organisierten Proletarier entdeckte Landauer kleinbürgerliche Tendenzen. Deshalb wachse den Intellektuellen die Aufgabe zu, Antrieb der Revolution zu sein und zwar einer permanenten Revolution, um eine geistige Verflachung zu verhindern. Landauer blieb bei seiner Kritik nicht stehen. Er entwarf ein Modell einer künftigen freien Gesellschaft.[13]

Toller erwies sich in seinem Antwortschreiben an Gustav Landauer am 20. Dezember 1917 (Toller, *Quer durch*, 189-190) als gelehriger Schüler. Hatte es noch für die Heidelberger Gruppe vage geheißen, "Politik heißt für uns, sich für das Geschick seines Landes mitverantwortlich fühlen und handeln" (GW, 4: 83), so traten jetzt klarere, am Anarchismus orientierte Aussagen zur Politik in den Vordergrund:

> Aus der - ich kann es heute sagen, denn ich empfinde sie als beglückend - lebendigen Fülle heraus kämpfe ich, ich bin kein religiöser Ekstatiker, der nur sich und Gott und nicht die Menschen sieht, ich bin kein Opportunist, der nur äußerliche Einrichtungen bekämpft, ich bemitleide jene Verkrüppelten, die letzthin an sich, nur an sich, ihrem kleinen persönlichen Mangel leiden, ich bemitleide jene Verkümmerten, die aus Freude an der "Bewegung" abwechselnd futuristische Kabaretts und Revolution fordern. Ich will das Lebendige durchdringen, in welcher Gestalt es sich auch immer zeigt, ich will es mit Liebe umpflügen, aber ich will auch das Erstarrte, wenn es sein muß, umstürzen, um des Geistes willen.

René Eichenlaub weist zurecht darauf hin, daß in diesem Brief Tollers an sein neues Leitbild Landauer eine Art Bilanz gezogen und der Versuch unternommen wird, seine Ideen zu verdeutlichen und die Gründe für seinen Kampf offen zu legen (Eichenlaub, *Toller*, 54-55):

> Was könnte ich Ihnen noch sagen? Daß ich glaube, wir müssen vor allen Dingen den Krieg, die Armut und den Staat bekämpfen, der letzthin nur die Gewalt und nicht das Recht (als Besitz) kennt, und an seine Stelle die Gemeinschaft setzen, wirtschaftlich

---

[13] vgl. dazu grundlegend Wolf Kalz, *Gustav Landauer: Kultursozialist und Anarchist*, sowie René Eichenlaub, "L'anarchisme". – Darüberhinaus Hyman und Linse, "Anarchismus". Aber auch Lunn und zur Einführung Siegbert Wolf.

gebunden durch den friedlichen Tausch von Arbeitsprodukten gegen gleichwertige andere, die Gemeinschaft freier Menschen, die durch den Geist besteht. (Toller, *Quer durch*, 191)

Hatte sich Toller bisher häufig von Zeitströmungen treiben lassen, so ergriff er mit der Gründung des "Kulturpolitischen Bundes" eindeutig Partei gegen den Krieg und tat damit den entscheidenden Schritt heraus aus der rein geistigen Bewältigung der Dinge hin zum selbstbestimmten Tun. Allerdings war bis zu diesem Zeitpunkt sein Handeln auf intellektuelle universitäre Kreise beschränkt geblieben.

In Berlin stieß Toller nun auf Kurt Eisner (1867-1919). Waren Toller die Arbeiterbewegung und ihre Ziele bislang fremd geblieben (GW, 4:87)[14], so änderte sich dies mit dem Kennenlernen Kurt Eisners.

Nach Max Weber und Gustav Landauer wurde Kurt Eisner Tollers dritter Mentor. Ihm folgte er im Januar 1918 nach München. Auf Versammlungen, in denen Eisner als USPD-Agitator auftrat, sah Toller

"Arbeitergestalten, denen ich bisher nicht begegnet war, Männer von nüchternem Verstand, sozialer Einsicht, großem Lebenswissen, gehärtetem Willen, Sozialisten, die ohne Rücksicht auf Vorteile des Tages der Sache dienten, an die sie glaubten". (88)

Es wäre überzogen, zu diesem Zeitpunkt Toller bereits als überzeugten Sozialisten zu bezeichnen. Gemeinsame gedankliche Grundlage aller, die zur Jahreswende 1918 den Staat angriffen - im Rahmen der Legalität oder der Illegalität - war die Ablehnung des Krieges[15]. Kurt Eisner, Literat, Journalist und Arbeiterführer (Freya Eisner, 39), mußte Toller als Beispiel gelten, wie man die Kluft zwischen gedanklichem und realem Tun schließen könnte.

Im ganzen Reich brachen Streiks aus, die den Friedenswillen und die Not weiter Kreise der Bevölkerung manifestierten (Bosl, "Gesellschaft"). In München waren die Streiks von Eisner mit vorbereitet worden. Gleich zu

---

[14] "[...] auf der Schule hatte man uns gelehrt, daß die Sozialisten den Staat zerstören, daß ihre Führer Schurken seien, die sich bereichern wollen [...]", schreibt Toller in *Eine Jugend in Deutschland*. (GW, 4: 87)

[15] Allgemein dazu insbesondere Gerhard A. Ritter. Zu parlamentarischen Reformversuchen in Bayern vor der Novemberrevolution vor allem Gregor Schmitt.

Beginn der Streikaktion Ende Januar 1918 wurde Eisner inhaftiert und erst im Oktober 1918 wieder entlassen. Bei den Streiks ging es " [...] nicht um eine Sache des Proletariats, sondern um eine ideale Aktion für die Gesamtheit des deutschen Volkes wie für die Gemeinschaft der Menschheit [...]", meinte Eisner in *Mein Gefängnistagebuch* (Eintragung vom 8. Februar 1918, Schade, 47). In dieser Aussage wird Eisners Nähe zu Landauer deutlich, aber auch die Nähe beider zu den Idealen der Aufklärung, den "natürlichen" Menschen in seine "ewigen" Rechte einzusetzen, dem freien Individuum mit dem Recht auf selbständiges Denken zu einem glücklichen Leben zu verhelfen (Freya Eisner, 41). Diesen so verstandenen sozialistischen Idealen konnte sich Toller von seinen ideologischen Voraussetzungen her ohne weiteres anschließen.

Trotz der Verhaftung der Streikführer hielten die Ausstände an. Toller nahm jetzt aktiv daran teil, er ging in Streikversammlungen und verteilte Anti-Kriegsgedichte. Er agitierte in Betrieben (GW, 4:88). Er meldete sich für eine Abordnung, die beim Polizeipräsidenten die Freilassung der Gefangenen fordern sollte (89). Bei dieser Gelegenheit sprach Toller erstmals auf einer Massenversammlung und war über die Kraft seiner Rede überrascht (90). Der mitreißende Redner hatte seine Begabung entdeckt[16]. Am 2. und 3. Februar sprach er bei Massenversammlungen auf der Theresienwiese ("Vernehmungsprotokoll" *Fall*, 39).

Politische Rede und engagierte Kunst bestimmten nun künftig Tollers konkret politisches Handeln, das er zunächst ausschließlich in den Dienst des Friedens stellte.

Am 4. Februar bereits endete der Streik, nachdem Erhard Auer, schillernde Figur an der Spitze der bayerischen Mehrheitssozialisten, den Strei-

---

[16] Für die brillante Redegabe Ernst Tollers gibt es zahlreiche Belegstellen. Vor allem in den Werken Oskar Maria Grafs wird immer wieder darauf verwiesen. Z.B. *Das Leben meiner Mutter*, (528-529).

kenden Straffreiheit zugesichert hatte[17]. Trotzdem wurde Toller verhaftet und in der Artilleriekaserne in eine Uniform gezwungen (GW, 4:93). Dieser Wortbruch des SPD-Vorsitzenden Auer war möglicherweise entscheidend für Tollers anhaltenden Anti-(M)SPD-Affekt.

Die Zeit im Gefängnis an der Münchener Leonrodstraße nutzte Toller zur theoretischen Untermauerung seines bislang diffusen gefühlssozialistischen Ansatzes:

> [...] ich lese die Werke von Marx, Engels, Lassalle, Bakunin, Mehring, Luxemburg, Webbs. Eher aus Zufall denn aus Notwendigkeit war ich in die Reihen der streikenden Arbeiter geraten, was mich anzog, war ihr Kampf gegen den Krieg, jetzt erst werde ich Sozialist, der Blick schärft sich für die soziale Struktur der Gesellschaft, für die Bedingtheit des Krieges, für die fürchterliche Lüge des Gesetzes, das allen erlaubt zu verhungern, und wenigen gestattet, sich zu bereichern, für die Beziehungen zwischen Kapital und Arbeit, für die geschichtsbildende Bedeutung der Arbeiterklasse. (95)

Im schmutzigen, verwanzten Gefängnis (96) war Toller in Isolationshaft. Ein Rechtsbeistand wurde nicht vorgelassen, obwohl sich Immanuel Birnbaum als studentischer Vertreter darum bemühte (369-371). Toller trat in den Hungerstreik (GW, 4: 97). Diese erste Haft und ihre Bedingungen müssen für Toller ein initiales Schlüsselerlebnis gewesen sein. Bis zu seinem Tod werden Haft und Haftbedingungen überall in der Welt bestimmende Themen seiner politisch-literarischen Arbeit bleiben.

Wegen Haftunfähigkeit wurde Toller zum Ersatz-Bataillon nach Neu-Ulm entlassen. Die kurze Entfernung nach Krumbach nutzte er zu einem Besuch bei Gustav Landauer. Wieder erwartete er von einem seiner geistigen Leitbilder deutlichere Stellungnahmen. Landauer hingegen antwortete ihm, er habe sein Leben lang gearbeitet, daß diese auf Lug und Trug, auf Ausbeutung und Unterdrückung des Menschen beruhende Gesellschaft zusammenbreche, jetzt wisse er, der Zusammenbruch werde kommen; er habe

---

[17] Zu Erhard Auers Verhalten vgl. vor allem: Schwend, 516; Kritzer, "Die SPD", 438; sowie: Erhard Auer, *Das neue Bayern*. Wilhelm Hoegner meint Auer, wenn er über "Georg von Vollmar" (64) schreibt, dieser habe keinen gleichrangigen Nachfolger erhalten. In den Verhandlungen des prov. Nationalrates (195-201) ist nachzulesen, daß eine der Auerschen Richtlinien für Räte mit den Worten beginnt, "Zur Aufrechterhaltung der Ruhe und Ordnung". Dies wiederum reizte Landauer zu der Replik "[...] das fängt gleich gut an - Ihr habt eine Ahnung was eine Revolution ist." – Toller nannte Auer 1919 den "Typ des zum Bourgeois erhobenen Proletariers" (Bauer, Franz J. XXXVIII).

das Recht und den Atem, sich für diese Zeit zu bewahren; wenn die Stunde es fordere, werde er dasein und arbeiten. (GW, 4:104)

Tollers Mutter konnte es nicht fassen, daß ihr Sohn wegen Hochverrats angeklagt worden war. Auf ihr Betreiben wurde er in München psychiatrisch untersucht und später, im September 1918, aus dem Militärdienst entlassen. Ein Gefälligkeitsgutachten zum Schutz des Sohnes, so könnte man vermuten. Somit endete Tollers erstes aktives politisches Handeln auch mit einer ersten Niederlage. In einer amtlichen Zusammenfassung der Verhöre und der Untersuchungen Tollers wegen der Generalstreikaktion im Januar/ Februar 1918 (abgedruckt in: *Fall*, 40-41) wird seine persönliche Verantwortung vor allem vor dem Hintergrund seines angeblich psychotischen Zustands gewürdigt[18], was später in den Rahmen der Typik des degenerierten intellektuellen Hysterikers im Expressionismus (Stark, 267) gepreßt wurde.

---

[18] Wegen seiner weitreichenden Schlußfolgerungen soll der Text hier ausführlich zitiert werden: "Toller ist offenbar einer von den politisch unreifen, ästhetisierenden und übersensitiven jungen Menschen, die nur in ihren Ideen leben, ohne die realen Vorgänge in der Welt richtig einschätzen zu können. Dabei ist er erheblich erblich belastet. Er ist vielfach wegen seines hysterischen Leidens in ärztlicher Behandlung gewesen. Nach den Gutachten des Dr. Lipowski ist er ein schwerer Hysteriker, der die krankhafte Sucht hat, sich interessant zu machen [...]. Alles in allem ist hiernach davon auszugehen, daß der Angeschuldigte bei seiner politischen Unreife für die Tragweite dessen, was er während des Streiks gesagt und getan hat, kein ausreichendes Verständnis hatte. Es läßt sich ihm sonach nicht genügend nachweisen, daß er mit dem Bewußtsein gehandelt hat, daß durch den Streik der Kriegsmacht des Deutschen Reiches Nachteil zugefügt werden könnte." (*Fall*, 40-41) Vgl. dazu auch Heilmann.

IV. TOLLER UND DIE REVOLUTION IN MÜNCHEN (1918/19)

1. Erste Phase der Revolution

Nach seiner Entlassung aus dem Gefängnis reiste Toller nach Berlin und Landsberg. Nach eigenen Angaben war er Ende Oktober nach Berlin gekommen und hatte sich dort vor Studenten und "Bürgern" zu Walter Rathenaus Aufruf zum nationalen Widerstand geäußert:

> Der Aufruf beschwört die sinnlose Verwüstung Deutschlands. Wir Heidelberger Studenten, erfahrener und reifer jetzt, haben uns wiedergefunden und versuchen, gegen diesen Wahnwitz zu kämpfen. Wir sehen die Revolution kommen und sammeln die Kameraden. (GW, 4: 112)[1]

Kurze Zeit später war es wieder eine Krankheit, die Toller hinderte, den Beginn wichtiger Ereignisse selbst mitzuerleben und sie vielleicht auch selbst mitzugestalten. Beim Ausbruch der Revolution (Kluge, 12) am 9. November 1918 lag er mit einer schweren Grippe zu Hause bei seiner Mutter in Landsberg, wo diese seit dem Tod ihres Mannes lebte.

---

[1] Im amtlichen Vernehmungsprotokoll, das als Anhang in *Eine Jugend in Deutschland* abgedruckt ist heißt es: "Im Oktober 1918 kam ich von Landsberg nach Berlin und trat hier in einer Versammlung des Abgeordneten Heine gegen die damals geplante nationale Verteidigung auf, weil ich sie für aussichtslos hielt" (241).

> Während der Arzt mit bedenklicher Miene das steigende Fieber beobachtet, bringt die Schwester die Nachricht der Revolution. Am nächsten Tag fahre ich nach Berlin. Hugo Haase, der Volkskommissar, schlägt mir vor, Georg von Arco, den man als Gesandten des Reichs nach München schicken will, als Sekretär zu begleiten. Aber inzwischen hatte Eisner mich eingeladen. (GW, 4: 112)

Die "förmliche Einladung" ist nirgends belegt. Im amtlichen Protokoll der Vernehmung Tollers im Juni 1919 heißt es dazu:

> Nach dem Eisner'schen Umschwung in München telegrafierte ich an Eisner, ob ich ihm hier helfen könne. Ich erhielt ein Danktelegramm, aber keine eigentliche Einladung, nahm jedoch nach dem Telegramm an, daß ich ihm hier willkommen sei und reiste nach München. (241)

Die Darstellung in *Eine Jugend in Deutschland* darf, wie so oft, als Selbststilisierung betrachtet werden (ter Haar, *Appell*, 11).

Zu spät gekommen, machte Toller trotzdem kurz nach seiner Ankunft in München Karriere. Die Reihenfolge seiner Ämter ist nicht leicht zu eruieren. Wenn wir wie Spalek und Frühwald (*Fall*, 13) davon ausgehen, daß Toller Mitte November nach München gekommen ist und weiter angenommen werden darf, daß er sofort in politische Funktionen gelangte, so läßt dies erhebliche Rückschlüsse auf die dünne Personaldecke der sozialistischen Aktivisten zu. Toller war seit dem Märzstreik in München als Redner bekannt, was noch lange kein zwingender Grund gewesen wäre, diesen jungen Mann in viel zu verantwortungsvolle Positionen zu bringen. Wenig spricht dafür, daß Toller sich nach vorne gedrängt hat, er wurde eher geschoben. Schon Stefan Großmann schreibt 1919 (315), Toller sei zu diesem Zeitpunkt zweimal eine führende Stellung angeboten worden, doch er habe sie "im Bewußtsein unzureichender Qualifikation" (315) abgelehnt.

Bei der ersten Vernehmung gab Toller zu Protokoll, daß er schon kurz nach seinem Eintreffen in München in den Zentralrat - was immer er damit gemeint haben mag - und anschließend zum 2. Vorsitzenden des von dem allgemeinen Kongreß der bayerischen Arbeiter-, Bauern- und Soldatenräte gebildeten Vollzugsrates gewählt worden sei. In dieser Eigenschaft habe er auch in der provisorischen Nationalversammlung, die gewissermaßen den Landtag ersetzt hatte, mitgewirkt. (GW, 4: 241)

In *Eine Jugend in Deutschland* (GW, 4: 113) schreibt Toller, er sei zum 2. Vorsitzenden des Zentralrats der bayerischen Arbeiter-, Bauern- und

Soldatenräte ernannt worden. Wilhelm Lukas Kristl meint (207): "Toller [...] wurde Mitglied des Provisorischen Nationalrats des Freistaates Bayern, wurde außerdem zweiter Vorsitzender des Arbeiter-, Soldaten- und Bauernrates."

Ter Haar schreibt hingegen (11): "Er wurde zum 2. Vorsitzenden des Vollzugsrates, der vom Allgemeinen Kongreß der bayerischen Arbeiter-, Bauern- und Soldatenräte gebildet worden war, ernannt. In dieser Eigenschaft beteiligt er sich auch an den Sitzungen des Provisorischen Nationalrats [...]." René Eichenlaub meint aber: "Il devient membre du Revolutionärer Arbeiterrat et, à ce titre, il entre au Provisorischer Nationalrat [...]; un peu plus tard, le voici vice-président du Vollzugsrat des Arbeiter-, Bauern- und Soldatenräte de Bavière" (Eichenlaub, *Toller*, 63). Wolfgang Rothe meint: " [...] wurde er Mitglied des Revolutionsausschusses des Landesarbeiterrates und kam so in den provisorischen Nationalrat [...]. Man wählte ihn bald zum 2. Vorsitzenden des Vollzugsrates der bayerischen Arbeiter-, Bauern- und Soldatenräte" (Rothe, *Toller*, 54).

Spalek und Frühwald schreiben knapp: "Er wird zum zweiten Vorsitzenden des Vollzugsrates der Bayerischen Arbeiter-, Bauern- und Soldatenräte gewählt" (*Fall*, 13-14). Später schreiben sie: "Toller, der als Mitglied des Revolutionsausschusses des Landesarbeiterrates auch (als Nr. 9) zu den 256 Mitgliedern des provisorischen Nationalrates des Volksstaates Bayern gehörte, wurde zum zweiten Vorsitzenden der bayerischen Arbeiter-, Bauern- und Soldatenräte gewählt" (44).

Welche Positionen Toller in den rund vier Wochen in München während dieser etwas länger dauernden 1. Phase der Revolution[2] innehatte, darf nach dem oben ausgeführten als zumindest etwas unklar gelten[3]. Die schon bei Toller selbst ungenau vorgenommene Titulierung mag den allgemein

---

[2] Zu den Phasen der Revolution neuerdings vor allem Kluge, *Revolution*, 57ff.

[3] Als abschließender Beleg zu diesem Aspekt sei das Standardwerk marxistischer Geschichtsschreibung von Hans Beyer erwähnt, das allerdings (23-24) ebensowenig Klarheit schafft: "Die Räte bildeten sich häufig spontan. In vielen Orten wurden ihre Mitglieder jedoch nicht gewählt, sondern oftmals in Absprache von SPD- und USPD-Führern bestimmt. [...] In den RAR auch als Münchner Arbeiterrat bezeichnet, waren am 9. November die beiden Anarchisten Gustav Landauer und Erich Mühsam kooptiert worden. [...] Den stärksten Einfluß im RAR übten [...] die Anarchisten Mühsam und Landauer und der unabhängige Sozialdemokrat und Pazifist Ernst Toller aus."

recht turbulenten Zeitereignissen angelastet werden. Fest steht, daß Toller sich *nach* Ausbruch der Revolution entschlossen hatte, am Aufbau einer neuen Gesellschaftsordnung in München mitzuwirken. Für die Zeit von Mitte November bis Mitte Dezember lassen sich für Toller und seine Aktivitäten in München keine allzu genauen Angaben machen. Als gesichert kann jedoch gelten, daß er während dieser kurzen Zeitspanne über den Landesarbeiterrat und den Vollzugsrat in den provisorischen Nationalrat des Volksstaates Bayern kam[4].

Es ist insgesamt nicht zu erkennen, ob die Ereignisse in München unmittelbar nach dem Umsturz Toller in ähnlicher Weise beeindruckt haben, wie die "Januarstreikbewegung"[5]. Die revolutionäre Massenbewegung vom November 1918 war ohne sein Zutun und ohne seine unmittelbare Teilnahme entstanden. Er stellte sich - verspätet - in den Dienst der Revolution, oder vielmehr in den Dienst Kurt Eisners; denn nach wie vor war sein Politikverständnis stark personenorientiert. Er arbeitete einen Monat in München mit, könnte man vereinfacht sagen. In der Autobiographie *Eine Jugend in Deutschland* findet sich dazu ein einziger Satz: "In der Kleinarbeit des Tages lerne ich die mannigfachen praktischen Nöte der Bauern und Arbeiter verstehen" (GW, 4: 113). Diese Zeitspanne hatte sicher nicht die euphorisierende Stimulanz der Januarereignisse von 1918. Es spricht alles dafür, daß Toller politische Alltagsarbeit zu erledigen hatte, bis er als Delegierter nach Berlin zum Rätekongreß fahren konnte.

---

[4] Vgl. dazu *Verhandlungen des provisorischen Nationalrats des Volksstaates Bayern im Jahre 1918 - 1919. Stenographische Berichte* V: Nr. 1 bis 10. 1. Sitzung am 8. November 1918 bis zur 10. Sitzung am 4. Januar 1919.

[5] Vgl. dazu vor allem ter Haar, *Appell*, 10: "Faktisch ist diese Streikbewegung vom Januar 1918 für Toller von Anfang an das einzige wirklich große und positive Erlebnis in seiner politischen und dichterischen Karriere geblieben, das [...] in seiner Bedeutung die der Revolution bei weitem übertrifft."

2. Zweite Phase der Revolution

Während der 1. Phase der Revolution hatte sich die innenpolitische Situation in Bayern und im Reich beständig zugespitzt. In seiner Regierungserklärung am 15. November 1918 hatte Kurt Eisner noch gesagt: "Bayern ist befreit. Ungeahnte Kräfte regen sich, um an dem Werk des Aufbaus des neuen Volksstaats mitzuhelfen" (Eisner, *Die neue Zeit*, 20)

Eisner vertrat zurückhaltend partikularistische Tendenzen[6]. Georg Heim hingegen, führender Politiker der neugegründeten BVP, äußerte sich am 1. Dezember schon offen separatistisch, als er die Loslösung Bayerns vom Reich und seinen Anschluß an Österreich forderte (Beyer, 28, Zimmermann, 86 und Menges, 424).

Eisner trieb den Konflikt mit dem Reich und den alten Führungseliten auf die Spitze, als er am 24. November Dokumente zur deutschen Kriegsschuld veröffentlichte. Mit der Festsetzung der Landtagswahlen auf den 12. Januar 1919 (Kluge, "Militär") durch Kabinettsbeschluß am 5. Dezember 1918 (Viesel, 25) ist der Kern künftiger Konflikte bloßgelegt. Die bis zum Zerbrechen spannungsgeladene Doppelherrschaft von Räten und Parlament zeichnete sich ab. Einen Tag später, am 6. Dezember 1918, sprach Erich Mühsam auf einer Großveranstaltung (25) gegen die Wahlen und blieb somit seiner anarchistischen Grundeinstellung treu (Linse, *Anarchismus*, 515).

Mit dem Reichsrätekongreß vom 16. bis 21. Dezember 1918 in Berlin und seinen Entscheidungen für eine verfassunggebende Nationalversammlung fand die erste Phase der Revolution auch auf Reichsebene ihren Abschluß (Kluge, *Revolution*, 57).

In Bayern hatte sich diese Entscheidung bereits abgezeichnet. Toller muß als Delegierter auf diesem Kongreß sehr enttäuscht worden sein:

> Mitte Dezember fahre ich zum Rätekongreß nach Berlin. Hier sollte sich endlich der politische Wille der deutschen Revolution zeigen. Welche Zerfahrenheit, welches

---

[6] Vgl. vor allem: Verhandlungen des prov. Nationalrates des Volksstaates Bayern im Jahre 1918-1919. Sten. Berichte S. 11, sowie Gollwitzer, 379. Daß dieser Partikularismus für die Reichs-SPD kaum galt, sondern daß dort hauptsächlich unitarische Tendenzen vorherrschten, belegte schon Heidegger, 242.

> Unwissen, welchen Mangel an Willen zur Macht beweist er! Der deutsche Rätekongreß verzichtet freiwillig auf die Macht, das unverhoffte Geschenk der Revolution, die Räte danken ab, sie überlassen das Schicksal der Republik dem Zufallsergebnis fragwürdiger Wahlen des unaufgeklärten Volks. In jeder parlamentarischen Republik sind die Minister dem Reichstag verantwortlich, die Räte bestimmen, daß die Volkskommissare ohne die Kontrolle und unabhängig vom Willen des Zentralrats regieren mögen. Die Republik hat sich selbst das Todesurteil gesprochen. (GW, 4: 113-114)

In der Folgezeit geht es in der Tat um die Auseinandersetzung zwischen parlamentarischer Demokratie und Räterepublik, oder anders ausgedrückt, um die Kontroverse zwischen dem Prinzip der Revolution und ihrer Entwicklung und dem der mehrheitslegitimierten Demokratie auf der Basis des Repräsentativsystems (Kluge, *Revolution*, 28).

Diese Auseinandersetzung kennzeichnete die zweite Revolutionsphase, die mit den Weihnachtsunruhen 1918 in Berlin begann und mit der brutalen Niederschlagung der Räterepublik in Bayern endete. Den Beginn dieser Phase könnte Toller als Delegierter beim Rätekongreß in Berlin noch miterlebt haben, das Ende dieser Phase markiert hingegen seine Verhaftung und Aburteilung (58).

Bei der Darstellung dieser Phase soll weder den zahlreichen Nuancen der Forschung[7] ein weiterer Aspekt hinzugefügt oder die politische Entwicklung in München facettenreich aufgefächert werden. Im folgenden kann es ausschließlich darum gehen, wie Toller, der aus dem "brain-trust" Kurt Eisners stammend und damit während der ersten Phase gewissermaßen im zweiten Glied stehend, innerhalb kürzester Zeit in die Phalanx der Revolutionäre gespült werden konnte.

Nach den Weihnachtstagen 1918 hatten die MSP-Minister Auer und Timm zur Gründung einer Bürgerwehr aufgerufen (Hennig, *Johannes Hoffmann*, 165). Es gab zweifelsohne Verbindungen der MSPD-Führung zu gegenrevolutionären Gruppen. Mit der Aufdeckung dieser Machenschaften

---

[7] U.a. Mitchell, Dähn, Deuerlein, Bischoff, Boll, Fritzsche, Frölich, Haffner, Beyer, Wolfgang von Oertzen, Pross, Mommsen, Kreuzer, Kritzer, *Die bayerische Sozialdemokratie*, Ritter/Miller, oder neuerdings Detlef Lehnert, der die Ansicht vertritt, daß jedes Rätemodell einen Rückschritt an Universalität gegenüber dem allgemeinen Stimmrecht bedeute und daß einem erreichten Niveau der politischen Partizipation breiter Bevölkerungsschichten und rationaler Entscheidungsverfahren nicht ungestraft der Kampf angesagt werden könne (294). Dazu wiederum Ursula Mertens.

hatte Toller schon bei seinem ersten Auftreten im Provisorischen Nationalrat einen taktischen Erfolg. Er trug die folgende Interpellation vor:

> 1. Sind der provisorischen Regierung die gegenrevolutionären Machenschaften von Offizieren und Studenten bekannt, die zu dem Plane der Gründung einer sogenannten Bürgerwehr in engster Beziehung stehen?
>
> 2. Ist der Regierung, besonders dem Minister für militärische Angelegenheiten bekannt, daß an einigen Orten, wie z.B. Dachau, Ingolstadt, Endorf, Reichenhall, Baierbrunn, Maschinengewehre, Gewehre und Munition in größeren Mengen unter die städtische und ländliche Bevölkerung verteilt wurden oder zur Verteilung gelangen sollten? Woher stammen diese Waffen? Wer hat sie verausgabt?
>
> 3. Wie stellt sich das Gesamtministerium zu der Tatsache, daß zwei seiner Mitglieder, die Minister Auer und Timm sowie der Staatsrat Dr. Freiherr von Haller vom Finanzministerium, den Aufruf zur Gründung einer bewaffneten Bürgerwehr an erster Stelle unter schrieben und sich dabei entstellend auf angebliche Worte des Ministerpräsidenten bezogen haben. (*Sten. Berichte*)

Während der Aussprache zogen Auer und Timm ihre Unterschriften unter den Aufruf u.a. mit der Bemerkung zurück, sie seien über die von Toller enthüllten Voraussetzungen der Revolution getäuscht worden (Lotterschmid/Mehringer, 140). Am 2. Januar 1919 verabschiedete der Nationalrat dann mit großer Mehrheit einen Antrag von Toller:

> Nach Aufdeckung gegenrevolutionärer Komplotte erklärt der provisorische Nationalrat des Volksstaates Bayern unter Bezug nahme auf die Erklärung des Ministerrates seinen entschlossenen Willen, ohne Rücksicht auf Parteirichtungen und Meinungsverschiedenheiten eine einheitliche Front des Sozialismus und der Republik zusammen mit einer geschlossen vorgehenden revolutionären Regierung gegen Kapitalismus und Imperialismus zu bilden. (*Sten. Berichte*, Sitzung vom 2. Januar 1919)

Diese einheitliche Front wurde als Notwendigkeit zwar immer lauter beschworen, trotzdem hatte die spannungsvolle Beziehung zwischen MSPD und USPD (Lösche/Walter) ihren Bruchpunkt erreicht. Auf Reichsebene war zu diesem Zeitpunkt die Koalition zerbrochen (Matthias, 101). In der Nacht vom 29. auf den 30. Dezember zogen sich die USPD-Volksbeauftragten aus dem Kabinett zurück, weil sie den Einsatz von Militär gegen revoltierende Matrosen mißbilligten (Miller/Potthoff, 86).

In Bayern konnte die Eskalation vorläufig durch die beeindruckende Persönlichkeit Kurt Eisners noch kaschiert werden[8]. Eisner wollte die Konfrontation zwischen Befürwortung oder Ablehnung von Räten mildern, indem er die Kompromißformel "Räte und Parlament" (Neubauer, 176) prägte.

Unklare politische Festlegungen vertieften das Dilemma, in dem sich Eisner befand. Ungelöste soziale Probleme manifestierten sich, obwohl man das beste wollte.

Am 9. Januar gab es bei Arbeitslosendemonstrationen in München drei Tote. Die Regierung Eisner ließ Levien, der als Spartakist dem RAR angehörte, sowie Mühsam und weitere acht revolutionäre Arbeiterräte verhaften (Viesel, 25).

Schon einen Tag später wurden sie nach Demonstrationen wieder freigelassen. Eisners schwankende Politik erfuhr bei den Landtagswahlen am 12. Januar eine klare Ablehnung durch die Wähler. 2,5 % der Stimmen und damit drei Mandate von insgesamt 180 bedeuteten für den amtierenden Ministerpräsidenten eine vernichtende Niederlage. Toller, der ebenfalls kandidiert hatte, schaffte den Sprung in den Landtag nicht.

In Berlin war unterdessen für die zurückgetretenen USPD-Minister u.a. Gustav Noske ins Kabinett eingetreten. Ihm oblag es nun, den militärischen Widerstand in der Hauptstadt niederzuwerfen[9]. Nach den Weihnachtsunruhen hatte sich die politische Situation verschärft. Am 1. Januar war die KPD gegründet worden. Als am 4. Januar die Entlassung des der USPD angehörenden Polizeipräsidenten Eichhorn bekannt geworden war, kam es nach Aufrufen der Revolutionären Obleute, des Spartakusbundes und des linken USPD-Flügels zu einer eindrucksvollen Massenkundgebung. Dadurch beflügelt, glaubte Karl Liebknecht, daß der "Sturz der Regierung Scheidemann-Ebert möglich und unbedingt notwendig sei" (Trotnow, 280). Diese Einschätzung erwies sich als falsch (281).

---

[8] So diskutierte der Nationalrat am 3. Januar über die "Besserung der Lage aller künstlerischen Berufe." Nachdem Eisner einige Grundgedanken zu Kunst und Politik ausgeführt hatte, unterbreitete Toller einige konkrete sozialpolitische Verbesserungsvorschläge. (*Sten. Berichte*)

[9] Vgl. dazu Gustav Noske, *Von Kiel bis Kapp*, (67); dort fällt auch der berüchtigt gewordene Terminus vom "Bluthund". Vgl. zu Noske auch Wolfram Wette.

Noske ließ mit Hilfe von Freiwilligenverbänden Berlin vom Stadtrand her besetzen. Der Spartakusaufstand wurde blutig niedergeschlagen (Erdmann, 19: 41-42).

Die Nachrichten von diesen Ereignissen in Berlin müssen Toller in München mehr beeindruckt haben als der Wahltag in Bayern, an dem er möglicherweise noch nicht einmal seine Niederlage als Landtagskandidat ahnte. Er verfaßte am 12. Januar 1919 ein "Telegramm an Scheidemann, Ebert, Noske". Darin greift er die Genannten heftig an. (Toller, *Kain*, 4)

> Scheidemann, Ebert, Noske. Mitglieder der Regierung, Berlin. Sie müssen erkennen, daß sie seit Tagen an jedem Tropfen Blut, das noch vergossen wird, schuldig sind. Wenn das deutsche Volk selbst einen Ludendorff nicht zur Verantwortung zieht, Sie wird es vor ein Volksgericht stellen, und kein deutscher bewußter Arbeiter wird sich finden, der nicht sein dreimal schuldig spricht. Daß sie keine Sozialisten sind, wir wußten es längst, aber wir wissen nicht mehr, ob Mütter sie geboren haben. Ernst Toller, München.

Drei Tage später wurden Rosa Luxemburg und Karl Liebknecht von Freikorps-Soldaten ermordet. Als Toller diese Nachricht erhielt, "jagt" er in eine Massenversammlung der "Rechtssozialisten":

> "Liebknecht und Luxemburg sind ermordet", rufe ich, und die Menge, die verblendete Menge, schreit: "Bravo! Recht ist ihnen geschehen, den Hetzern". (GW, 4: 114)

Wieder sind es nicht ihn selbst betreffende realpolitische Fakten, die Toller zum Reden brachten, sondern ihm unfaßliche Greuel im Zusammenhang mit politischen Auseinandersetzungen.

In den folgenden gut zwei Wochen, die Toller vermutlich in München verbrachte, darf seine Delegierung zum Kongreß der 2. Sozialistischen Internationale als das für ihn herausragende Ereignis betrachtet werden. Der Kongreß fand vom 3. bis 11. Februar 1919 in Bern statt. Kurt Eisner wiederholte dort als Delegierter seine These vom deutschen Militarismus als Urheber des Krieges (Wheeler). Toller wiederum richtete, ohne Absprache mit Eisner wie es scheint (*Fall*, 53-54), ein Grußwort an die Delegierten, in dem er zum gemeinsamen Kampf der Jugend aller Länder gegen Kapitalismus und Materialismus aufrief:

> [...] Wir fordern die Jugend aller Länder auf, den Waffendienst zu verweigern, wenn man sie mißbrauchen will. An Stelle der Handgranate soll die Achtung vor dem Mitmenschen, die Achtung vor dem andern Volk treten. Wohl weiß ich, daß es

> Kämpfe gibt, denen wir nicht ausweichen dürfen, Kämpfe nicht um Sonderinteressen, Kämpfe um den Sieg des Sozialismus [...] Die Jugend will nicht länger Material in den Händen von Generälen und Unternehmern sein, wir wollen leben, leben für den Sozialismus, der für uns ebensosehr eine neue Gemeinschaft, ein neues reines Verhältnis von Mensch zu Mensch, von Volk zu Volk darstellt, wie eine wirtschaftliche Umgestaltung. Wir wollen leben um der Liebe, des Geistes, der Menschlichkeit willen. (GW, 1:46-49)[10]

Gehen wir davon aus, daß Toller während der gesamten Dauer des Kongresses in Bern war, dann entging ihm vermutlich, daß Levien am 7. Februar verhaftet worden war, eine Demonstration aber am 11. Februar erneut seine Freilassung erzwungen hatte. Trotzdem möchte man annehmen, daß die Ereignisse in München, in die Toller persönlich stark eingebunden war, es erfordert hätten, unmittelbar nach Kongreßende dorthin zurückzukehren. Toller hingegen zog es vor, im Engadin, das nicht unbedingt auf dem Rückweg lag, Freunde zu besuchen:

> Ich war nach dem Berner Kongreß einige Tage zu Freunden ins Engadin gefahren, in St. Moritz sah ich die jeunesse dorée aller Länder, ein deutscher Dichter hatte eigens für sie ein Stück geschrieben, in stilechten Gewändern, mit Brillanten und Perlen behängt, schauspielerten sie Völkerfrieden und Versöhnung, Gespenster und Lemuren einer wesenlosen Zeit. (GW, 4: 116)

Wenn der Revolutionär Toller am 21. Februar auf der Rückfahrt war, dann hätte er zehn Tage gebraucht, um die "jeunesse dorée aller Länder" als "Gespenster und Lemuren einer wesenlosen Zeit" zu erkennen, möchte man sarkastisch anfügen. Es ist jedoch schwer zu deuten, was Toller bewogen haben mag, nicht sofort nach Kongreßende zurückzukehren, um seinen Einfluß auf die Gestaltung der unruhigen politischen Zeiten geltend zu machen, sondern gewissermaßen "Urlaub von der Revolution" zu nehmen. Da die Situation wohl ernst genug war, ist Tollers Verhalten nur noch schwer ausschließlich mit jugendlichem Leichtsinn zu erklären. Es ist einzig und allein dahingehend zu verstehen, daß er den Ernst der Lage in seinem vollen Ausmaß nicht erkannt hat.

---

[10] Das Grußwort wurde bereits im Februar 1919 in englischer Sprache gedruckt, erschien jedoch erst nach Tollers Verhaftung auf Deutsch (vgl. dazu *Fall*, 54). Stellenweise ist dieses Grußwort ein hervorragender Beleg für Tollers Pathos.

Möglicherweise ist aber auch davon auszugehen, daß Toller, nachdem er ein Landtagsmandat nicht hatte erringen können, den Anteil der Räte, deren zweiter Vorsitzender er immerhin war, am politischen Gestaltungsprozeß vermindert sah. Dies würde die Annahme stützen, daß die Macht der Räte schwand. Die Ereignisse unterstreichen dies, da man alles unternahm, rätedemokratische Gedanken zu forcieren, vermutlich um die Räte neu zu motivieren. Am 11. Februar stimmte der Münchner Arbeiterrat Landauers Antrag zu, eine Massendemonstration für das Rätesystem zu veranstalten. Diese fand unter Beteiligung Eisners am 16. Februar auch statt (Viesel, 25). Rufe nach einem Räteregime wurden laut (Neubauer, 177).

Nachdem ein Kompromißantrag von Landauer auf dem Rätekongreß eingebracht worden war, ging man auseinander, ohne eine eindeutige Entscheidung für ein Rätesystem getroffen zu haben. Alles deutete an diesem 20. Februar daraufhin, daß Eisner am nächsten Tag seinen Rücktritt als Ministerpräsident erklären würde[11].

Kurz vor 10 Uhr am 21. Februar erschoß der junge Graf Arco auf Valley den Ministerpräsidenten Kurt Eisner auf dem Weg zum Landtag (Hitzer). Zwei Stunden später feuerte der Angehörige des Revolutionären Arbeiterrats Lindner im Landtag auf den MSPD-Politiker Erhard Auer. Dieser wurde schwer verletzt. Ein Abgeordneter und ein Offizier wurden dabei getötet. Der Landtag lief nach diesem Tumult auseinander. Unter Ernst Niekisch wurde von den Vertretern der Räte und des RAR ein Revolutionärer Zentralrat gebildet. Mit Max Levien, der über den RAR in dieses Gremium gekommen war, gehörte damit erstmals ein Kommunist der Regierung an.

Am 26. Februar fand die Beisetzung Kurt Eisners statt. Spätestens zu diesem Zeitpunkt war Toller wieder in München. Am 27. Februar hielt er auf dem Kongreß der Arbeiter-, Bauern- und Soldatenräte eine Rede, die sich zunächst dem Gedenken Eisners widmete[12]. Dem schließt sich die Ein-

---

[11] Die Darstellung des Ablaufs der Ereignisse stützt sich vor allem auf die Darstellungen bei Neubauer, 177ff, Viesel, 25-26, Hitzer und von Aretin sowie auf das *Revolutionstagebuch* von Hofmiller.

[12] Das im Folgenden Geschilderte und Zitierte findet seinen Beleg in: *Sten. Ber. über die Verhandlungen des Kongresses der Arbeiter-, Bauern-, und Soldatenräte vom 25. Februar bis 8. März 1919*, 2. Sitzung, München, den 27. Februar 1919.

schätzung an, man habe sich erst im Anfangsstadium der Revolution befunden. Man habe in Bayern keine sozialistische Revolution gehabt, vor allem deshalb nicht, weil der Beamtenapparat nach wie vor von den Kräften des alten Systems durchdrungen sei. Zu diesem Zeitpunkt habe Eisner "allzuschnell" den Landtag einberufen:

> Dieser Landtag stob auseinander in dem Augenblick, wo Minister erschossen und schwerverwundet wurden und überließ das Geschick des Volkes den Arbeiterräten, jenen Arbeiterräten, von denen man nur als Volksfeinde gesprochen hatte. Dieser Landtag hatte nicht mehr den Mut, den Willen, das Verantwortungsgefühl, die Geschicke des Volkes in die Hand zu nehmen in einem Augenblick, in dem es am dringendsten notwendig war. Ich sage Ihnen, Sie mögen sich zum Landtag stellen wie Sie wollen, für mich hat ein Landtag überhaupt keinen Sinn mehr. Dieser gewählte Landtag, der auseinandergelaufen ist, hat jedes Recht verloren, noch ein einziges Mal irgendwie die Geschicke des bayerischen Volkes leiten zu wollen.

Nach der verhaltenen Kritik an Eisner sprach Toller damit eindeutig der Konstituante Landtag die Legitimität ab. Diese staatsrechtliche Einschätzung der Lage brachte Toller zum Kern seiner Ausführungen. Gerade weil die Räte das bayerische Volk nicht chaotischen Verhältnissen entgegenführen wollten, müßten sie die Geschicke des Volkes in die Hand nehmen. Hierbei sei nun die große Streitfrage "Räterepublik oder parlamentarische Republik":

> Eigentlich, das muß ich konstatieren, sind wir von der äußersten Linken bis zur äußersten Rechten alle einig, daß wir im Augenblick die Verwaltung durch die Räte haben müssen (Rufe: Sehr richtig!). Also damit stimmen wir - wir wollen uns keine Illusionen vormachen - dem System der Räterepublik zu.

Dieses kompromißfähig scheinende "im Augenblick" relativierte Toller schnell, indem er an gleicher Stelle die Frage anfügte:

> Aber um der Wahrheit willen muß es ausgesprochen werden, machen Sie sich doch keine Illusionen vor. Wenn Sie einmal den Arbeitern, Bauern und Soldaten die Macht für einige Monate, sagen wir, bis die Errungenschaften der Revolution gesichert sind, in die Hand gegeben haben, glauben Sie, daß dann, wenn der Rätegedanke in den Massen verankert sein wird, die Räte sich wieder auf ein rückwärtiges Stadium zurückführen lassen werden?

Toller meinte weiter, er mache sich keine Illusionen und trete prinzipiell für die Räterepublik ein (Eichenlaub, "Räte"). Die anschließende Beurteilung einer künftigen Verfassung ist für Toller zweitrangig. Über die augenblickliche Situation, in der "Beauftragte" sowohl legislative als auch exekutive Arbeit leisteten, äußerte sich Toller zufrieden.

Am gleichen Tag stimmte der Kongreß dem Beschluß des Zentralrats zu, daß der Landtag aus Gründen seiner eigenen Sicherheit vertagt bleibe und die Tagung des provisorischen Nationalrats geschlossen sei. Über die Wiedereinberufung des Landtags entscheide die revolutionäre Regierung in Gemeinschaft mit dem Aktionsausschuß. Die jetzige Tagung der Arbeiter-, Soldaten- und Bauernräte stelle den provisorischen Nationalrat des freien Volksstaates dar (*Sten.Berichte*, 55).

Von einer "Republikanischen Schutztruppe" wurden nun Levien, Mühsam und Landauer verhaftet, bald jedoch wieder freigelassen. Ein Indiz, daß der Legislative die Exekutive immer mehr entglitt (Beyer, 52).

Am 28. Februar erlitt Mühsam mit seinem Antrag zur Ausrufung der sozialistischen Räterepublik eine herbe Niederlage (*Sten. Berichte*, 30). Der Antrag wurde sogar von Landauer abgelehnt. Angenommen wurde ein Antrag von Fechenbach (68). Dieser Antrag wird im Folgenden ausführlich zitiert, um einmal die Vorstellungen bezüglich legislativer und exekutiver Entscheidungsprozesse verdeutlichen zu können:

1. Der Landtag bleibt vorerst vertagt.

2. Die Tagung des provisorischen Nationalrates wird für geschlossen erklärt.

3. Über den Termin der Wiedereinberufung des Landtages entscheidet das provisorische Ministerium in Gemeinschaft mit dem Aktionsausschuß.

4. Die jetzige Tagung der Arbeiter-, Soldaten- und Bauernräte stellt den provisorischen Nationalrat des freien Volksstaates Bayern dar, doch soll von der nächsten Tagung ab der provisorische Nationalrat aus höchstens 250 Mitgliedern bestehen, die von den bestehenden Arbeiter-, Bauern- und Soldatenräten der acht Kreise nach den von der provisorischen Regierung in Gemeinschaft mit Aktionsausschuß herauszugebenden Richtlinien zu wählen sind.

5. Der zur Wahrnehmung der Geschäfte zu wählende Aktionsausschuß besteht aus 33 Mitgliedern. Diese setzen sich zusammen aus je 7 Mitgliedern der Vollzugsausschüsse der Arbeiter-, Bauern- und Soldatenräte, je 3 Vertretern der sozialdemokratischen Partei, der USP, des revolutionären Arbeiterrates und des parlamentarischen Bauernrates. Die Mitglieder des Aktionsausschusses können jederzeit vom provisorischen Nationalrat abberufen werden. Der Aktionsausschuß wählt aus seiner Mitte einen siebengliedrigen Zentralrat, dessen Mitglieder wiederum dem Aktionsausschuß verantwortlich sind und von ihm abberufen werden können.

6. Sobald es die Verhältnisse gestatten, wird dem gesamten Volke das am 4. Februar 1919 vom Gesamtministerium proklamierte Staatsgrundgesetz zur Abstimmung vorgelegt mit Abänderungen auf folgender Grundlage:

a) dem Landes-Arbeiter, Bauern- und Soldatenrat steht das Recht zu, Gesetzentwürfe vorzulegen und durch Veto gegen Parlamentsbeschlüsse die Entscheidung des gesamten Volkes anzurufen;

b) die Räte wirken in der Verwaltung mit.

7. Die künftige Verfassung des freien Volksstaates Bayern wird von der provisorischen Regierung in Gemeinschaft mit dem Aktionsausschuß ausgearbeitet und dem gesamten Volke zur Entscheidung vorgelegt.

8. Der Kongreß der Arbeiter-, Bauern- und Soldatenräte wählt ein neues Ministerium unter Hinzuziehung eines Bauernbündlers als Landwirtschaftsminister. Dem Ministerium für Kultus und Unterricht wird eine Abteilung für Volksaufklärung angegliedert. Der Aktionsausschuß hat mit dem Ministerium die Frage der Ernennung von Staatssekretären zu entscheiden.

9. Das Gesamtministerium ist dem Zentralrat bzw. dem provisorischen Nationalrat verantwortlich. (*Sten. Berichte*, 68)

2.1. Aufbau der revolutionären Staatsorgane[13]

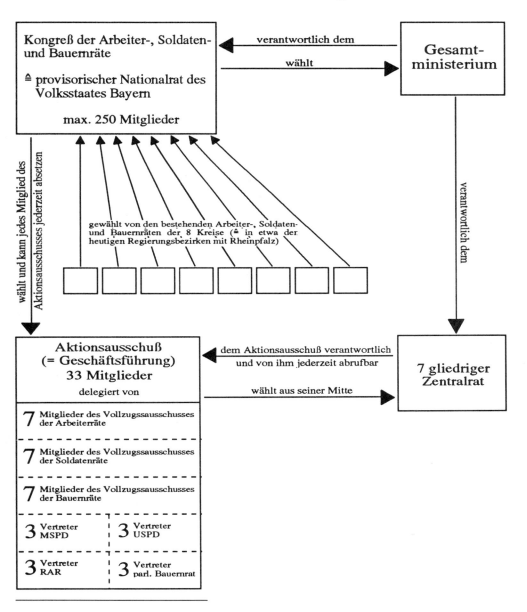

[13] Nach dem Antrag von Fechenbach vom 28. Februar 1919. Wortlaut siehe oben. Diese Grafik soll die verwirrende Begrifflichkeit der jeweiligen Handlungsinstanzen verdeutlichen.

Weil man annehmen mußte, die Rechte seien an den Landtag abgetreten, verließen Levien und Vertreter des linken USPD-Flügels den Zentralrat (Beyer, 55). Am 1. März, also am folgenden Tag, wählte der Rätekongreß eine provisorische Regierung mit vier Ministern der MSPD, dreien der USPD, einem parteilosen und einem des Bauernbundes. Diese Minister wollten jedoch das Vertrauen durch die rechtmäßig gewählte Volksvertretung, den Landtag, ausgesprochen bekommen. Somit wurde deutlich, daß nur mit der Einberufung des Landtags zum Ziel zu kommen sei. Eine Tagungspause vom 2. - 4. März wurde zu Verhandlungen genutzt (Müller-Meiningen, *Aus Bayerns schwersten Tagen*, 146).

Der in Nürnberg am 4. März erzielte Kompromiß lief auf eine Regierungsbildung durch den Ministerpräsidenten Hoffmann hinaus (Hennig, *Johannes Hoffmann*, 207), weiter auf die Einberufung des Landtags und eine Entmachtung der Räte (BayHStA, Zeitgeschichtliche Sammlung, Sammlung Rehse, PR 14). Diesen Kompromiß lehnte der Rätekongreß am 5. März zunächst ab, um dann am 7. März einer modifizierten Vereinbarung zuzustimmen (vgl. BayHStA, ASR, Mappe 1, Räterepublik Bayern, Allgemeines, Bl. 114).

Was dann geschah, beschreibt Erich Mühsam recht sachlich in seinem Aufsatz "Von Eisner bis Léviné" (89-139), an dem sich die folgende Schilderung kritisch orientiert. Nachdem am 17. März der Landtag zusammengetreten war, bestätigte er das Kabinett mit zwei Ausnahmen und entfernte damit genau die Minister, die dem Rätekongreß wichtig gewesen waren. In mehreren Massenversammlungen am Abend, in denen die Basis für den Kompromiß gewonnen werden sollte, zeigte sich, daß die Volksstimmung auf die Forderung nach einer Räterepublik hinauszulaufen schien. Die Unruhen in weiten Teilen des Reichs (Beyer, 60; Erdmann, 19: 82) wirkten eher begünstigend in diese Richtung. Als schließlich am 21. März die Nachricht von der Ausrufung der Räterepublik in Ungarn durch Bela Kun die Stimmung weiter anheizte (Erdmann, 19: 83), hofften einige, u.a. auch Mühsam, daß nun über Bayern, Österreich und Ungarn ein geographischer Zusammenhang zur UdSSR hergestellt werden und damit eine breite Außenwirkung auf andere deutsche Länder im Hinblick auf deren revolutionären Elan entstehen würde.

Anfang März fand in Berlin ein außerordentlicher Parteitag der USPD statt. Dort wurde eine "Programmatische Kundgebung" verabschiedet, die sich einerseits zu den Räten bekannte, aber andererseits ihre gleichzeitige Einordnung in die Verfassung forderte (Harrer, 85-86). Dieser Parteitag zeigte in aller Deutlichkeit das Spannungsverhältnis, das sich innerhalb der USPD aufbaute.

Toller wäre vermutlich Delegierter zu diesem außerordentlich wichtigen Parteitag gewesen (GW, 4: 119-123), er versäumte jedoch wegen seiner Arbeit im Zentralrat den Zug und versuchte stattdessen am nächsten Morgen zu fliegen. Zwei Flüge an zwei aufeinanderfolgenden Tagen gingen fehl.

Dieser an sich nebensächlichen Episode widmet Toller in *Eine Jugend in Deutschland* (GW, 4: 120-122) immerhin fast drei Seiten. Hiermit wird wiederum verdeutlicht, welchen Grad der Stilisierung die Autobiographie aufweist. Darüberhinaus zeigt die Episode aber auch deutlich, wie wenig Toller in der Lage war, in Prioritäten zu denken. Er verpaßte ganz einfach Ereignisse, die den revolutionären Prozeß entscheidend mitbestimmten. Hier ist es nun so, daß er, nachdem er den Zug versäumt hatte, sich mit einem Piloten verflog und etwas unsanft in Niederbayern landete; am selben Abend kehrten beide mit der Maschine nach München-Schleißheim zurück. Anderntags startete er erneut. Bald kam es jedoch zu einer Bruchlandung in der Nähe eines Dorfes "Wertheim". Angeblich mit der Kleinbahn fuhr Toller nach Ingolstadt und erzwang sich dort die Mitfahrt im Landtagszug nach München:

> Zehn Minuten später steige ich in den Zug nach München, die Konferenz in Berlin habe ich versäumt, wäre ich in Berlin gelandet, hätte ich dort bleiben müssen, zwei Tage später herrscht Krieg zwischen Berlin und München. (122)

Tollers Orts- und Zeitangaben fügen sich gelegentlich eher seiner oberflächlichen Art der Behandlung von Fakten, als daß sie sich einer realistischen Nachprüfung unterziehen lassen. Geht man nämlich dem angeblichen "Absturz" in Wertheim und der anschließenden Lokalbahnfahrt nach, zeigt sich schnell, daß es einen Ort mit diesem Namen an alten Lokalbahnstrecken um Ingolstadt nicht gibt. Möglich wären an sich nur die ähnlich klingenden Bahnanschlußstellen Wellheim, an der Strecke Dollnstein-Rennertshofen mit Anschluß nach Ingolstadt, oder das von Ingolstadt entfernt liegende Wertingen, an der Strecke Augsburg-Donauwörth. (Vgl. dazu:

Reichskursbuch 1914. Hg. v. d. Dt. Reichspostdirektion. Berlin o.J. Ausgabe 1914. Oder: *Amtliches Kursbuch. Bayern rechts des Rheins*. Hg. v. d. Dt. Reichsbahngesellschaft. Ausgabe gültig v. 15. 5. bis 6.10.1928, München o.J.; oder: *Stationsverzeichnis der Eisenbahnen Europas*. Hg. im Auftrag des Vereins deutscher Eisenbahnverwaltungen v. A. Nether, Berlin 1931). Demnach gibt es ein Wertheim als Station nur im Bereich der Reichsbahndirektion Karlsruhe.

Die im fraglichen Bereich um Ingolstadt erscheinenden Zeitungen *Eichstätter Volkszeitung* und *Neuburger Zeitung* fanden einen auch damals sicher nicht alltäglichen Vorgang einer Flugzeugnotlandung jedenfalls für nicht erwähnenswert.

Von Toller hätte man umso mehr die Teilnahme am Kongreß erwartet, da er zu diesem Zeitpunkt schon die Nachfolge Eisners im Amt des bayerischen USPD-Vorsitzenden angetreten hatte.[14] Es wirkt erstaunlich, daß der Vorsitzende oder der zumindest designierte Vorsitzende eines Landesverbandes auf die Teilnahme an dem außerordentlichen Kongreß verzichtete.

Toller behauptete im *Vernehmungsprotokoll* von sich, für die Ausschaltung des Landtages und die Fortführung der Regierung durch einen vom Rätekongreß neu zu wählenden Zentralrat mit einem von diesem gebildeten Ministerium gewesen zu sein (GW, 4: 241). Er habe sich jedoch dem gegenteiligen Beschluß des Rätekongresses für das Übereinkommen mit dem Landtag und die Einsetzung der Regierung Hoffmann gefügt:

> Ich betrachtete jedoch diese Regelung als keine endgültige, sondern die Herstellung der Räteregierung als das zu verfolgende Ziel, erwartete jedoch die Erreichung dieses Zieles im Wege einer friedlichen Entwicklung, nicht durch Gewalt. An den Bestrebungen zur Errichtung der ersten Räterepublik, die meiner Ansicht nach durchaus verfrüht war, habe ich mich daher nicht beteiligt, ich erhielt davon überhaupt erst Kenntnis in Nürnberg; auf der Durchreise zum Rätekongreß in Berlin. Ich hörte in Nürnberg, daß verschiedene Minister der Regierung Hoffmann und Simon, Unterleitner auch Segitz für die Räterepublik seien und daß Schneppenhorst mit Mühsam

---

[14] Eigentlich hatte Toller Fritz Schröder im USP-Vorsitz abgelöst. Dies geschah während der Generalversammlung zwischen dem 7. und 11. März 1919. Daneben wurde die Forderung nach der Diktatur des Proletariats erhoben und die Eroberung der Macht durch die Räte gefordert. Die Kommunistische Partei wurde zur Bruderorganisation erklärt und eine Zusammenarbeit mit der MSPD abgelehnt (Grau, 135).

(zusammen) im Auto nach Nürnberg gekommen sei, um mit ihm für die Räterepublik zu arbeiten. Auf mein Ansuchen erhielt ich von Dr. Evinger in Nürnberg ein Auto zur Rückfahrt nach München zur Verfügung gestellt, fuhr jedoch dann mit dem Zug nach München zurück, um mich hier über die Verhältnisse zu unterrichten und gegebenenfalls an der Räteregierung mitzuarbeiten.(242)

Wieder einmal ist Toller "en route", als unterschwellige politische Strömungen sich zu politischen Tatsachen verdichten. Mühsam behauptet gar, Toller sei zufällig in Nürnberg gewesen. (Mühsam, "Von Eisner", 116) Der von Toller als Ziel angegebene Rätekongreß fand vom 8. - 14. April 1919 statt[15]. Großmann behauptet, Toller habe nachweisen können, daß er bei der Ausrufung der zweiten Rätediktatur am 14. April gar nicht in München, sondern auf der Reise nach Berlin begriffen und in Nürnberg von der Kunde überrascht worden war (318). Überprüft man die Daten, so müßte Toller sich eigentlich auf dem Weg nach München zurück befunden haben. Trotzdem fährt Großmann fort: "Ein Nürnberger Parteigenosse, der ihm an politischer Erfahrung überlegen war, mußte ihn erst zur Heimreise nach München bewegen" (318-319). Toller selbst gab weiter zu Protokoll, er habe sich nach seiner Rückkehr am Samstag, 5. April 1919, abends, an den Verhandlungen zwischen USPD, MSPD und Kommunisten über die "förmliche Durchführung der Räterepublik" (GW, 4: 242) beteiligt. Einige dieser Ungereimtheiten müssen so stehenbleiben, da ihre Nachprüfung die Aussagesicherheit nicht erhöht.

Die wichtigeren Verhandlungen hatten jedoch bereits vorher stattgefunden. Am Nachmittag des 4. April hatte, nachdem der Augsburger Niekisch von dort mit der Forderung von Arbeitern, die Räte-republik auszurufen, zurückgekehrt war, ein Treffen stattgefunden, mit dem Ziel, am Morgen des 5. April mit der Ausrufung der Räteregierung ein "fait accompli" zu schaffen. Einigkeit war gefordert. "An die Möglichkeiten, daß etwa die KPD sich grundsätzlich ablehnend verhalten könne, dachte kein Mensch." (Mühsam, "Von Eisner", 110) Die KPD-Leitung hatte Anfang März unbekannte Kader nach München entsandt. In einer erneuten Versammlung am späten Abend wurde u.a. von Eugen Leviné die Teilnahme der KPD an einer Räteregierung kategorisch abgelehnt. Die MSPD sah eine der grundle-

---

[15] Vgl. *II. Kongreß der Arbeiter- Bauern- und Soldatenräte Deutschlands vom 8. - 14.4.1919. Stenographisches Protokoll*. Berlin, 1919.

genden Voraussetzungen, nämlich die Einigkeit aller Arbeiterorganisationen, nicht mehr gewährleistet und forderte einen Aufschub der Proklamation um 48 Stunden, um inzwischen die Provinz vorzubereiten (114).

Die bedeutendste Entscheidung war jedoch gefallen. Die Absage der KPD bedeutete eine klare Zersplitterung der Kräfte. Mühsam fuhr am nächsten Tag (5. April 1919) nach Nürnberg, um mit den dortigen Kommunisten zu verhandeln[16]. Am Abend kehrte er mit Toller nach München zurück.

Mühsam und Toller nahmen am nächsten Tag (Sonntag, 6. April 1919) abends an der Sitzung im Wittelsbacher Palais teil, auf der endgültig die Proklamation der Räterepublik beschlossen wurde[17] :

> Von den Ministern der Mehrheitspartei war keiner mehr dabei [...]. Dagegen hatte die USPD ihre aktivsten Führer geschickt, und Toller, der schon im Rätekongreß zum Nürnberger Kompromiß in Opposition gestanden und nachträglich einen Mißbilligungsbescheid dagegen in einer Münchener Parteiversammlung durchgedrückt hatte, trat als ihr Hauptwortführer auf. (Mühsam, "Von Eisner", 119)

Der provisorische Zentralrat wurde um sechs Mitglieder erweitert, u.a. um Toller. Volksbeauftragte wurden ernannt. Toller meinte dazu bei seiner Vernehmung: "Die Regierung übernahm der schon vorhandene Zentralrat unter Niekisch, verstärkt durch Vertreter der Parteien, worunter auch ich." (GW, 4: 242)

---

[16] Zu Mühsam vgl. insbesondere Jungblut, *Mühsam-Dichter* sowie Jungblut, *Mühsam-Notizen*. Der Autor vertritt dort (145) die grundsätzliche Ansicht, die rätedemokratischen Vorstellungen seien ungenügend entwickelt gewesen. Der Rätegedanke mitsamt dem ihm verbundenen Einheitsfrontgedanken habe sich zu einem bloßen Versatzstück reduziert, zu der vagen Vorstellung, daß er der Erreichung des Friedens irgendwie nützlich sein könnte. Mühsam habe überdies seine Möglichkeiten überschätzt. Der Grund habe nach Jungblut (144) in der Nichtbeachtung tiefgreifender ideologischer Unterschiede zwischen bürgerlichen Pazifisten und revolutionären Antimilitaristen gelegen, die Mühsam zugunsten eines idealistischen Bekenntnisses einebnete. Grundsätzliches zum Thema "Literatur und Anarchie" bei Mühsam von Rolf Kauffeldt und zur Haltung Tollers und Mühsams bei Lothar Peter.

[17] Aus dem "bodenständigen bayerischen Judentum" (374-375) kamen Stimmen, die den an der Räterepublik beteiligten Juden schwere Vorwürfe machten, wie dies Sigmund Fraenkel am 6. April in einem "Offenen Brief" tat. Dazu auch grundsätzlich Walter Grab und Julius H. Schoeps, *Juden in der Weimarer Republik*. Zur jüdischen Tradition im romantisch-anarchistischen Denken Mühsams und Landauers vgl. Kauffeldt, und zum Judentum in Krieg und Revolution Werner E. Mosse.

Am Montag, dem 7. April, morgens um 8.00 Uhr telegrafierte Gustav Landauer an seine Töchter:

> An meinem Geburtstag wird Räterepublik ausgerufen heut ist Nationalfeiertag ich bin Volksbeauftragter für Volksaufklärung, früher Kultusminister. Innige Wünsche Euer Vater. (Zit. Viesel, 264)[18]

2.2. Aufrufe und Erlasse Tollers

An diesem Tag wurde ein Plakat angeschlagen, dessen Text auch als Flugblatt verteilt wurde und höchstwahrscheinlich von Toller stammte:

> Brüder am Schraubstock, am Pflug, am Schreibtisch!
>
> Die Räterepublik ist proklamiert. Die Arbeiter in Stadt und Land haben die volle politische Macht und Verantwortung übernommen. Schwere Arbeit und die Not des Alltags hat uns zu Brüdern gemacht. Es kommt nun darauf an, Schulter an Schulter gegen die Kapitalistenklasse vorzugehen. Wir haben keine Zeit zu verlieren.
>
> Setzt euch über alle Führer hinweg, wenn sie gegen die Einigkeit des gesamten Proletariats sind. Nicht die Eitelkeit der Führer, sondern die Not des Proletariats zu befriedigen ist unsere Aufgabe.
>
> Seid vorsichtig gegen die plötzlich auftauchenden Gerüchte.
>
> Erkundigt euch nach den Ursachen, sagt den gewissenlosen Schwätzern die Wahrheit.
>
> Überzeugt alle Proletariergenossen, die noch mißtrauisch der Räterepublik gegenüberstehen.
>
> Seid vorsichtig gegen alle Gegner, die zur Grausamkeit auffordern. Bayern ist in der revolutionären Bewegung vorangegangen, gerade weil alle Gewaltkämpfe im Proletariat vermieden wurden.
>
> Proletarierblut muß uns allezeit heilig sein.
>
> Alle Sozialisten und Kommunisten müssen jeden engherzigen Parteistandpunkt aufgeben und sich zu einer großen revolutionären Gemeinschaft zusammenschließen.
>
> Wir dürfen nicht mit unserem Schicksal spielen, jeder Leichtsinn, jede Trägheit ist Sabotage an der Weltrevolution. Wir müssen die politische Macht des Proletariats

---

[18] Zu Landauers Rolle in der Revolutionszeit vgl. vor allem Ulrich Linse, *Landauer*.

heben, um sofort die Sozialisierung der Presse, der Fabriken, der Banken durchzuführen.

Es muß der Überfluß der Reichen, wie Wohnung, Kleidung, Nahrung, den Arbeitern zugute kommen.

Die Arbeiter-, Bauern- und Soldatenräte müssen sofort die Kontrolle und die Verwaltung der gesamten Wirtschaft übernehmen. Es laufen ständig neue Nachrichten aus der Provinz ein, daß unsere dortigen Genossen hinter der Räterepublik stehen.

Soldaten! Kameraden! Wir stehen vor dem Entscheidungskampf zwischen Proletariat und Kapitalismus.

Ihr habt soviel Nächte im Kriege, in der Revolution durchwacht, ihr habt bis jetzt die Revolution in bewunderungswürdiger Weise gegen alle reaktionären Anschläge verteidigt! Nun gilt es noch einmal, alle Kraft anzuspannen, um all die mühevolle Arbeit zur Befreiung des Proletariats zum endgültigen Resultat zu führen.

Soldaten! Das Los der Arbeiter ist auch euer Los!

Wir kommen aus den gegenwärtigen hilflosen Lebensverhältnissen nur dadurch heraus, daß wir vor allem denjenigen das Brot geben, die ihre Arbeitspflicht tun.

Unser Kampf für die Weltrevolution wird unsere Brüder im Westen Europas aufrufen, auch mit ihren Regierungen die große Abrechnung vorzunehmen, damit wir endlich unser Schicksal selbst in die Hand nehmen und Brot, Freiheit und Frieden allen Schaffenden der Welt bringen können.

Es lebe die sozialistische, die kommunistische Revolution Bayerns, Deutschlands und der Welt!

Es lebe das einige Proletariat!

Der revolutionäre Zentralrat der Räterepublik Bayern

(Viesel, 347-348)

Auf einer Vollversammlung der Betriebsräte im Hofbräuhaus wurde am Abend des 7. April die folgende Resolution Tollers angenommen:

> Die im H.B. versammelten Münchener Betriebsräte, Arbeiterausschüsse und der Münchener Arbeiterrat fordern die auf Grundlage der von der U.S.P. München gestellten Bedingungen, die auch von Dr. Levien gebilligt werden, und richten an die kommunistischen Massen noch einmal die dringende brüderliche Bitte, an der Durchführung der Revolution mitzuarbeiten.
>
> Beginn der Sozialisierung.
>
> Um die Sozialisierung vorzubereiten, werden alle Unternehmungen unter gesellschaftliche Kontrolle gestellt. Alle Betriebe gehen ungestört weiter; Störungen sei-

tens der Unternehmer, seitens einzelner Angestellter oder Arbeiter, welche den Betrieb ernstlich gefährden, sin dem Zentralwirtschaftsamt zu melden. Soweit provisorische Fachräte bestehen, haben diese die Meldung durchzuführen. Alle leitenden Persönlichkeiten, Direktoren, Ingenieure, haben ihre Arbeit fortzusetzen, aber die Kontrolle der Geschäftsgebahrung und der Geldbewegung durch die ordnungsgemäß gewählten Vertreter der Betriebsräte oder Arbeiter- und Angestelltenausschüsse zu ermöglichen.

Sollten die Arbeiter- oder Angestelltenausschüsse oder die Betriebsräte im Interesse der Aufrechterhaltung der Betriebsführung oder des öffentlichen Wohles Änderungen in der Leitung für nötig erachten, so sind die entsprechenden Vorschläge dem Zentralwirtschaftsamt zu übermitteln. Vereinzeltes Vorgehen in Industriebetrieben, Banken, Sparkassen, Warenhäusern usw. hat im Interesse der Vollsozialisierung zu unterbleiben.

In den nächsten Tagen treten bereits die Fachräte der Arbeiterschaft, denen Techniker zur Seite stehen, zusammen, um die Sozialisierung zu beginnen.

Der Revolutionäre Zentralrat

gez. Toller (Viesel, 349)

Am folgenden Tag trat Niekisch als Vorsitzender des revolutionären Zentralrats zurück. Er wurde durch Toller ersetzt.[19] Als oberster Vertreter der Exekutive, der deshalb von Léviné bissig "König von Südbayern" genannt wurde, unterfertigte Toller in den nächsten Tagen zahlreiche weitere Aufrufe und Erlasse:

An Alle!

Laut Beschluß des Zentralrats sind sämtliche in Bayern befindliche Kriegsgefangene sofort auf freien Fuß zu setzen.

Der Zentralrat entbietet allen bisherigen Gefangenen als freie Menschen brüderlichen Gruß.

Zentralrat: gez. Toller

Bekanntmachung

1. Das Revolutionstribunal besteht aus achtundzwanzig Richtern, die in Permanenz (Tag und Nacht) tagen, in einer Körperschaft von je sieben Mitgliedern, unter denen sich eine Frau befindet. Außer den sieben Mitgliedern nimmt an den Sitzungen ein

---

[19] Zu den Vorgängen am 7. April neuerdings Seligmann oder Klaus Schönhoven, der für den April 1919 von der Konzeptionslosigkeit als Signum der bayerischen Politik schreibt (121).

Jurist (Rechtsanwalt) mit beratender Stimme teil. Infolgedessen sind dem Tribunal vier Rechtsanwälte zugeteilt.

2. Die Richter setzen sich zusammen aus revolutionären Volksgenossen, die volljährig und im Besitz der bürgerlichen Ehrenrechte sein müssen.

3. Für leichtere Fälle wird eine Gerichtskammer von drei Richtern bestimmt, worüber das Tribunal entscheidet.

4. Zu jeder Gerichtssitzung wird ein Sprecher (Ankläger) bestellt, diesem jedoch ein Antrag auf das Strafmaß abgesprochen.

5. Die Wahl des Verteidigers steht dem Angeklagten frei. Der Verteidiger muß aber volljährig und im Besitz der bürgerlichen Ehrenrechte sein.

6. Keine Sitzung darf ohne Protokollführer, der Stenograph sein muß, stattfinden.

7. Der Urteilsspruch muß schriftlich sein, die Begründung kann mündlich erfolgen. Unterschrieben wird das Urteil von jedem an der Sitzung teilhabenden Richter und dem Protokollführer.

8. Das Urteil wird sofort vollstreckt.

9. Die Verhandlungen sind mündlich und öffentlich zu führen.

10. Jeder Verstoß gegen revolutionäre Grundsätze wird bestraft.

11. Die Art der Strafen steht im freien Ermessen des Richters. Die Verhandlungen finden statt im Justizpalast. Vorgesehen sind fünf Mitglieder der Mehrheitspartei, fünf der USP, fünf der KPD, fünf des Bauernbundes, vier des Revolutionären Arbeiterrates und vier des Freien Sozialistenbundes. Die Richter erhalten Tagegelder. An jedem Regierungssitz besteht ein Revolutionstribunal aus achtundzwanzig, an jedem Amtsgericht ein solches aus sieben Mitgliedern.

12. Berufung ist unzulässig.

Der provisorische Revolutionäre Zentralrat.

gez.: Toller

Entwaffnung der Bourgeoisie

Die bürgerliche Bevölkerung hat binnen vierundzwanzig Stunden alle in ihrem Besitz befindlichen Waffen an die Stadtkommandanten abzuliefern. Wer dieser Aufforderung in der angegebenen Frist nicht nachkommt, wird vor ein Revolutionstribunal gestellt. Militär- und hierzu bestimmte Arbeiterpatrouillen haben das Recht, jeden auf der Straße anzuhalten und auf Waffen zu untersuchen. Nach Ablauf der genannten Frist werden Haussuchungen nach Waffen vorgenommen.

München, den 11. April (abends 7 Uhr) 1919

Der provisorische revolutionäre Zentralrat:

gez.: Toller

An das Proletariat!

Die Einigung des revolutionären Proletariats ist unbedingt notwendig. Die Gegensätze zwischen dem gegenwärtigen provisorischen Zentralrat und KPD sind keineswegs grundsätzlicher Natur. Der provisorische Zentralrat weiß sehr gut, daß die endgültige Einsetzung der obersten Vollzugsgewalt allein Sache des Proletariats ist. Die Betriebsratswahlen werden im ganzen Lande schleunigst durchgeführt. Aus ihnen wird in allerkürzester Zeit die ordnungsmäßige Wahl der Volksbeauftragten und der übrigen Organe hervorgehen. Zur Sicherung der jungen Räterepublik sind die wichtigsten Anordnungen getroffen. Die Rote Armee ist im raschen Werden begriffen. Die Bewaffnung des Proletariats hat begonnen und wird in wenigen Tagen vollständig durchgeführt sein. Die Entwaffnung der Bourgeoisie ist angeordnet.

Proletarier einigt Euch!

Die Früchte Eures Streites erntet nur die Reaktion, ernten nur die Weißen Garden! Wir wollen alle dasselbe, und wir arbeiten um so besser, je tatkräftiger die entschiedensten Vertreter der sozialistischen kommunistischen Idee am gemeinsamen Werke teilnehmen. Nieder mit der kapitalistischen Bourgeoisie! Es lebe das Proletariat!

Der provisorische revolutionäre Zentralrat

gez.: Toller

An das werktätige Volk Bayern

Bayern ist Räterepublik!

Tolle Gerüchte werden von denen in die Welt gesetzt, welche eure Interessen schädigen wollen. In München ist alles ruhig. Kein Schuß ist gefallen. Arbeiter, Bauern, Handwerker, das schaffende Volk hat sich für die Räterepublik erklärt.

Was ist der Unterschied zwischen den Räten und dem Landtag?

Die Volksvertreter, welche ehemals von euch in den Landtag gewählt wurden, waren von Parteien und Parteivereinen aufgestellt. Die Partei, welche das meiste Geld hatte, konnte die meiste Reklame machen und gewann den Kampf. So kam es, daß, obwohl das ganze Volk anders dachte oder wenigstens fühlte, wichtige Entscheidungen zugunsten der Riesenvermögen und Riesengewinne getroffen wurden. Die Nöte der Unbesitzenden wurden jeden Tag größer, das Elend in den Städten vermehrte sich, während die Preise für das Notwendigste und damit die Gewinne der Großkapitalisten ins Unendliche anwuchsen.

Jetzt aber will das Volk nicht mehr von Männern, welche die Geldherrschaft aufrechterhalten wollen, regiert werden.

Die Riesengewinne des Krieges dürfen nicht mehr als eine Last auf Bauern und Arbeitern liegen!

Das werktätige Volk will selbst durch seine Räte Ordnung schaffen. Alle Kreise des schaffenden Volkes, Bauern, Arbeiter, Handwerker, Kleinbeamte, wählen aus ihren Kreisen heraus die tüchtigsten Männer als ihre Vertreter in das Landtagsgebäude. Es kann nicht mehr vorkommen, daß Männer, für jahrelang hinaus gewählt, für das Volk Unheil stiften; denn die Wähler können jederzeit einen solchen Vertreter abberufen. Nur durch die Räte können die Tüchtigen mitarbeiten an der Neugestaltung des Staates zu unser aller Wohl.

In Fragen der Landwirtschaft werden nur die Bauern mit dem Landwirtschaftsministerium, in Fragen der Handwerker nur diese selbst mit dem Ministerium für Handel und Industrie entscheiden. Niemand denkt daran, den Besitz der Bauern anzutasten und die Existenz der Handwerker zu gefährden.

Arbeiter, Handwerker, Beamte und Bauern, alle, die ihr Brot im Schweiße des Angesichts verdienen müssen, haben nur einen einzigen Feind, nämlich diejenigen, welche den Krieg verschuldet und zum Unglück des ganzen Volkes geführt haben, die Großkapitalisten! Erst nach deren Niederkämpfung werden wir uns in einem neuen Gemeinsinn zusammenfinden.

Dann sind wir erst frei!

Dann sind wir nicht mehr gezwungen, uns gegenseitig zu bekämpfen in der Hast nach dem Gelde.

Im Kriege hat uns der eigene un der feindliche Kapitalismus ausgehungert.

Jetzt wollen es die von den eigenen Kapitalisten verführten Volksbrüder tun!

Der Landwirt muß an seinem Pflug, der Schmied an seinem Amboß stehen, wenn das ganze Volk nicht darunter zu Schaden kommen soll.

Alles Mißtrauen ist Mißverstehen!

Deswegen seid einig in der Räterepublik Bayern!

Provisorischer revolutionärer Zentralrat
I.A.: Ernst Toller (Viesel, 350-353)

Von Toller unterzeichnet liegen noch Erklärungen vor zu den Themen "Kontrolle der Hotels und Gasthäuser", "Neuerung des Bankwesens", "Beschlagnahme und Rationalisierung von Wohnungen", "Sozialisierung des Bergbaus", "Leitsätze für Betriebsräte", "Verordnung gegen Mietwucher".[20]

Erwähnt oder ausführlich zitiert wurden die Aufrufe und Erlasse deshalb, weil sie einen Eindruck davon vermitteln, was diese Räteregierung in nur wenigen Tagen auf den Weg brachte, um das bisherige Staatswesen tatsächlich zu revolutionieren.

Am 7. April wollten die Kommunisten, wie die Münchner *Rote Fahne* am selben Tag schreibt, von ihnen kontrollierte Gremien zur Ablösung der Räteregierung, die sie "Scheinräteregierung" nannten, schaffen. Dort heißt es weiter:

> Der neu zu wählende revolutionäre Rat dagegen hat die Vorbereitung zur Ergreifung der politischen Macht zu treffen. Außerdem muß er stets darüber bestimmen, wann die Zeit zur Proklamierung der kommunistischen Räterepublik als gegeben zu betrachten ist.

Während einer Versammlung am 9. April beschlossen diese sogenannten Revolutionären Betriebsobleute und Soldatenvertreter, "die Regierung der Scheinräterepublik und den provisorischen Zentralrat zur Abdankung zu zwingen und selbst die Macht zu übernehmen" (Beyer, 94). Als Toller davon hörte, war er überrascht:

> Ich schüttle ungläubig den Kopf, hat die Kommunistische Partei nicht vor wenigen Tagen die Schaffung der Räterepublik abgelehnt, hat sie nicht, und mit Recht, ihren frühen Zusammenbruch, die unglückseligen Folgen für die Arbeiterschaft prophezeit, welche neuen politischen Ereignisse bestimmen sie, die Macht zu erobern? Die Lage ist die gleiche wie vor einigen Tagen, eher aussichtsloser. Nur wollte damals die Kommunistische Partei nicht als Minderheit in einer Regierung vertreten sein, sie forderte, obgleich sie die Arbeiterschaft nicht führte, die Führung der Regierung, das Diktat ihres politischen Willens, diesen Machtanspruch hoffte sie jetzt durchzusetzen. (GW, 4: 129-130)

---

[20] vgl. *Münchner Neueste Nachrichten; Bayerische Staatszeitung;* Max Gerstl, *Die Münchner Räterepublik;* Viesel, 809. Grundsätzlich zum Thema auch Finzi. Man sieht eigentlich, daß es sich nicht um eine bayerische Variante bolschewistischer Sowjets gehandelt hat, sondern um die Absicht, Selbstverwaltungsorgane zu errichten, die auf direktdemokratische Weise alle Bereiche des sozialen Lebens regeln sollten. Vgl. zu dieser Ansicht Stock.

Toller eilte nunmehr in diese Versammlung und soll zunächst mit der Abdankung seiner Regierung einverstanden gewesen sein, aber noch während der Versammlung seine Meinung geändert haben (Beyer, 94). Damit sei der Rat der Revolutionären Betriebsobleute und Soldatenvertreter vor der Frage gestanden, ob - angesichts des Widerstands der USPD-Führung, und das ist kein anderer als Toller - die Scheinräteregierung zu einem Zeitpunkt gestürzt werden sollte, zu dem zahlreiche Arbeiter von der Notwendigkeit ihres Sturzes noch nicht überzeugt gewesen seien (94).

Diese marxistische Historiographie wird von Toller in einem entscheidenden Punkt korrigiert. Er behauptet, auf dieser Versammlung sei in der Tat eine neue Regierung gewählt, er sei verhaftet, aber bald von Schutztruppen befreit worden (GW. 4: 129-132; und im "Vernehmungsprotokoll", 243):

> Als ich die Stadtkommandantur verlasse, ist es sechs Uhr, ich sehe die ersten Trambahnen, die Straßenbahner sind der Streikparole nicht gefolgt.
>
> Ich fahre zu Maffei und Krupp und spreche in Betriebsversammlungen, die Arbeiter lehnen den Marsch auf die Kasernen ab. Auch die anderen Fabriken folgen nicht der kommunistischen Parole.
>
> Die neue Regierung löst sich auf, einige Stunden später erinnert sich niemand mehr an sie, nicht einmal die Kommunistische Partei. (GW, 4: 132)

Am 8. April war Toller also Vorsitzender des Revolutionären Zentralrats geworden. Am 9. April war der erste Umsturzversuch der Kommunisten erfolgt. Am Palmsonntag, dem 13. April 1919, putschten Teile der Republikanischen Schutztruppe. Es spricht einiges dafür, daß dies unter Beteiligung von Flügeln der MSPD geschah (Beyer, 96; Viesel, 808). Diesen Putschisten gelang es, Mühsam und andere zu verhaften und in Nordbayern zu arretieren. Nach harten Kämpfen brach der Putsch jedoch zusammen.

Inzwischen hatte eine Versammlung KP-orientierter Betriebs- und Soldatenräte den Zentralrat für abgesetzt und die Exekutive einem vierköpfigen Vollzugsrat, u.a. mit Léviné und Levien, sowie einem fünfzehnköpfigen Aktionsausschuß übertragen. Landauer, Niekisch und Toller erkannten die neuen Tatsachen an (Viesel, 54 und 354).

Toller trat nach dem dritten Umsturzversuch innerhalb von drei Tagen schließlich zurück. Rückblickend analysierte er diese Phase:

> Die Räterepublik läßt sich nicht halten, die Unzulänglichkeit der Führer, der Widerstand der Kommunistischen Partei, der Abfall der Rechtssozialisten, die Desorganisation der Verwaltung, die zunehmende Knappheit an Lebensmitteln, die Verwirrung bei den Soldaten, alle diese Umstände müssen den Sturz herbeiführen und der sich organisierenden Konterrevolution Kraft und Elan geben.
>
> In meiner politischen Unerfahrenheit wage ich nicht, der Arbeiterschaft die Situation schonungslos darzustellen. Nichts belastet den politisch Handelnden schuldvoller als Verschweigen, er muß die Wahrheit sagen, sei sie noch so drückend, nur die Wahrheit steigert die Kraft, den Willen, die Vernunft.
>
> Diese Räterepublik war ein Fehler, Fehler muß man eingestehen und ausmerzen. (GW, 4: 133)

Nach der Anerkennung der neuen kommunistischen Räteregierung trat Toller auch formal zurück (244). Trotz alledem bot er weiter seine Mitarbeit an (GW, 4: 136 und Viesel, 29). Er hatte sich mit diesem Schritt endgültig aus der unmittelbaren Exekutivgewalt entfernt.[21]

Anfang April war die dichte Folge der Ereignisse auf nur noch zwei mögliche Alternativen zugedriftet, von einer allgemeinen Anarchie einmal abgesehen: entweder der Landtag hätte kraftvoll seinen Regierungsanspruch durchgesetzt, oder antiparlamentarische Kräfte hätten ihre Ideen zum Tragen gebracht. Letzteres lief auf eine seit Mitte März virulente rätedemokratische Vorstellung hinaus.

> Obwohl die KPD eine Räterepublik als ihr Kernziel propagierte, trug sie keinen Anteil an einer Machtverschiebung zugunsten der Räte, die in der Proklamierung einer Räterepublik Bayern am 6./7. April 1919 gipfelte. Ihre Initiatoren waren Anarchisten und die politisch sehr heterogene Gruppe der Münchener Unabhängigen. Von Selbstzweifeln an der Ausstrahlungskraft ihres politischen Wirkens geplagt, fehlte den Aktivisten entscheidendes Kräftepotential. Darüberhinaus mangelte es dem Experiment an weiteren Voraussetzungen einer erfolgreichen Entwicklung: Führungsqualität, Machtbasis, klares Aktionsprogramm und positive Resonanz in den Parteiführungen von MSPD, USPD und Gewerkschaften. (Kluge, *Revolution*, 132-133)

---

[21] Angesichts der skizzierten Entwicklung ist Kreilers Vorbehalt nur schwer nachzuvollziehen: "Tollers Appell an den Heroismus der politischen Intelligenz verrät in [d]er Monotonie seiner moralistischen Zuversichtlichkeit die eher ängstliche Skepsis des asketischen Politikers, dem die beschwörende Kraft der Rede eine praktische Machtbefugnis ersetzen muß." (60)

Dieser Versuch einer Räterepublik hat nur sechs Tage gedauert. In dieser knappen Woche erschöpfte sich die Regierungsaktivität in sich widersprechenden Anordnungen, denen die Anerkennung in der Bevölkerung selbst in München versagt blieb (133). Die neuen Regierungspolitiker Niekisch, Landauer, Mühsam und Toller, zu Unrecht als Schwabinger Bohèmiens karikiert, hatten ihre politische Aufgabe als "humanistische Mission" begriffen, für deren Realisierung sie jedoch keine Mittel besaßen. Die allgemeine "Freiheit" zu proklamieren, hätte ihnen schon genügt, meint Kluge, "damit sich alles weitere von selbst fände". Die Selbstverwirklichung des einzelnen durch Befreiung von jeder obrigkeitlichen Bevormundung stellte das Hauptziel dieser "Mission" dar. Die zunächst abwartende Haltung der KPD verwandelte sich in offene Opposition. "Im Gegensatz zur emphatischen Proklamierung der "Räterepublik" stand - nicht nur in München - die Konzeptionslosigkeit ihrer Schöpfer" (133)[22]. Weitgehende Übereinstimmung herrscht in der gegenwärtigen Forschung bei der Beurteilung des hauptsächlichen Beweggrundes der Forcierung einer gesellschaftlichen Umwälzung. Den Massen ging es nicht in erster Linie um ein konkretes politisches System, sondern um die Aussicht auf die Verbesserung der wirtschaftlichen Situation. (Kolb, *Arbeiterräte*, 325-327, 336, 357)

2.3. Die kommunistische Räteregierung

Die durch den "Palmsonntagsputsch" der "Rechten" entstandene Unordnung brachte die kommunistische Räterepublik in Bayern hervor. Damit hatte sich die politische Entwicklung in Bayern zu ihren Extremen hin polarisiert. Ausgleichende Kompromisse wurden unmöglich.

> Vermutlich hoffte man in München dennoch, den zur Revolution geneigten Kräften in anderen Teilen Deutschlands ein Beispiel zu geben, der abebbenden revolutionären Welle einen neuen Antrieb zu verleihen. Als isoliertes politisches Gebilde war eine Räterepublik Bayern nicht lange zu halten. Allenfalls konnte man eine heroi-

---

[22] Auch Gottschalch kommt zu dem zusammenfassenden Ergebnis, daß die Rätedemokratie über unzulängliche Versuche, geistreiche Programmentwürfe und Diskussionen nicht hinausgekommen sei (28). – Die ganze Widersprüchlichkeit bewußt macht die geschickte Textmontage verschiedener Zeitgenossen von Kapfer und Reichert (1988). Zur Stellung der Arbeiterräte in der deutschen Innenpolitik vgl. Kolb, *Arbeiterräte*.

sche Tat vollbringen, die eine weiterwirkende Tradition begründete, und gewissermaßen die Ehre der deutschen Revolution retten. In diesem Falle war auch ein Kampf, der zur Aussichtslosigkeit verurteilt war, gerechtfertigt. Der neugebildete Aktionsausschuß mit einem vierköpfigen Vollzugsausschuß an der Spitze - Levien, Leviné, Toller sowie der aus Rußland stammende Tobia (?) Axelrod - entfaltete eine fieberhafte Tätigkeit, die sich von der der zurückgetretenen Räteregierung ganz erheblich unterschied. (Neubauer, 185)

Obwohl man nun eine Rote Armee aufstellte, Sozialisierungsmaßnahmen ergriff, Lebensmittel und Waffen beschlagnahmte, die Presse zensierte und Geiseln verhaftete, trat die kommunistische Räteregierung auf der Stelle.

Ihr improvisiertes Verwaltungsgefüge erstickte in eigener Bürokratie und Inkompetenz. Die Wirtschaftspolitik bestand in einer Vielzahl meist zusammenhangloser Einzelmaßnahmen. Die "Rote Armee" der Räteregierung entpuppte sich mehr als Vorwand der Freikorps zur Rüstung gegen München, weniger als Mittel zur Verteidigung Münchens gegen die Reichsexekution. Bayern wurde zum größten Aufmarschgebiet von Truppen in der unmittelbaren Nachkriegszeit Deutschlands, nachdem sich das von Bamberg aus regierende Kabinett Hoffmann verzweifelt gegen Noskes Intervention gewehrt hatte. (Kluge, *Revolution*, 134-135)

München wurde von Weißgardisten eingekesselt. Toller entschloß sich am 15. April für den aktiven Kampf:

Vor einem Jahr, als man mich beim Streik verhaftete, weigerte ich mich, die Uniform anzuziehen und Waffen zu tragen. Ich haßte die Gewalt und hatte mir geschworen, Gewalt eher zu leiden als zu tun. Durfte ich jetzt, da die Revolution angegriffen war, diesen Schwur brechen? Ich mußte es tun. Die Arbeiter hatten mir Vertrauen geschenkt, hatten mir Führung und Verantwortung übertragen. Täuschte ich nicht ihr Vertrauen, wenn ich mich jetzt weigerte, sie zu verteidigen, oder gar sie aufrief, der Gewalt zu entsagen? Ich hätte die Möglichkeit blutiger Folgen vorher bedenken müssen und kein Amt annehmen dürfen. (GW, 4: 138)

Toller ritt mit einer Patrouille in Richtung Karlsfeld. Dort wurde ihm in einem Wirtshaus die Führung angetragen:

– Von einem Geschütz? antworte ich. Ich denke daran, daß ich im Krieg Artillerieunteroffizier war.

– Na, vom Heer, ruft ein alter weißhaariger Krupparbeiter. Ich sträube mich und versuche zu erklären, daß ein Heerführer andere Fähigkeiten braucht.

– Oana muaß sein Kohlrabi herhalten, sonst gibts an Saustall, und wennst nix vastehst, wirst es lerna, die Hauptsach is, Dich kennen wir.

Ich weiß nichts zu erwidern, welche Gründe konnten auch dieses törichte, rührende Vertrauen von Männern, die eben eine aktive, militärisch geführte Truppe besiegt hatten, erschüttern? (GW, 4: 143)

Am 16. April erhielt Toller vom neuen Oberkommandierenden der Roten Armee Eglhofer den Befehl, Dachau mit Artilleriefeuer zu belegen (143). Toller zögerte und verhandelte mit Parlamentären der Weißen Garden. Er stellte drei Bedingungen: Rücknahme der "weißen" Truppen ans nördliche Donauufer, Freilassung der am 13. April entführten Mitglieder des Zentralrats, sowie Aufhebung der Hungerblockade gegen München (GW, 4: 144). Angeblich wurden kurz darauf die beiden letztgenannten Punkte akzeptiert, "nur in einem Punkt gäben sie nicht nach, die weißen Truppen würden sich bis Pfaffenhofen zurückziehen, die Regierung wolle den Stützpunkt diesseits der Donau nicht aufgeben". (GW, 4: 145)

Dies ist ein deutliches Indiz dafür, daß es der Bamberger Regierung zu diesem Zeitpunkt um die eindeutige militärische Entscheidung und nicht um reale Verhandlungen ging.

Toller hingegen hatte nach eigenen Angaben mehrfach versucht, Verhandlungen in Gang zu bringen. Am 12. April - also noch als amtierender Vorsitzender des Revolutionären Zentralrats - besprach er die Einleitung von Verhandlungen mit der Regierung Hoffmann (GW, 4: 243). Auch an der Front sei er geblieben, um einerseits dem Chaos[23] entgegenzuarbeiten, aber auch, "um Verhandlungen mit den anrückenden Regierungstruppen einzuleiten" (244). Die Regierungstruppen seien sogar bereit gewesen, sich nach Pfaffenhofen (das ist ca. 20 km südlich der Donau und ca. 20 km nördlich von Dachau) zurückzuziehen. Eigenmächtig hätten jedoch die roten Truppen Dachau eingenommen. Bei seinem Verhör (245) distanzierte sich Toller von der angeblich nicht von ihm veranlaßten Veröffentlichung:

---

[23]Daß es auch durch die Rotgardisten zu Vergewaltigungen und schweren Übergriffen kam, schilderte die erst kürzlich verstorbene Schweizer Sozialistin Anny Klawa-Morf in ihren Erinnerungen (Anette Frei). Ernst Toller hatte sie als seine Sekretärin nach Dachau geholt (109). Für sie stürzte eine Welt zusammen (115), als sie von Vergewaltigungen erfuhr: "Das, was ich in diesen drei Wochen in Dachau erlebte, war sehr schwer zu ertragen. Wären nicht Menschen wie Toller [...] um mich herum gewesen, wäre ich verzweifelt." Sie bestätigt, daß Toller sich stets für die Freilassung Gefangener verwendet habe.

An das werktätige Volk!

Nicht genug, daß das Münchner Proletariat von Hoffmann und der Bourgeoisie durch die unmenschliche Blockade bedrückt war, es sollte auch durch Weißgardisten niedergeschossen werden, verraten durch freie Söldner. In geschlossener revolutionärer Einigkeit erhob sich am Sonntag das Münchener Proletariat und erstürmte im Verein mit den Brüdern im Waffenrock den Bahnhof, die öffentlichen Gebäude und riß damit die ganze Macht an sich. Und als am Dienstag die Weißgardisten München einschließen wollten, zogen Soldaten und Arbeiter im Verein aus der Stadt, warfen die Weißgardisten noch nachts aus Allach und Karlsfeld hinaus, und als die Rote Armee in Dachau einzog, formierte sich die Masse zu einem Demonstrationszug und brachte mehrfach Hochs auf die bayerische Räterepublik aus. Brüderlichen Dank wissen wir dem Dachauer Proletariat, daß es die konterrevolutionären Offiziere verhaftet hat. 700 Weißgardisten sind entwaffnet. Arbeiter und Arbeiterinnen! Ihr habt erkannt, daß die "Räuberbande" Eure Brüder sind, die zu Euch als Befreier vom Kapitalismus und militaristischer Vergewaltigung kamen. Arbeiter und Arbeiterinnen! Der Kampf wird siegreich zu Ende geführt werden, die bayerische Räterepublik wird siegreich leben.

Gez. Ernst Toller

Volksgenossen! Dachau ist in der Nacht von 16. auf 17. April von der Roten Armee eingenommen worden. Über 200 irregeführte Proletarier wurden entwaffnet und nach ihrer Heimat entlassen. Vier Geschütze und acht schwere Maschinengewehre wurden erbeutet. Die gefangengenommenen und wieder in Freiheit gesetzten Brüder wurden von ihren Führern vollständig irregeleitet und auf die schamloseste Weise belogen. Sie behaupten unter anderem, München stehe in Flammen. Der Hauptbahnhof und alle großen öffentlichen Baulichkeiten bildeten nur noch Schutthaufen. In München herrschte vollkommene Anarchie. Große öffentliche Massenhinrichtungen fänden statt. München bilde nur noch ein Chaos. Mit solchen verbrecherischen und teuflischen Mitteln arbeitet die Reaktion. Brüder, Volksgenossen! Es ist höchste Zeit, daß ihr euch unter dem Banner des Proletariats, unter dem roten Freiheitsbanner, zusammenfindet, um gemeinsam den Kampf der Freiheit gegen die giftige Bestie der Reaktion, den Kapitalismus, aufzunehmen.

Proletarier aller Länder, vereinigt euch!

gez. Ernst Toller (Viesel, 355)

Im Zusammenhang mit der Einnahme Dachaus waren gegen Toller zahlreiche, meist haltlose Vorwürfe erhoben worden. Ein Vorwurf, der Toller als "Scharfmacher" und nicht als kompromißsuchenden Militär vor Dachau darzustellen bemüht war, soll hier kurz näher beleuchtet werden. Zwei Zeugen erklärten, Toller habe in der Nacht nach dem Einrücken in Dachau den

Befehl zum Vorrücken gegen Reichertshofen gegeben. Er habe somit geplant, gegen die Regierungstruppen vorzugehen. Toller hingegen beteuerte bei seiner Vernehmung, daß er nur eine "Vorschiebung unserer Front bis nach Reichertshofen" (247) erwogen habe. Da sich die weißen Truppen nach Pfaffenhofen zurückgezogen hatten, hätte eine Frontverlegung nach Reichertshofen (nördlich von Pfaffenhofen, aber südlich der Donau) zu einer militärischen Konfrontation führen müssen. In den Prozeßakten ist im Typoskript des Vernehmungsprotokolls Reichertshofen handschriftlich durch Reichertshausen ersetzt (StAM). Reichertshausen liegt jedoch südlich von Pfaffenhofen an der Bahnlinie Pfaffenhofen/München und nur wenige Kilometer nördlich von Dachau. Insofern klingen Tollers Einlassungen hinsichtlich einer Frontbegradigung, die mit einem Übereinkommen erreicht werden sollte, in jeder Hinsicht plausibel[24].

Am 19. April berichtete Toller auf der Betriebsräteversammlung über die Kämpfe in Dachau und über den ihm unverständlichen Befehl des Oberkommandos, die Truppen sofort zurückzuziehen, um sie um München herum in einem Kordon zusammenzuziehen. Hier äußerte Toller die Ansicht, ganz Südbayern hätte ohne Blutvergießen zu diesem Zeitpunkt für die Räterepublik gewonnen werden können (GW, 4: 149). Außerdem erhoffte Toller durch das Vorrücken der Truppen die Hallertau besetzen und mit der Kontrolle über diese fruchtbare Gegend um Pfaffenhofen die prekäre Versorgungssituation Münchens verbessern zu können. Ihm gelang es, die Betriebsräte von der Notwendigkeit einer Kontrollkommission für den Generalstab zu überzeugen. (Viesel, 30)

Am 20. April wurde Augsburg, von dem die Initialzündung zur Errichtung der Räterepublik ausgegangen war, von Weißen Truppen besetzt (Müller-Aenis). Der Ring um München schloß sich langsam.

---

[24] Das von dem Maschinenmeister Fritz Kunz während der Versammlungen Münchner Betriebsräte geführte und bald darauf von der Polizei beschlagnahmte Protokoll, das sich in den Prozeßakten befindet, gibt auf teilweise recht einseitige Art den Diskussionsverlauf wieder und dürfte deshalb als Quelle nur bedingt geeignet sein. Für die Betriebsräteversammlung am 17. April hält Kunz fest: "Der Vollzugsrat lehnt die Verhandlungen mit der Hoffmann-Regierung ab, trotzdem versucht Toller immer wider auf eigene Faust mit den Weißen Garden zu verhandeln. Aber dies darf er nicht ohne Kenntnis des Vollzugsrates, denn in keinem Lande dürfen Truppenführer ohne Genehmigung ihrer Regierung auf Verhandlungen eingehen."

Am 21. April kam es zu einer heftigen Auseinandersetzung zwischen Toller und Leviné (Karl, *Die Schreckensherrschaft*):

> In den mehrstündigen scharfen Auseinandersetzungen erklärte Toller, daß Leviné nicht das Proletariat in München, sondern nur eine kleine Clique beherrschte (Lauter Beifall). Als Levien erklärte, Toller habe gewissermaßen als König von Südbayern gesprochen, erhob sich wilder Lärm, und es wurden Rufe laut wie "Pfui! Runter! Raus! Verfluchter Russe! Zurücknehmen!" Levien erklärte, es gebe keine besondere bayerische Revolutionsmethode, sondern nur einen Kampf des Proletariats. Toller habe seine Aufgabe als Abteilungskommandeur mit der eines Oberkommandierenden verwechselt. Um ein Uhr nachts erklärte Toller, daß er durch ein Telegramm zu seinen Truppen nach Dachau berufen werde - die Versammlung möge machen, was sie wolle.

Am 22. April war der letzte Tag des Generalstreiks. Die kommunistische Räteregierung geriet immer mehr unter Druck. Gründe für ihr Scheitern werden in der marxistischen Historiographie vor allem auch im Verhalten Tollers gesucht. Mit seinem eigenmächtigen Abschluß eines Waffenstillstands habe er "faktisch Verrat" (Beyer, 122) an der Räterepublik geübt, da die Weißgardisten damit jene Atempause gewonnen hätten, die sie zur Sammlung ihrer Kräfte dringend benötigten (122). Die Motive im Handeln Tollers seien nicht bekannt; aber seine pazifistische, idealistisch-ethische Haltung hätten praktisch zum Verrat geführt und seien der Regierung Hoffmann und der weißen Soldateska zugute gekommen (122). Nach dem "Verrat" habe die Räteregierung Toller zur Verantwortung ziehen wollen und in der Vollversammlung der Betriebsräte sei seine Verhaftung verlangt worden. Die Betriebsräte hätten dem zugestimmt und hätten darüberhinaus einer Überprüfung der Führung der Dachauer Armeegruppe zugestimmt. "Doch die Räteregierung ließ Toller bald darauf frei und setzte ihn – völlig unverständlich – wieder als Oberkommandierenden in Dachau ein." (Beyer, 122)

Unverständlich ist dies nur, wenn davon ausgegangen wird, es hätte eine einheitliche - ausschließlich kommunistisch orientierte - Entscheidungsfindung gegeben. Aber das Mißtrauen der verschiedenen Gruppen führte - wie oben gezeigt - ständig zu gegenseitigen Überwachungsvorgängen. Der "Verrat" scheint letztlich darin bestanden zu haben, daß Toller die strategischen Verteidigungspläne der Kommunisten und ihr Inkaufnehmen einer völligen Vernichtung ihrer Kämpfer mißbilligte[25], was ihm selbst in allerneuester Forschung noch zum Vorwurf gemacht wird (Fritton, 175).

Was trieb Toller, den Bruch mit den Kommunisten zu riskieren? Am 25. April war es zwischen Toller und Leviné abermals zu einer Auseinandersetzung gekommen.[26] Leviné hatte Toller den Befehl gegeben, in Dachau gefangengenommene Offiziere der Weißen Garden sofort zu erschießen. Toller ist darauf nicht eingegangen, sondern hat sich offen geweigert, diesen Befehl auszuführen. Daraufhin wollte Leviné Toller wieder verhaften lassen.

Am folgenden Tag, dem 26. April, traten Toller, Klingelhöfer und Maenner als Kommandeure des Dachauer Frontabschnitts zurück (Viesel, 31). Toller griff überdies die Leviné-Regierung frontal an. Er warf ihr vor, sie sei ein Unheil für das Volk, da sie dem Volk die tatsächliche wirtschaftliche Lage verschweige (Beyer, 126-127; Viesel, 31). In der Handschriftenabteilung der Stadtbibliothek München befindet sich die Rücktrittserklärung Tollers vom 26. April 1919:

> Da ich es nicht mehr verantworten kann, mit dem jetzigen Vollzugsrat und dem Generalstab als Führer zusammen zu arbeiten, sehe ich mich gezwungen, mein Amt als Abschnittskommandeur nieder zu legen. Ich werde die Geschäfte solange weiter führen, bis ein neuer Führer meine Stelle eingenommen hat.
>
> Hinzuzufügen für die Betriebsräte habe ich: Die jetzige Regierung betrachte ich als ein Unheil für das werktätige Volk Bayerns. Die führenden Männer bedeuten für mich eine Gefahr für den Rätegedanken. Unfähig auch nur das geringste aufzubauen, zerstören sie in sinnloser Weise.
>
> Sie unterstützen hieße für mich die Revolution und die Räterepublik gefährden [...].

Am 28. April spitzte sich die Kontroverse zwischen Toller und Leviné auf der Versammlung der Betriebsräte zu:

---

[25] Er tat dies übrigens auch noch 1920, als er über die Ereignisse im Reich am 15. Januar 1920 (DLA) an Leo Kestenberg schrieb: "Und der Teufel hole jene Hohlköpfe, die in der gegenwärtigen Situation die Phrase von ""der für das Proletariat fruchtreichen Niederlage"" verzapfen. Nur Narren können das heutige Kräfteverhältnis verkennen."

[26] vgl. Polizeimitteilung zur Kontroverse Leviné-Toller vom 4. Juni 1919. Aus: StAM, Staatsanw. Nr. 2106/2

Mit Toller zusammen schimpfte und hetzte er (d.i. Maenner; d. Verf.) auf die Kommunisten, diese "hirnrissigen Theoretiker", die Landfremden, Preußen, Russen, die nur das Ziel verfolgten, das bayerische Volk zu ruinieren. Gefordert wurde ein neuer Aktionsausschuß, dessen Aufgabe es sei, Verhandlungen mit der Bamberger Regierung aufzunehmen. Leviné schob in seiner Gegenrede alle Kleinigkeiten und Niederträchtigkeiten beiseite und ging sofort auf die Hauptfrage ein: Verhandlungen mit der Regierung Hoffmann. Die Forderung der Weißen heißt: Führer und Waffen! Wenn ihr glaubt, daß euch damit geholfen wird, dann gebt uns preis! Aber wird euch damit geholfen? Immer werden sich tapfere Genossen finden, die nun und nimmer darauf eingehen. Die werden unter allen Umständen bis zum Letzten kämpfen. Und wenn alle zur Übergabe bereit wären, glaubt ihr denn, daß euch die Bourgeoisie jemals den Tag verzeihen wird, an dem sie die Waffen an euch abliefern mußte? (Paul Werner, 40-41)

Die Betriebsräte genehmigten die Vorstellungen der Kommunisten bezüglich einer revolutionären Verteidigung nicht. Darauf trat der bisherige Aktionsausschuß mit Leviné an der Spitze zurück (42). Ein provisorischer Aktionsausschuß wurde gewählt, dem vorläufig Toller angehörte. Landauer, der schon am 16. April schwere Kritik an dem kommunistischen Regime geübt hatte und zurückgetreten war[27], bot wieder seine Mitarbeit an (Viesel, 31).

Am nächsten Tag fand eine Sitzung der Betriebsräte statt, auf der ein neuer Aktionsausschuß gewählt wurde. Toller erklärte dort, daß sich der Beschluß der Betriebsräte vom Vortag nicht gegen die Kommunistische Partei im allgemeinen, sondern lediglich gegen Einzelpersonen richte, die der KPD angehörten.

Von einer anrückenden Roten Garde sollte Toller erneut verhaftet werden. Er entkam mit Hilfe des Hofbräuhaus-Pächters (GW, 4: 249). Dem anschließend gewählten zwanzigköpfigen Aktionsausschuß gehörte Toller

---

[27] Gustav Landauer, *Sein Lebensgang in Briefen*. 2. Band. Frankfurt 1929, S. 4132 f. Dieser Brief Landauers an den Aktionsausschuß wurde von den Herausgebern der Briefe montiert aus einem fragmentarischen Entwurf in Landauers Nachlaß sowie aus einem Teilabdruck in den *Escherichheften* (Nr. 5), (zit. Viesel, 218): " [...] Inzwischen habe ich Sie am Werke gesehen, habe Ihre Aufklärung, Ihre Art, den Kampf zu führen, kennengelernt. Ich habe gesehen, wie im Gegensatz zu dem, was Sie "Schein-Räte-Republik" nennen, Ihre Wirklichkeit aussieht. Ich verstehe unter dem Kampf, der Zustände schaffen will, die jedem Menschen gestatten, an den Gütern der Erde und der Kultur teilzunehmen, etwas anderes als Sie. Ich stelle also fest - was schon vorher kein Geheimnis war -, daß die Abneigung gegen eine gemeinsame Arbeit gegenseitig ist. Der Sozialismus, der sich verwirklicht, macht sofort alle schöpferischen Kräfte lebendig; in Ihrem Werke aber sehe ich, daß Sie auf wirtschaftlichem und geistigem Gebiet, ich beklage, es sehen zu müssen, sich nicht darauf verstehen. [...]"

zwangsläufig nicht mehr an. Seit dem 28. April hatte sich Toller von seinen Truppen entfernt, da er seinen Posten niedergelegt hatte und von den Kommunisten mit Erschießung bedroht war (Egl, *Vernehmungsprotokoll*, StAM).

Obwohl Toller alle seine Funktionen abgegeben oder verloren hatte, setzte er sich tags darauf, als er von drohenden Geiselerschießungen hörte, bei Eglhofer für den Grafen Arco und für Auer ein. Auf einer Betriebsräteversammlung am Abend, "in der nur Toller, Klingelhöfer und Maenner als Redner anwesend waren" (Egl), erfuhr Toller von einem Geiselmord im Luitpold-Gymnasium (Glock). Die Versammlung protestierte gegen diese Greueltat (GW, 4: 250) und beschloß, den einziehenden Truppen keinen bewaffneten Widerstand entgegenzusetzen. (Viesel, 403)[28]

Toller begab sich anschließend noch ins Luitpold-Gymnasium. Er sah dort die acht Erschossenen (Hillmayr, 100) und befreite sechs noch dort befindliche Geiseln. In sein Vernehmungsprotokoll wurde noch nachträglich eingefügt (StAM): "Es ist meine fest Ansicht, dass Lewien und Leviné-Niessen niemals die Geiselerschiessg. zugelassen hätten." Um 3 Uhr morgens, am 1. Mai 1919, tauchte Toller unter.

Der Kampftag der Arbeiter und die Tage danach brachten der Stadt München eine "Befreiung", die jeglichem Gebot militärischer Notwendigkeit widersprach. "Sechshundert Tote allein in München verbieten es, den Einsatz gegen die Räterepublik Bayern als verfassungsmäßigen Akt zu verteidigen" (Kluge, *Revolution*, 135).

Nach einer intensiven Fahndung wurde Toller am 4. Juni 1919 im Schwabinger Suresnes-Schlößchen in der Wohnung des Kunstmalers Reichel verhaftet.

---

[28] Die kommunistische Geschichtsschreibung relativierte zuletzt Rothe, *Toller* (127) in einer Fußnote: "Im Stadtarchiv München liegt ein von den Historikern bisher ignoriertes handschriftliches Blatt des Inhalts: "Parole: Trotzki, (ausgegeben f.d. 30.4.)"Darunter: "Genossen und Kameraden: Weiterer Kampf ist nutzlos! Legt die Waffen nieder! Kein unnützes Blutvergießen!" Es folgt, von Egelhofers Hand: "Verblutet Euch nicht. Euer Blut ist zu kostbar. R. Egelhofer. 1.5.19" Dieser Befehl zur Feuereinstellung widerlegt die kommunistische Geschichtsschreibung, die einen Kampf ohne Kapitulation suggeriert, eindeutig. Der Endkampf wurde von verzweifelten Rotarmisten auf eigene Faust ausgetragen, stand also nicht unter Führung der KPD."

3. Ergebnis

Mit Tollers Verhaftung endete nicht nur die zweite Phase der Revolution in Bayern; die Inhaftierung bedeutete für Toller persönlich auch einen Schlußpunkt unter eine Phase aktiv mitgestaltender Politik in der Führungsspitze eines - wenn auch fragilen - Staatswesens. Es lassen sich für den zu diesem Zeitpunkt erst fünfundzwanzigjährigen einige Konturen politischer Entwicklung aufzeigen, die zwar gelegentlich undeutlich werden, aber im großen und ganzen geradlinig verlaufen.

Der zunächst begeisterte Kriegsfreiwillige beschäftigt sich, von der Front zurück, in München und Heidelberg mit studentischen politischen Initiativen für einen Verständigungsfrieden. Erste kleinere literarische Arbeiten entstehen. Bei den Friedensstreiks im Frühjahr 1918 in München wird der junge Student in konkrete politische Auseinandersetzungen zwischen Staatsmacht und Opponenten verwickelt. Dabei benutzt Toller erstmals Teile seiner literarischen Arbeiten im politischen Kampf. (*Fall*, 34-38)

Toller ist ein Beispiel für den eigentlich von einem antipolitischen Affekt geprägten jungen Menschen, der in der "Auferstehung der Seele" und damit literarisch im Expressionismus die Hoffnung auf die Verwirklichung seiner Ideale sah. Zunächst schien der Krieg die Erlösung für den "Politiker des Geistes" zu bringen[29]. Dies gilt selbstverständlich nicht für alle expressionistischen Autoren. Viele waren Kriegsgegner, einige desinteressiert. Von manchen klingt es bis heute erstaunlich, welch martialische Durchhalteparolen sie ausgaben. Im Februar 1918 beispielsweise, als Toller sich bereits während des Streiks für einen Verständigungsfrieden einsetzte, war von Alfred Döblin noch zu hören: "[...] wir werden selbst in unseren Reihen [...] diejenigen masakrieren, die nur einen Hauch von Friedensgesinnung dann äußern." (Döblin, *Drei Demokraten*, 257).

Der Expressionist Toller war aber auch einer der ersten, der sein Kriegsengagement radikal wandelte zu seinem pazifistischen Appell. Er ge-

---

[29] Der aktivistische Autor Robert Müller hatte ein Sprechstück mit dem Titel "Die Politiker des Geistes" geschaffen. Es stellt den eigenartigsten Versuch dar, "das problematische Verhältnis von Geist und Macht in dramatischer Form zu durchdenken und sozusagen eine ironische Typologie seiner Fehlformen zu geben". (Christoph Eykmann, 23)

hörte zu den Dichtern, die davon überzeugt waren, daß es genüge, die Schrecken des Krieges zu zeigen, um die Menschen ein für allemal vor ihnen zu retten. (Melchinger, 2: 183)

V. POLITISCHER GEFANGENER - GEFANGEN IN DER POLITIK (1919 - 1924)

1. Kampf ums Leben – der Hochverratsprozeß gegen Ernst Toller

In der Nacht zum 1. Mai 1919 verbarg sich Ernst Toller bei einer Studienfreundin in der Franz-Josef-Straße in Schwabing. In den nächsten Tagen und Wochen wechselte er mehrmals die Verstecke und veränderte sein Aussehen. Dieses umsichtige Vorgehen rettete ihm zweifellos das Leben.

Denn bereits am 1. Mai war Landauer im Hause Eisners verhaftet worden, und am Tag darauf wurde er von Freikorpssoldaten im Gefängnis Stadelheim viehisch ermordet. Nicht viel anders war es weiteren Räterevolutionären gegangen: Egelhofer war sofort bei seinem Aufgreifen erschossen worden. Eugen Leviné wurde am 13. Mai verhaftet und nur zwei Wochen später am 3. Juni wegen Hochverrats zum Tode verurteilt. Tags darauf bestätigte der bayerische Ministerrat das Urteil, das wiederum einen Tag später vollstreckt wurde. (Rosa Meyer-Leviné)

Am 4. Juni wurde Toller aufgrund einer Denunziation (Dorst, *Rotmord*) verhaftet, nachdem 10.000 Mark Belohnung auf ihn ausgesetzt worden waren. Als er von der Hinrichtung Levinés erfuhr, protestierte er sofort scharf bei der bayerischen Regierung, der er Klassenjustiz vorwarf und der er überdies die Frage stellte, ob sie glaube, eine revolutionäre Bewegung von europäischen Dimensionen, die in bestimmten ökonomischen und politischen Voraussetzungen wurzele, durch ein Todesurteil eindämmen zu können (GW, 1: 46).

Der vollmundige Protest Tollers täuscht über die tatsächliche revanchelüsterne, blutrünstige Stimmung in der Öffentlichkeit. Bis heute gibt es keine gesicherten Zahlen, aber 1.100 Tote in München gelten als wahrscheinlich (Hoegner, *Radikalismus*, 20-21). Nach Massakern selbst unter katholischen Arbeitergruppen, denen man spartakistische Umtriebe anlastete, waren die Friedhöfe überfüllt. Unter den Toten vermutete man immer wieder Ernst Toller. Sein ehemaliger Arzt Dr. Marcuse konnte einen Toten nicht als Toller identifizieren, so daß die bereits verbreitete Todesnachricht widerrufen werden mußte (Dove, *He was*, 84).

Selbst einer der eifrigsten Toller-Fahnder, der Kriminalbeamte Gradl, wurde – Ironie des Schicksals – von einem Soldatenhaufen erschossen, als beide unabhängig voneinander eine Wohnung durchsuchten oder durchsuchen wollten, in der Toller vermutet wurde (85).

Nach einem militärischen Vernichtungsfeldzug gegen die utopisch-putschistische Linke blieb es nunmehr einer konservativ-reaktionären Justiz in Bayern vorbehalten, die restlichen "Reinigungs"-Urteile auszusprechen, um die sowieso schon schwache Resonanz des parlamentarisch-demokratischen Gedankens weiter auszuhöhlen und damit das instabile politische System weiter zu schwächen (Kluge, *Revolution*, 136-137).

Die Übergriffe auf Landauer und Eglhofer, die Urteile gegen Leviné und andere hatten jedoch weite Teile des bürgerlich-liberalen Lagers aufgeschreckt. Nach den bisherigen Erfahrungen und der Grundstimmung zu schließen, drohte auch Ernst Toller das Todesurteil.[1] Praktisch vom Tag seiner Verhaftung an, setzten sich viele für seine Rettung ein.

---

[1] Daß Toller wie Landauer von einem Soldatenhaufen im Gefängnis die Ermordung drohte, beschrieb er schon in einem Brief an Maximilian Harden vom 11. März 1920. (BA)

Im Vorfeld und während der Verhandlung vom 14. bis 16. Juli 1919 vor dem Standgericht in München gab es eine umfangreiche, parteiergreifende Berichterstattung, die sich für Toller einsetzte oder eindeutig gegen ihn Stellung bezog (*Fall*, 72-94)[2].

Führende Intellektuelle und Politiker verwendeten sich für Toller. Der preußische Innenminister Wolfgang Heine schrieb an den in Bayern kommandierenden Reichswehrgeneral von Oven (*Fall*, 86-87). Der Brief wurde auszugsweise im Prozeß verlesen. Darin bezeichnete Heine Toller als unverwüstlichen Optimisten, der jede Gewalt verwerfe und skizzierte, worauf auch die Verteidigung Tollers später aufgebaut wurde:

> Die ganze Politik, die die bayerische Regierung seit dem November 1918 geführt hat, war geeignet, die Grenzen zu verwischen, die zwischen einer neuen legalen Staatsordnung und einem Zustande gewaltsamer Untergebung und Zerstörung gezogen werden müssen. Diese Politik zeigte keinen Willen zu einer neuen Ordnung, sondern war ein Umsturz in Permanenz, ein fortwährendes Herabgleiten von einer Stufe zur anderen, bis zur Räterepublik, der Tyrannei der Roten Garde. Eine derartige politische Entwicklung muß in einem jungen, politisch unreifen Kopfe, einer Dichterseele, Verwirrung anrichten und das Gefühl für die Pflicht, Ordnung und Arbeit herzustellen, vernichten. Toller ist kaum persönlich verantwortlich zu machen, wenn auch er in seinem überstiegenen Idealismus sich berechtigt hielt, die Verfassung, die niemals recht Leben gewonnen hatte, weiter revolutionär umzugestalten. (*Fall*, 87)

Tollers Verteidiger Dr. Anton Gänßler[3], Adolf Kaufmann und der USPD-Abgeordnete Hugo Haase bemühten sich gemeinsam, das Gericht unter dem Vorsitz des Landgerichtsdirektors Stadelmayer, der bereits das Todesurteil über Leviné gefällt und ihm mildernde Umstände versagt hatte, da seine "Handlung ehrloser Gesinnung" entsprungen sei, zu überzeugen, daß Toller aus einer ethischen Grundhaltung heraus gehandelt habe. Für Toller traten vor dem Gericht u.a. Thomas Mann, Carl Hauptmann, Max Halbe, Björn Björnson und insbesondere Max Weber ein.

---

[2] Vor allem *Münchner Neueste Nachrichten* und *Münchner Post* vom 15., 16. und 17. Juli 1919 wurden für das Folgende herangezogen. Auch Ministerpräsident Hoffmann war angeblich gegen die Standgerichte (Hennig, "Revolution", 155).

[3] Rechtsanwalt Gänßler wurde vom USP-Sekretär Unterleitner brieflich am 16. Juni 1920 gefragt, ob [wohl für Tollers Verteidigung] ein Honorar fällig sei. Im Antwortschreiben vom 24. Juni forderte der Anwalt 2500 Mark. (AK)

Der berühmte Soziologe konnte wohl am präzisesten auf seine Idealtypen der Verantwortungs- und der Gesinnungsethik verweisen. Er bezeichnete Toller als unreifen Menschen, den Gott in seinem Zorn zum Politiker gemacht habe. Diese Charakterisierung muß Toller geschmerzt haben, obwohl er sich seiner Gratwanderung zwischen Literatur und Politik bewußt war und sich die Weberschen Kategorien der Trennung der Ethik der Gesinnung und der Moral der Verantwortung als Handlungsmaxime während des schwierigen hinter ihm liegenden Lebensabschnitts dauernd vor Augen gehalten hatte. Doch auch Max Webers Begriffe wären an dieser Stelle einmal kritisch zu überprüfen, fragt Ethik doch kategorisch nach den Folgen des Handelns, während hingegen eine Gesinnung, die für ihre Folgen nicht aufkommen will, mit Ethik wohl kaum etwas zu tun hat (Müller, *Literarische Republik*, 172).

So meint auch Thomas Möller, Webers "Gesinnungsethiker" sei ein realitätsfernes Konstrukt, das ihm dazu gedient habe, am Ende des Ersten Weltkriegs den revolutionären Pazifismus aus der Politik zu verdrängen, indem er dem Pazifismus nur die gesinnungsethische Nische des unpolitischen Heiligen zubilligte (5). "Aber ein Gesinnungsethiker, im Grunde verblendend handelnd ohne Rücksicht auf die Folgen seines Tuns oder Nichttuns, wäre doch wohl eher ein verbrecherischer Idiot als ein Heiliger" (6). Webers "Verantwortungsethiker" knüpft am Bestehenden an und weiß, daß sich zwar alles, aber nicht alles gleichzeitig und häufig auch nicht ohne schädliche Nebenwirkungen für den Gesellschaftskörper verändern läßt. (36)

Daß die Begriffe auch heute noch verquer verwendet werden, belegt Robert Spaemann in der *Süddeutschen Zeitung*: "Nur Menschen, die zwar zu vielem bereit, aber nicht -'verantwortungsethisch'- zu allem fähig sind, verdienen es, daß man ihnen Verantwortung anvertraut."

Eric Voegelin schätzt die Weberschen Kategorien ebenfalls nicht gering. Sie zielten seiner Meinung nach darauf ab, den revolutionären Eifer "verbohrter politischer Intellektueller" vor allem nach 1918 zu dämpfen. (36)

Richtig geschämt hat sich Ernst Toller aber (GW, 4: 187) über das Lob seines dichterischen Werks. Der Nestor der Theaterintendanten, Max

Martersteig, führte insbesondere Tollers dramatische Dichtung *Die Wandlung* an, die er als ein Selbstbekenntnis Tollers gewertet wissen wollte für eine zu jedem Märtyrertum bereite Parteinahme für die beleidigte, entstellte, geschändete Menschlichkeit. (*Fall*, 84)

Hugo Haase, der nur knapp vier Monate später von einem Rechtsradikalen ermordet wurde, plädierte wie seine Mitverteidiger auf Freispruch. Der Staatsanwalt wollte erwartungsgemäß eine Verurteilung, und zwar zu sieben Jahren Festungshaft. Er konzedierte bereits in seinem Plädoyer, daß Toller eine ehrlose Gesinnung nicht nachzuweisen sei.

Die drei zivilen und zwei militärischen Richter verurteilten Ernst Toller zu fünf Jahren Festungshaft (*Fall*, 91)[4]. Strafmindernd bewerteten sie, daß Toller sich bemüht habe, Blutvergießen zu vermeiden. Sie zogen sich auf den formaljuristischen Standpunkt zurück, der Kriegszustand sei in Bayern rechtsförmlich aufgrund eigenen Hoheitsrechts 1914 verhängt worden und bestehe weiter, da eine Aufhebung seitens der allein dazu berufenen bayerischen Regierung nicht erfolgt sei. Darüberhinaus habe die Regierung Hoffmann ihren Sitz zwar nach Bamberg verlegt, habe aber niemals zu bestehen aufgehört. Sie habe zwar vorübergehend die tatsächliche Herrschaft über München und dessen nächste Umgebung, nicht aber über das <u>Land Bayern</u> verloren (93). Toller sei sich über diese Verhältnisse im klaren gewesen und habe sich deshalb eines Verbrechens des Hochverrats schuldig gemacht.

Die Argumentation der Verteidigung entbehre sicher nicht der Plausibilität, als sie anführte, Toller werde aufgrund eines Gesetzes verurteilt, das vom Kaiserreich erlassen worden sei, das aufgehört habe zu bestehen. Die neue Regierung war durch Revolution an die Macht gekommen, und nun bemühten die Revolutionäre von gestern das Recht von vorgestern, um die Revolutionäre von heute für etwas zu verurteilen, das sie selbst vorher auch begangen hatten. Haase ahnte wohl, mit dieser Argumentationskette nicht zu reüssieren, und baute als Notanker in seine Verteidigung ein, daß Tollers politisches Handeln ausschließlich ehrenwerten Motiven entsprun-

---

[4] Zum Problem der Vereinbarkeit der Volksgerichte mit der Weimarer Reichsverfassung allgemein vgl. Bauer/Schmitt.

gen sei. Angesichts der prominenten Helfer, und wohl auch durch Spitzel über den Stimmungsumschwung bestens informiert[5], gestand man wenigstens dies zu.

Der Agent mit der Nummer 47 konnte dann auch melden, daß der Angeklagte das Urteil ruhig und gelassen aufgenommen habe (*Fall*, 94).

Toller hatte vorher in seinem längeren Schlußwort, das er selbst für verschiedene Zwecke immer wieder der *Münchner Post* vom 17. Juli 1919 entnahm, ausgeführt (GW, 1: 49-51), er würde sich nicht Revolutionär nennen, wenn er sagte, niemals könne es für ihn in Frage kommen, bestehende Zustände mit Gewalt zu ändern. "Wir Revolutionäre anerkennen das Recht zur Revolution, wenn wir einsehen, daß Zustände nach ihren Gesamtbedingungen nicht mehr zu ertragen, daß sie erstarrt sind. Dann haben wir das Recht, sie umzustürzen." Ernst Toller schloß mit den Worten:

> Meine Herren! Ich bin überzeugt, daß Sie von Ihrem Standpunkt aus nach bestem Recht und Gewissen das Urteil sprechen. Aber nach meinen Anschauungen müssen Sie mir zugestehen, daß ich dieses Urteil nicht als ein Urteil des Rechts, sondern als ein Urteil der Macht hinnehmen werde.

Den Verteidigern sah man es angeblich an, behauptet jedenfalls Agent 47, (StAM), daß sie erleichtert waren, den Kampf um Tollers Leben gewonnen zu haben. Mit ihnen fühlten sicher viele, die auch erfahren konnten, wie Toller während seiner Untersuchungshaft immer wieder, nur durch glückliche Fügungen oder hilfsbereite Menschen vor einer wildgewordenen Soldateska gerettet, von Mord und Totschlag bedroht war. Am eindrucksvollsten berichtet Toller dies selbst in *Eine Jugend in Deutschland* (GW, 4: 176-182).

Keiner, wohl auch nicht Toller selbst, trotz seines Schlußworts, konnte zu diesem Zeitpunkt ahnen, daß jetzt der Kampf ums Recht erst beginnen würde.

---

[5] Es existieren Prozeßberichte eines Agenten A 47 der Nachrichtenabteilung (Abt I b) des Reichswehrgruppenkommandos 4, die eine starke antisemitische Grundhaltung verraten. Da paßt der V-Mann Adolf Hitler, der schon Ende Mai 1919 für diese Organisation tätig war, gut dazu. (*Fall*, 78-81)

2. Kampf ums Recht - gegen den Staat und die eigene Partei

Nach seiner Verurteilung unterzog sich Toller zunächst einer Operation, bevor er am 24. September 1919 in die provisorische Festungshaftanstalt Eichstätt verlegt wurde. Dort schrieb er nur kurze Zeit später, im Oktober, in wenigen Tagen sein Drama *Masse Mensch*, in dem er die Beziehung zwischen friedlichen revolutionären Idealvorstellungen und den gewaltsamen Bedingungen des historischen Moments, selbst erfahren im Frühjahr 1919, aufarbeitete. Das Thema der revolutionären Moral wird ihn aber weiter beschäftigen.

Am 3. Februar 1920 transportierte man Toller von Eichstätt im Altmühltal ins wenige Kilometer südwestlich gelegene ehemalige Kloster Niederschönenfeld. Das vor rund 750 Jahren gegründete Nonnenkloster, in dem bald die Regeln der Zisterzienser übernommen wurden, verdankte, zumindest der Sage nach, seine Stiftung am Zusammenfluß von Lech und Donau einem Menschenraub, für den es als Sühne gedacht war. Jugendliche verbüßten dort später ihre Strafen. Auch heute ist dies wieder der Fall. Nach dem Ersten Weltkrieg brauchte man dieses ehemalige Gefängnis, vormals Kloster, um die Festungsstrafe, die vom Gesetzgeber als "Ehrenhaft" gedacht war, in großer Zahl anwenden zu können. Ende 1919 hatte man zwar viele der ursprünglich über 400 inhaftierten Räterepublikaner auf Bewährung entlassen, aber dadurch gewann man erst die notwendigen räumlichen Kapazitäten, die es erlaubten, die verbliebenen Verurteilten in Niederschönenfeld zu konzentrieren. Dort galt inzwischen die "verschärfte Hausordnung" vom 16. August 1919 (*Fall*, 107), die aus der "Ehrenhaft" ein veritables Zuchthaus machte. Was in der Monarchie einmal für "Kavaliere" gedacht war, die im alkoholisierten Zustand Unbesonnenes getan oder sich duelliert hatten, sollte nun auf Revolutionäre angewendet werden, was man aber für Linke offensichtlich nicht wollte. Daß der bayerische Staat die "ehrenvollen" Bedingungen dieser Haft noch kannte, stellte er zur Genüge unter Beweis im lechaufwärts gelegenen Festungsgefängnis Landsberg, in dem der Eisner-Mörder Graf Arco und ab 1923 der Putschist Adolf Hitler ein vergleichsweise beschauliches Dasein hatten (Gritschneder).

Die Willkür in den Haftbedingungen nahm groteske Formen an. Zeitungen und Manuskripte wurden beschlagnahmt, ein Brief von Romain Rolland nicht ausgehändigt, weil er fremdsprachig abgefaßt war; Einzelhaft wurde verhängt, weil jemand "eine Bewegung mit dem linken Fuß beim Rapport machte, mit der er dem Vorstand seine Nichtachtung bezeugen wollte" (GW, 5: 75). Jemand erhielt acht Tage hartes Lager, weil er sich beschwert hatte und weil er sich wiederum beschwerte, drei Tage Wasser und Brot. Entwürdigungen ermüdeten sogar überlegene und überlegende Charaktere (71). Die "Ehrenhaft" als Farce läßt sich am einfachsten in Ernst Tollers *Briefen aus dem Gefängnis* (GW, 5) sowie bei Erich Mühsam, "Niederschönenfeld: Eine Chronik in Eingaben" (Mühsam, 2: 128-137) nachempfinden.

Wesentlicher als der zermürbende Gefängnisalltag, während dem man sich mit kleinkarierten Anstaltsleitern, die jede mitgebrachte Wurst zerteilen ließen, und "schneidigen Wärtern", die einen provokant anrempelten (GW, 5: 76), herumplagen mußte, war der persönlichkeitsbedrohende und die politische Identität in Zweifel ziehende Feldzug, den sowohl der Staat aber auch ehemalige Mitstreiter "draußen" außerhalb der Niederschönenfelder Mauern führten und gegen den sich insbesondere Toller unter den oben skizzierten Haftbedingungen nur stark eingeschränkt zur Wehr setzen konnte.

Am 24. Januar 1920 schrieb Toller noch aus Eichstätt wutentbrannt einen Offenen Brief an Prof. Sauerbruch, der Toller im Prozeß gegen den Grafen Arco "jämmerlicher Furcht" bezichtigt hatte (*Fall*, 102-104)[6] Der Herausgeber der *Neuen Zeitung*, Otto Thomas, lehnte die Veröffentlichung des Briefes mit dem Hinweis ab, dieser enthalte selbst Beleidigungen und außerdem sehe er sich dann auch gezwungen, etwas gegen Toller zu schreiben, denn er stehe auf dem Standpunkt, daß Toller in der ganzen Sache der Räterepublik nicht so gehandelt habe, wie es ein der Situation gewachsener Mensch hätte tun müssen (*Fall*, 104-105). Er habe aber kein Interesse daran, alte Dinge aufzurühren, insbesondere aber nicht daran, "Genossen, die im

---

[6] Sauerbruch hat Graf Arco in zweifacher Hinsicht das Leben gerettet: Er hatte den nach dem Attentat auf Eisner selbst Verwundeten operiert und ihn anschließend in der Klinik vor wütenden Haufen versteckt.

Gefängnis sitzen, auch noch irgendwie anzugreifen" (*Fall*, 105). Damit wird klar, daß auch die ehemaligen Genossen vergessen wollten und eine "soziale Neugestaltung" anstrebten, "auf der eine neue Geschichte beginnen kann" (105). Es scheint, daß die Gefangenen auch der politischen Neuordnung der Sozialdemokratie eher im Wege waren. Der Brief schließt mit dem schulmeisterlichen Rat:

> Wenn ich jetzt an Ihrer Stelle wäre, so würde ich mich hinsetzen und die guten alten Klassiker lesen, vor allen Dingen Lessing und Herder und würde überhaupt all das nachholen, was mir meine Arbeiterjugend versagt hat. Überhaupt bin ich manchmal nahe daran, Euch zu beneiden (*Fall*, 107).[7]

Die Niederschönenfelder Gefangenen, insbesondere Toller, befolgten diesen wohl gutgemeinten Rat, der jedoch die Haftzeit gewissermaßen als idyllische Fortbildungsstätte für in der Bildung zu kurz gekommene Proletarier verkannte.

Unter der Leitung von Toller und Mühsam bildete sich eine Gruppe von Schriftstellern, die andere ermutigte, ebenfalls zu schreiben, so den aus Frankfurt stammenden ehemaligen Matrosen Albert Daudistel (Viesel, 593-640). Der wegen Hochverrats zu sechs Jahren Festungshaft verurteilte Metzgerssohn schrieb dort seinen autobiographischen Roman *Das Opfer*, dessen Herausgabe Toller 1925 mit Empfehlungsschreiben förderte (*Fall*, 109). Zu dieser Literatengruppe gehörte auch Tollers Parteigenosse Ernst Niekisch. Dem Augsburger Volksschullehrer des Jahrgangs 1889 (Viesel, 543-591) war Toller schon als Präsident des Zentralrates nachgefolgt, und nun waren die beiden Zellennachbarn (583). Auch nach der Haft blieben sie freundschaftlich verbunden (586).

Niekisch saß seine zweijährige Haftstrafe ab und wurde noch während dieser Zeit für die USPD in den bayerischen Landtag gewählt. Er nützte nach seiner Entlassung im August 1921 immer wieder sein Mandat, im Landtag und andernorts auf das Los Ernst Tollers aufmerksam zu machen. Er unterlag jedoch Anfang 1922 im bayerischen Parlament mit seinem Antrag auf Einsetzung eines Ausschusses zur Untersuchung des Strafvollzugs an den politischen Gefangenen. Während der Debatte wiederholte der BVP-

---

[7] Emig macht am deutlichsten die nachwirkenden Traditionen der humanistischen Aufklärungsphilosophie bei den Sozialdemokraten der frühen Generationen bewußt.

Abgeordnete Fritz Schäffer (*Verhandlungen des Bayerischen Landtags 1921/22*, Sitzung vom 9. März 1922) die Beleidigungen gegen Toller in aller Öffentlichkeit, die vorher am 17. und 18. Januar im Verfassungsausschuß von einem Vertreter des Justizministeriums ausgesprochen worden waren. Schäffer gab das Urteil der Vorstände der Strafvollzugsanstalten wieder, die Toller für einen "unreifen, verworrenen, eitlen, unwahrhaftigen und anmaßenden Menschen" (ebd.) hielten. Er sprach so über einen Kollegen, Mitglied des Landtags wie er, dem man jedoch sein Recht auf Teilnahme an den Sitzungen vorenthielt. Toller hatte bei den Landtagswahlen und den gleichzeitig stattfindenden Reichstagswahlen am 6. Juni 1920 für die USPD kandidiert und wurde auf beiden Listen erster Nachrücker. Zum genannten Zeitpunkt war Toller bereits nachgerückt.

In Niederschönenfeld wurden offensichtlich unter den Gefangenen alle möglichen Varianten erwogen, die es Toller ermöglichen sollten, sein Mandat übernehmen zu können. Wie aus dem Bericht eines nach Niederschönenfeld kommandierten Kriminalbeamten vom 24. Mai 1921 (*Fall*, 115), der ein Gespräch zwischen Toller und Rechtsanwalt Beradt mitgehört hatte, hervorgeht, schätzte Ernst Toller seine Chance auf Haftentlassung bei einer möglichen Übernahme eines Landtagsmandats realistisch, also wenig erfolgversprechend ein. Er rechnete jedoch damit, als Reichstagsabgeordneter freigelassen zu werden. Er hoffte, daß ein im Laufe des Jahres zur Entlassung anstehender Freund aus Niederschönenfeld, vermutlich Niekisch, dafür sorgen werde, daß der Reichstagsabgeordnete Unterleitner auf sein Reichstagsmandat verzichtete und Toller dafür nachrücken könnte (115).

In Freiheit stellte sich aber für Niekisch die Sachlage komplizierter dar, als hinter Festungsmauern. Über Valentin Hartig ließ er Ernst Toller im November 1921 (*Fall*, 116) ausrichten, er habe mehrmals mit Unterleitner über einen eventuellen Mandatsverzicht gesprochen. Aber die Sache sei nicht ganz ohne Schwierigkeiten. Unterleitner sei nämlich verheiratet und ein Kind sei unterwegs. Er habe außer seinen Aufwandsentschädigungen nur ein ganz unsicheres Einkommen, nämlich 1000 Mark im Monat. Ein Rücktritt würde Unterleitner der wirtschaftlichen Existenzgrundlage berauben.

Toller sah dies auch ein. Vermutlich umso mehr, als es sich bei dem Münchener Reichstagsabgeordneten Hans Unterleitner um den Schwiegersohn seines ehemaligen Mentors Kurt Eisner handelte[8]. Er versicherte deshalb in einem Schreiben Niekisch am 27. November 1921 (*Fall*, 116-117), daß die materiellen Dinge keine Schwierigkeiten bereiten würden. Toller wollte sich verpflichten, regelmäßig zwei Drittel, vermutlich der Abgeordnetendiäten, abzuführen. Offensichtlich wurde daraus aber nichts. Toller hatte in demselben Schreiben nämlich auch angedeutet, daß der Weg, der ihm innerlich gemäß sei, "etliche Zeit jenseits des Parteipfades" (117) führen werde. "Mein letztes Drama, Pläne, die sich verdichten, Formkräfte, die ich in mir erwachen sehe, lassen mich eine Art Berufung fühlen: ich glaube, jenen Acker mitpflügen zu können, aus dem einmal proletarische Kunst wachsen soll" (117). Er fühlte sich offensichtlich stärker zur literarischen als zur politischen Arbeit hingezogen.

Die allgemeine politische Entwicklung mag diesen Prozeß beschleunigt haben. Auch Ernst Niekisch trat beispielsweise schon kurz nach dem zitierten Briefwechsel von der USPD zu den Mehrheitssozialdemokraten über (Kabermann).

Gewissermaßen ab dem Tag der Einlieferung Tollers in Niederschönenfeld, dem 3. Februar 1920, war die politische Situation auf Reichs- und Landesebene gekennzeichnet von Aufständen und wirtschaftlichen Schwierigkeiten infolge der Reparationsleistungen (Eyck). Bereits am 13. März 1920 wurde Berlin von der Brigade Erhard besetzt, und die übrige Reichswehr erklärte sich neutral. Die Reichsregierung flüchtete nach Stuttgart und rief den Generalstreik aus. Somit brach der Putsch innerhalb von vier Tagen zusammen. Seine Urheber, General Ludendorff und Kapp, konnten sich ins Ausland absetzen (Erger). Die Reichswehr entwickelte sich immer mehr zum Staat im Staat. Die Reichstagsneuwahlen im Juni 1920,

---

[8] Hans Unterleitner, Schwiegersohn Kurt Eisners, kam später am 30. Juni 1933 ins KZ Dachau, wo er gezwungen wurde, mit aufgerissenen, bloßen Händen Kloaken zu reinigen. Eine schwere Blutvergiftung war die Folge. Nach der Entlassung aus dem Lazarett ("Eigentlich hätte ich dich verrecken lassen sollen, du Schwein", so der behandelnde Hilfsarzt Dall'Armi) wurde Unterleitner gezwungen, als Arbeitsloser im Tierpark Hellabrunn Laub zusammenzurechen. Der nationalsozialistische "Pöbel sah mit höhnischer Freude zu, wie der ehemalige bayerische Sozialminister diese Arbeit verrichtete" (Wilhelm Hoegner, *Der schwierige Außenseiter*, 147). Mit Hilfe Hoegners konnte Unterleitner 1935 nach Zürich fliehen. Er erholte sich jedoch seelisch von den erlittenen Mißhandlungen in Dachau nie mehr. 1939 wanderte er in die Vereinigten Staaten aus. Nach 1945 wollte er nicht wieder nach Deutschland zurück (vgl.dazu Distl, *Festschrift*, 37).

bei denen Toller erster Ersatzmann geworden war, entschieden gegen die Weimarer Koalition aus SPD, Zentrum und Deutsch-Demokratischer Partei. Gewinner waren die USPD und die Rechtsparteien. Die Sozialdemokraten schieden nunmehr aus der Regierung aus. Der Zentrumskanzler Fehrenbach bildete eine rein bürgerliche Regierung. Im Dezember 1920 trat die Mehrheit der in sich gespaltenen USPD zu den Kommunisten über. Der Rest der Partei arbeitete wieder mit den Mehrheitssozialdemokraten zusammen. Die Wiedervereinigung erfolgte im September 1922.

In Bayern war der Kapp-Putsch vom März 1920 gelungen (Erger). Die Regierung unter dem sozialdemokratischen Ministerpräsidenten Johannes Hoffmann wurde unter Androhung von Waffengewalt zum Rücktritt aufgefordert. Gustav von Kahr löste Hoffmann als Ministerpräsidenten ab. In dieser Situation erwies Hoffmann ein letztes Mal seiner Partei und der demokratischen Entwicklung in Bayern insgesamt einen Bärendienst. Er drohte seinen Rücktritt an, um die Beauftragung des Generals von Möhl mit der vollziehenden Gewalt zu verhindern. Aber erst sein intransigentes Festhalten an seiner Rücktrittsabsicht trotz des gegensätzlichen Votums seiner sozialdemokratischen Kabinettsmitglieder und trotz drängender Umstimmungsversuche der bürgerlichen Minister kann ihm als erneutes Fehlverhalten angelastet werden. In dieser Situation hätte sich die SPD nicht aus der Verantwortung entlassen dürfen. Damit öffnete Hoffmann der Reaktion letztendlich erst Tür und Tor. Er hatte sie schon befördert, als er im Frühjahr 1919 auf den Rätekongreß nicht ausreichend Rücksicht genommen hatte. Seine Zurückhaltung angesichts der Radikalität, mit der die Räterepublik liquidiert wurde und seine Haltung zu den Volksgerichten hatten ihn bei den Linken, die man in Niederschönenfeld fand, ja sowieso schon völlig diskreditiert[9].

Bayern wurde zur "Unordnungszelle" des Reiches. Am 8. November 1923 rief Adolf Hitler im Münchener Bürgerbräukeller die "nationale Revolution" aus. Der Putsch wurde zwar niedergeschlagen, doch seine Ursachen wurden nicht beseitigt. Aufmärsche bewaffneter Haufen oder

---

[9] Die Beurteilung Hoffmanns lehnt sich an: Diethard Hennig, Johannes Hoffmann: *Sozialdemokrat und bayerischer Ministerpräsident*. Ebenso grundsätzlich derselbe Autor: "Gegen Revolution und Gegenrevolution: Johannes Hoffmann, Sozialdemokrat und bayerischer Ministerpräsident".

allgemein, der Kampf gegen den "Marxismus", kennzeichneten diese unruhigen Jahre (Distl, *Festschrift*, 27-29).[10] Fememorde waren an der Tagesordnung (Hoegner, *Radikalismus* 25-46 und Gumbel, *Verschwörer*)).

Einem solchen Fememord fiel am 10. Juni 1921 auch der Landtagsabgeordnete und Fraktionssprecher der USPD im Landtag Karl Gareis zum Opfer[11]. Seine kritischen Parlamentsbeiträge über geheime Waffenlager der Einwohnerwehr wurden ihm von den "Nationalen" als Landesverrat ausgelegt. Immer schärfer war er von der Rechtspresse angegriffen worden. Anfang Juni forderte gar der *Miesbacher Anzeiger*, Gareis zu erschlagen wie einen tollen Hund (30). Der am 12. Oktober 1921 verhaftete und dringend der Tat verdächtigte Leutnant Schwesinger wurde am 22. Dezember 1922 wieder aus der Untersuchungshaft entlassen, ohne daß es zu einer Gerichtsverhandlung gegen ihn gekommen wäre (30). Dieser Fememord (Gumbel, *Mord*) an Gareis bescherte Ernst Toller das Landtagsmandat, von dem er sich für seine Haftentlassung gerade nichts versprochen hatte. Am 21. Juni 1921 verlas der Landtagspräsident vor dem Plenum die Erklärung des Landeswahlleiters:

> An Stelle des durch den Tod ausgeschiedenen Abgeordneten Karl Gareis, Studienassessors in München, tritt gemäß Art. 61 Abs. 2 des Landeswahlgesetzes Ernst *Toller*, Schriftsteller in München, zurzeit in der Festungshaftanstalt Niederschönenfeld. Unter Bezugnahme auf meine Bekanntmachung vom Heutigen im Bayerischen Staatsanzeiger beehre ich mich, die Erklärung des Ernst Toller über Annahme seiner Wahl zum Abgeordneten zu übersenden. (*Sten. Ber.*)

Die Ehre, sein Mandat auch wahr- nicht nur annehmen zu können, wurde Ernst Toller nie gewährt. Jeder Antrag auf Haftentlassung wurde abgelehnt (*Fall*, 115). Damit fällt ein grelles Licht auf die ungleiche Behandlung von Linken und Rechten in Bayern.

---

[10] Für Verständnis dafür wirbt noch 1961 Hanns Hubert Hoffmann (197-198). Zum Konservativismus in dieser Zeit vgl. Mennekes. Zu den Freikorps Hagen Schulze, zur Einflußnahme auf die Innenpolitik durch Offiziere in Bayern Bernd Steger.

[11] Auch diese Greueltat hätte man noch gerne den "Linken" in die Schuhe geschoben, wie ebenfalls aus dem Bericht des nach Niederschönenfeld kommandierten Kriminalbeamten vom 29. Juni 1921 (StAM) hervorgeht. Perfide behauptet der Beamte, die Vermutung sei nicht unbegründet, daß von linksradikaler Seite Vorbereitungen zur Beseitigung von Gareis getroffen waren, um Toller für das linksradikale Proletariat zu gewinnen.

Tollers wiederholten Urlaubsgesuchen wurde ebenfalls nicht stattgegeben. Dies und die ständige Behinderung seiner literarischen Arbeit machte Ernst Niekisch zu seinem Anliegen (*Fall*, 122). Er fand auf Reichsebene Unterstützung beim Abgeordneten Prof. Dr. Gustav Radbruch. Der SPD-Parlamentarier und Kieler Rechtsprofessor (Kaufmann und Otte) hatte am 11. September 1921 die Gelegenheit wahrgenommen, nachdem er bei Niekisch im nahegelegenen Augsburg übernachtet hatte, in Niederschönenfeld seinen alten Lübecker Schulkameraden Erich Mühsam zu besuchen[12]. Bei diesem Anlaß traf und sprach er auch Ernst Toller, nachdem er schon vorher bei Parlamentsdebatten immer wieder auf das Schicksal der in Niederschönenfeld Inhaftierten hingewiesen hatte. Am 4. August 1920 war nämlich im Reichsgesetzblatt die sogenannte Kapp-Amnestie verkündet worden. Die politischen Gefangenen in Bayern blieben davon jedoch ausgenommen.

Bayern weigerte sich erneut und wieder mit Erfolg, einem Untersuchungsausschuß des Reichstags Zutritt in Niederschönenfeld zu gewähren. Der Reichstag hatte nach einer wochenlangen Debatte in der Öffentlichkeit am 19. November 1921 die Einrichtung dieses Ausschusses zur Untersuchung der Zustände in Haftanstalten für politische Gefangene beschlossen. Gustav Radbruch war inzwischen Reichsjustizminister geworden (*Fall*, 122-127).

Um aber doch ein irgendwie geartetes Entgegenkommen zu zeigen[13], kündigte die bayerische Staatsregierung eine eigene Denkschrift an. Der Landtag erhielt diese vom Justizministerium am 23. Dezember 1921. In dieser "Denkschrift über die Erfahrungen beim Vollzug der Festungshaft" (*Verhandlungen des Bayerischen Landtags 1921/22*. Beilagen-Band VI, S. 413-428. Beilage 2155. *Fall*, 127-133) wurde von Regierungsseite der "Fall Toller" überhaupt nicht angesprochen, hingegen wurde Erich Mühsams literarische und politische Aktivität herausgestellt (*Fall*, 127).

---

[12] Dies geht aus einem Überwachungsbericht hervor, der sich in Tollers Polizeiakten findet und abgedruckt ist in: *Fall*, 123-124.

[13] Schon Mattern meinte 1923 (54), daß die bayerische Rechtsauffassung auf politischen Gründen fußte und es sich keineswegs um verfassungspolitische Gründe handelte.

Niekisch hielt in der Debatte um die Denkschrift am 21. Dezember 1921 der Regierung im Landtag die übelsten Willkürmaßnahmen vor (Kabermann), die Toller in Niederschönenfeld erlitt. Dies reizte die Regierung lediglich dazu, den Landtagsabgeordneten Toller in einer Sitzung des Verfassungsausschusses im Januar 1921 (*Fall*, 130) "als prahlerischen, durch die internationale aufdringliche Propaganda aller pazifistischen Kreise zum Größenwahn verleiteten eitlen Menschen" (130) zu bezeichnen. Tollers Beschwerde beim Ministerpräsidenten wurde nicht nur abgewiesen, die Beleidigungen wurden, wie oben bereits erwähnt, von Fritz Schäffer in öffentlicher Sitzung sogar wiederholt.[14]

Für Ernst Toller muß es ein schwacher Trost gewesen sein, daß er wenigstens mit einer Privatklage gegen den Journalisten Nikolaus Eck vom *Miesbacher Anzeiger* Erfolg hatte. 300 Mark Geldstrafe, Zahlung der Gerichtskosten und Veröffentlichung des Urteils vom 1. Februar 1922 bekam der Redakteur als Strafe auferlegt für die Beleidigung in dem bekannten Hetzblatt vom 14. Juli 1921:

> Auch Ernst Toller, der rotgefärbte Samotschiner Judenbube mit seinem ewigen Zahnweh, der demnächst zur Verschönerung der U.S.P. Fraktion in den Landtag einziehen soll, gehört zu den venerisch Erkrankten der Münchener Räterepublik, deren Polizeipräsident Köberl selbstverständlich auch Gehirnsyphilitiker sein mußte. (*Fall*, 130)

3. Kampf um die Reste der Revolution

Nicht genug, daß sich Toller behördlicher Willkür, regierungsamtlicher Beleidigungen, journalistischer Entgleisungen und parteiinterner, fintenreicher Politikmanöver ausgesetzt sah, nur mit viel Mühe konnte er sich überdies der Anfeindungen seiner politischen Weggefährten erwehren. Insbesondere die Angriffe von Mitgefangenen könnte man mit Haftpsychosen erklären,

---

[14] Nicht ohne Pikanterie ist hingegen der Briefwechsel Tollers mit dem Landtagsamt, das ihn und den Mitgefangenen August Fischer, Landtagsmitglied wie Toller, zu einer Einweihungsfeier nach Aschaffenburg eingeladen hatte. Toller bedankte sich dafür aus Niederschönenfeld am 23. Oktober 1921 (AK) mit dem Hinweis: "Ach so, wir vergassen, dass wir einen kleinen Urlaub zur festlichen Fahrt brauchen". Und die beiden Abgeordneten in Haft verweisen beiläufig auf Art. 39, Abs. 2 der Verfassung des Freistaates Bayern vom 14. August 1919.

die sich natürlich immer stärker aufbauten, je länger die Haft dauerte und je öfter Bayern es ablehnte, die politischen Gefangenen insgesamt zu amnestieren, wie das im Reich der Fall war (*Fall*, 118). Da Bayern Begnadigungen nur für einzelne Gefangene aussprach, wurde auch dadurch die Mißgunst untereinander stark befördert.

Toller war zum berühmtesten politischen Gefangenen in Deutschland geworden. Gleich Anfang 1920 fühlte sich der bayerische Staat bemüßigt, ihm eine Begnadigung anzubieten. Toller seinerseits verweigerte diese "Gnade", wenn sie nicht für alle politischen Gefangenen wirksam werden sollte. Ja, er distanzierte sich später sogar in gewisser Weise von der Kampagne zu seiner Freilassung, so lange sie nur für ihn allein gedacht war (Dove, *He was*, 95).

Dieser Edelmut mag manchem Mitgefangenen unangenehm gewesen sein. Bereits vom 13./14. April 1921 datierte ein Brief von Erich Wollenberg, der in seiner Niederschönenfelder Zelle beschlagnahmt und im August 1921 der Münchener Polizeidirektion vorgelegt wurde. Eine Abschrift davon findet sich im Polizeiakt Ernst Tollers (*Fall*, 113). Erich Wollenberg (1892 - 1976) war nach seiner Teilnahme als Kriegsfreiwilliger am Ersten Weltkrieg 1919 in die KPD eingetreten. Er hatte zwei Jahre Festungshaft bekommen, weil er während der Räterepublik Kommandant der Roten Armee war. Ab 1924 hielt er sich in Moskau auf (Viesel, 818). 1929 veröffentlichte er *Als Rotarmist vor München: Reportage aus der Münchener Räterepublik*. Darin äußerte er sich ähnlich abfällig wie bereits 1921 über seinen Zellennachbarn. 1921 wollte er offensichtlich andere vor Toller warnen:

> Ihr kennt ihn nur als den Ritter, und seht in ihm den Märtyrer als Gefangenen der Bourgeoisie. Wenn er wenigstens heute seine Finger ließe von Politik, wenn sein Ehrgeiz ihn ganz auf die Literatur werfen würde. Aber er ist derselbe "Toller", derselbe theatralische Sieger von Dachau und ethische Bekämpfer "bolschewistischer Methoden" wie im April 1919. Bei uns in Bayern bedeutet Toller ein politisches Bekenntnis, "Tolleranten" sind Mischungen Ledebourscher Theatralik und Kautskyscher weinerlicher Ethik. (*Fall*, 114)

Es konnte bereits gezeigt werden, daß Toller gleichermaßen und oft auf gleichem Niveau Angriffen von Sozialdemokraten, Unabhängigen, Kommunisten und Bürgerlichen ausgesetzt war. Wir finden sie beispielhaft in der Literatur u.a. bei Paul Werner, Ernst Niekisch, Rosa Meyer-Leviné und

Ernst Müller-Meiningen[15] (*Fall*, 100). Ernst Toller äußerte sich erst nach seiner Haftentlassung dezidiert zu den Angriffen (GW, 1: 51-61, *Weltbühne*, 1 (6. Januar 1921): 29-30).

Literarisch versuchte er diese Angriffe und Vorwürfe in seinem Drama *Masse Mensch* (GW 2) zu bewältigen.

4. Kampf um literarische Anerkennung

Bis heute wird behauptet, erst die Haftzeit habe Ernst Toller ermöglicht, ein bekannter Autor zu werden[16]. Es ist zwar zutreffend, daß die fünf Jahre im Gefängnis zu Tollers literarisch kreativstem Lebensabschnitt gehören, aber zwingend war dies auch deshalb, weil sie ihm anderes, beispielsweise politisch-aktives Eintreten, unmöglich machten. Literatur kann man hier auch als Kompensierung politischer Abstinenz gelten lassen[17].

---

[15] Ernst Müller-Meiningen, *Aus Bayerns schwersten Tagen: Erinnerungen aus der Revolutionszeit*.

Beim ehemaligen bayerischen Justizminister findet sich der verächtlichmachende Satz: "Toller hat in prahlerischer Weise erklärt, daß er willens sei, an der Spitze der Roten Armee zu stehen; einige Tage darauf, als die "Luft dick wurde", war er spurlos verschwunden, um zuletzt im Hemd mit rotgefärbten Haaren hinter Tapeten in Schwabing entdeckt zu werden". (190) Vgl. dazu auch Reimann.

In der von Dietrich Eckart herausgegebenen nationalistischen Zeitschrift *Auf gut deutsch* hatte es bereits 1920 hämisch geheißen:

> Wer nie sein Brot in Tränen aß
> Und hinter der Tapete saß,
> der kennt sie nicht, die arge Qual,
> Die <u>Toller</u> litt, der General. (*Fall*, 101)

In Tollers Prozeßakten (Staatsarchiv München, Staatsanwaltschaften 2242, Bd. III) findet sich auch eine recht frühe Denunziation eines Schriftstellers Dietrich Eckard. Sehr wahrscheinlich war er derselbe, der Toller wegen eines angeblich verschwiegenen Ulm-Aufenthalts anschwärzte. Der Haß reichte offensichtlich weit zurück.

[16] Zuletzt mit Einschränkungen Wolfgang Rothe, *Toller*, 51: "Die Toller-Legende freilich erhob den Räterepublikaner zur 'Symbolfigur' der gescheiterten Revolution. Das erwies sich als heikel für den Gefeierten. Der Dramatiker profitierte zwar davon - solange er im Kerker saß und seine Stücke ohne ihn Premiere hatten; aber gerade wegen dieses Sympathiebooms war die professionelle Theaterkritik besonders streng mit ihm".

[17] Allgemein zur Politik und Literatur zwischen Weltkrieg und Weimarer Republik vgl. Eva Kolinsky.

Im Gefängnis war ja schon die endgültige Form des Dramas *Die Wandlung* (1917-1918) entstanden. In Niederschönenfeld, Eichstätt und Neuburg arbeitete Toller an den anderen Dramen *Masse Mensch* (1919), *Die Maschinenstürmer* (1920/21), *Der deutsche Hinkemann* (1921/22) sowie *Der entfesselte Wotan* (1923). Darüberhinaus entstanden ein kurzes Spiel *Die Rache des verhöhnten Liebhabers* (1920), zwei Gedichtsammlungen *Gedichte der Gefangenen* (1918/21) und *Das Schwalbenbuch* (1923) sowie zwei *Sprechchöre* und drei *Massenspiele*, die bei Gewerkschaftsspielen in Leipzig (1922-24) zur Aufführung gelangten.

Obwohl die Gefängnisbedingungen regelrechtes schriftstellerisches Arbeiten stark einschränkten[18] , entstand ein beachtliches Oeuvre, das in der Literatur häufig als "Werk aus dem Gefängnis"[19] zusammengefaßt wird. Die Arbeiten unterscheiden sich jedoch stark im Stil und der Struktur nach. Vieles entsprang Tollers eigenem Erleben, war zeitgebunden. Leben und Werk waren eng miteinander verknüpft. Doch Toller suchte stets über die gegenwartsbezogenen Inhalte hinaus nach innovativen Ausdrucksformen vor allem für die Bühne (Bebendorf, 3). Die literaturhistorischen und theaterwissenschaftlichen Aspekte sind hinlänglich erforscht[20]. Im Folgenden werden die Werke lediglich daraufhin untersucht, inwieweit die Bereiche Literatur und Politik Ausdruck desselben Wirkungszusammenhangs werden. Es soll bei der Beleuchtung des Verhältnisses von Literatur und Politik im Werk Ernst Tollers auf jeden Fall vermieden werden, einer deutschen Denktradition folgend "das Feld der Literatur dem Geist, den Bereich der Politik der Macht" zuzuordnen (Kurt Sontheimer, in: Müller, 7)[21]. Schließlich ist es genau dieser Grundkonflikt, den Toller in vielen Werken selbst zum Thema macht. Es ist nämlich immer wieder Tollers persönliche

---

[18] "Es war bei der strengen Anstaltsordnung nicht immer leicht, diese Bücher zu schreiben. Da wir abends kein Licht brennen durften, kam es vor, daß ich mit einer Decke das Tischgestell abblendete, unter den Tisch kroch und dort bei dem Licht einer geschmuggelten Kerze meine Szenen schrieb" (*Quer durch*, 277).

[19] Vgl. u.a. Dove's Kapitelüberschrift: "Plays from a Prison Cell". (*He was*, 105)

[20] Zuletzt in den Arbeiten von Andreas Lixl und Klaus Bebendorf.

[21] Kurt Sontheimer hat diese deutsche Denktradition häufiger herausgearbeitet. Exemplarisch im Aufsatz *Thomas Mann als politischer Schriftsteller*. (226)

und politische Entwicklung in den Jahren der Inhaftierung, die sich auf Form und Inhalt seiner Werke auswirkte.

4.1 Die Wandlung

Als *Die Wandlung* am 30. September 1919 in der "Tribüne" in Berlin uraufgeführt wurde, ahnte kaum jemand den überwältigenden Erfolg des weitere 115 Mal wiederholten Theaterabends (Eichenlaub, *Toller*, 68). Der Erfolg war sicher dem Regisseur Karlheinz Martin zu verdanken. Die Crème der Berliner Theaterkritiker lobte einstimmig auch die Leistung des neuen Stars der Berliner Theaterszene, Fritz Kortner, der in seinen Erinnerungen betonte, daß er das verkörpert habe, was er spielte: "ein junger deutscher Jude und Rebell, im Konflikt mit der Welt um sich herum. Ernst Toller, wie aufgescheuchtes Jung-Juden-Wild, hatte schon damals die Witterung für noch ferne Jäger" (218). *Die Wandlung* gilt zurecht als erstes erfolgreiches Stück des Bühnenexpressionismus, wie Denkler postuliert (173); es ist aber andererseits auch das erste Stück bewußt politischen Theaters. In dieser Doppelfunktion liegt das Charakteristikum der *Wandlung* (Eichenlaub, *Toller*, 68). Toller geht es in diesem Stück darum, seinen Protagonisten Friedrich über dreizehn Stationen von einer inneren Wandlung zur Wandlung der äußeren Verhältnisse zu treiben und ihn als Beispiel anderen vorzuführen. Friedrich trägt Züge Tollers. Kriegsfreiwilliger wie er, fühlt er sich seiner jüdischen Herkunft entfremdet, aber bei seinen neuen Kameraden nicht aufgehoben. "Aus dieser Perspektive des Vereinsamten und Entwurzelten projizierte Toller eine metaphysische makabre Bloßstellung des zeitgenössischen Kriegstreibens" (Lixl, 48). Friedrich durchlebt alle Stationen des Grauens und am Ende dieses Leidenswegs steht der Aufruf zum Engagement gegen den Krieg. Diese innere Wandlung ist auch äußerlich ablesbar. Der Kriegsfreiwillige wird Agitator für die Abschaffung der alten Ungerechtigkeit und für die Revolution.

Das geforderte Engagement findet seine ideologischen Ursprünge im Anarchismus Gustav Landauers und im Aktivismus Kurt Hillers[22]. Toller

---

[22] Zur Philosophie der Tat auch Stuke.

reklamiert nämlich für die Intellektuellen und Künstler den Führungsanspruch in der Revolution. Das Stück beginnt mit einer "Aufrüttelung" betitelten dichterischen Zeitanalyse. An deren Ende steht der Appell "Den Weg! Den Weg! - Du Dichter weise!" (GW, 2: 9). Toller löst diesen Anspruch für sich im Stück auch ein. Der Frieden als Ziel, die Wandlung des Menschen und die Revolution als Mittel werden zur Deckung gebracht. Als Schriftsteller verdeutlicht er seinen Mitmenschen diesen Zusammenhang. Er ruft die Zuschauer überdies auf, ebenfalls diesen radikalen Wechsel mitzuvollziehen. Schon aus diesem Grund, meint Eichenlaub, könne man bei Toller von "politischem Expressionismus" im eigentlichen Wortsinn (Eichenlaub, *Toller*, 70) sprechen. Toller benutzte Teile des Stücks, wie er bemerkte, zur Umwandlung der Herzen im Eisnerschen Sinn:

> [...] ich fuhr nach der Ausweisung aus Heidelberg nach Berlin und las hier wieder das Stück. Immer mit der Absicht, Dumpfe aufzurütteln, Widerstrebende zum Marschieren zu bewegen, Tastenden den Weg zu zeigen [...] und sie alle zu gewinnen für revolutionäre sachliche Kleinarbeit. (Eichenlaub, *Toller*, 70)

Zu diesem Zeitpunkt im Frühjahr 1918 drehte sich sein ganzes Denken um die Revolution. Wie man sie vorbereiten, verbreiten, verfechten, verteidigen könne. In der *Wandlung* findet sich der Glaube an den Menschen, den Geist, die Idee. In ihr wird der Hauptgegner benannt, nämlich die bürgerliche Gesellschaft und ihr Staat. Das Entstehen des neuen Menschen kann folglich nur auf den Trümmern dieses Systems begründet werden. Kaum ein anderer Schriftsteller ist in dieser Zeit derart deutlich und damit politisch. Daß dieses utopisch-messianische Unternehmen einer gesamtgesellschaftlichen Erneuerung theatralisches Wunschdenken geblieben sei (Lixl, 52), kann Toller schwerlich angelastet werden. Zum Zeitpunkt der Entstehung des Stücks war eine Revolution nur zu denken. In Rußland hatte zwar eine stattgefunden, aber die Skepsis in Bezug auf die Umsetzbarkeit in Deutschland teilte auch Toller. Herbert Ihering, der neue, junge Theaterkritiker des Berliner *Börsen-Couriers* traf wohl am treffendsten Tollers Absicht.

> Ernst Toller konnte es wagen, unter sein Werk zu setzen: Das Ringen eines Menschen. Denn er stellt damit nicht die Person vor das Werk, sondern das Werk selbst stellte die Person heraus. "Die Wandlung" ist die Wandlung Ernst Tollers vom Kriegsfreiwilligen zum Revolutionär. Aber sie ist kein Rechtfertigungsdrama, das Handlungen vorbereiten oder erklären soll. Sie ist keine Verteidigung und kein An-

griff, kein Vorher und kein Nachher. Sie ist die Revolution des Menschlichen selbst, ohne Absicht und Tendenz. (*Fall*, 96)

4.2 Masse Mensch

"Erst am Schluß setzte Beifall ein, der offenbar nicht dem Dichter, sondern dem ""Revolutionshelden"" galt" (*Fall*, 110-111). So kommentierte die Polizeidienststelle für Nordbayern am 17. November 1920 die Uraufführung des zweiten Toller-Stücks *Masse Mensch*, das am 15. November im Nürnberger Stadttheater lediglich als geschlossene Veranstaltung vor Gewerkschaftern hatte gegeben werden dürfen. Als bei einer späteren Vorstellung einige Restkarten in den freien Verkauf gegangen waren, kam es prompt zu Tumulten im Theater. Am 17. Dezember 1920 berichtete Ministerialrat Zetlmeier vor dem Bayerischen Landtag (*Fall*, 111-113) fast bedauernd, daß "bekanntlich eine Theaterzensur nicht mehr statthaft" sei, daß die Staatsregierung aber andererseits die Behörden anweisen werde, tätig zu werden, wenn die allgemeine Verpflichtung der Polizeibehörden betroffen sei, Ordnung und Ruhe aufrechtzuerhalten. Das Verbot folgte auf dem Fuß (*Quer durch*, 283).

Erst am 29. September 1921 gelang es dem Regisseur Jürgen Fehling an der Berliner Volksbühne *Masse Mensch* mit seiner Aufführung zu einem Riesenerfolg werden zu lassen. Dieser Tag gilt heute noch als die Geburtsstunde des Bühnenexpressionismus (*Fall*, 118). Viele Kritiker teilten ungewollt die Skepsis des Polizeispitzels gegenüber dem Text, aber von der Regieleistung waren alle begeistert. Siegfried Jacobsohn schrieb in der *Weltbühne* (*Fall*, 118-119):

> "Der Höhepunkt, wie die Masse dem Gewehrgeknatter ihr Schlachtlied entgegensingt - ehern, rasend, aufgepeitscht, über sich hinausgetrieben, in Weißglut erhitzt. Man bebt. Der Autor fragt: Ohne mein Verdienst? Ja - denn man versteht keine Silbe, braucht keine zu verstehen; und der alltäglichen Situation hat er nichts geraubt und erst recht nichts hinzugefügt."

Insbesondere die innersozialistischen Vorwürfe zu Tollers Haltung während der Räterepublik versuchte dieser mit *Masse Mensch* zu bewältigen. Er übertrug seine eigenen politischen Revolutionserfahrungen auf die Rolle einer Frau. Sonja Irene L. darf jedoch nicht als Tollers plattes Abbild seiner selbst gelten[23].

Endete *Die Wandlung* noch mit einer optimistischen Erwartung, die zugleich Aufforderung war, so formulierte Toller am Schluß von *Masse Mensch* eher Skepsis an der Möglichkeit und Fähigkeit individueller Gesellschaftsveränderung.[24] Die Protagonistin kann ihre idealistischen Leitideen nicht in die Realität umsetzen und stirbt märtyrerhaft. Mit dem Szenario analysiert Toller die zurückliegenden Verwerfungen der Revolutionszeit und beleuchtet ihre Problemlagen von allen Seiten. Sonja Irene L. befindet sich am Anfang des Stücks im Hinterzimmer einer Arbeiterschänke, wo sie mit Arbeitern den Generalstreik vorbereitet. Ihre Sehnsucht nach politischer Erneuerung wird jedoch bereits von der Ahnung der eigenen Schuld getrübt:

> Wie sehnt ich diese Stunde,
> Da Herzblut Wort und Wort zur Tat wird. [...]
> Gröhlen die verruchten Blätter Sieg -
> Packen Millionen Fäuste mich...
> Und gellen: Du bist schuldig, daß wir sterben!
> (GW, 2: 67)

In der Auseinandersetzung mit ihrem Mann, der sich als Repräsentant des alten Systems dekouvriert und aus Loyalität dem Staat gegenüber auch bereit ist, seine Ehe zu opfern, erkennt die Frau ihren Standpunkt an der Seite der Schwachen deutlicher. Um Unterdrückung und erdrückende Existenzbedingungen abzuschaffen, beruft sie sich auf den Geist der Menschlichkeit, dem sie die Führungsrolle zuweisen will. Als Mittel dazu propagiert sie den Streik. Ihr Antagonist, der Namenlose, der die Züge von Leviné trägt und als Spiegel des Marxismus-Bildes Tollers gelten kann, strebt eine andere Lösung des Konflikts an:

---

[23] Toller schreibt nämlich, daß er Sonja Lerch gekannt habe. Sie war mit einem Münchener Hochschullehrer verheiratet, beteiligte sich an den Vorbereitungen zum Munitionsarbeiterstreik, wurde deshalb von ihrem Mann verstoßen und erhängte sich darauf in ihrer Zelle (GW, 4: 89). Daß das so war, bestätigt unter anderem Viktor Klemperer in seiner Autobiographie *Jugend um 1900*.

[24] Zur Gegenüberstellung von individuellem Los, das Schicksal oder Bestimmung sein kann und politischem Plan, der bewußter Entwurf ist vgl. Flaim. Zum Traum vom Neuen Menschen vgl. Kellner, zum Gottesmotiv Schabert.

Ich rufe mehr als Streik!
Ich rufe: Krieg!
Ich rufe: Revolution! [...]
Macht gegen Macht!
Gewalt ... Gewalt! (GW, 2: 85)

Die Masse folgt der Tatideologie des Namenlosen. Die Meinungsführerschaft zwischen "Masse" und "Mensch" ist festgelegt (Ossar, 193). Nun wird der Mann von Sonja Irene L., der staatstreu auf Arbeiter schoß, seinerseits von Arbeitern zur Erschießung geführt. Während die Arbeiter Sühne fordern, erhebt die Frau die Menschlichkeit zur obersten Maxime des Handelns. Im weiteren Verlauf des Stücks wird dieses persönliche Erlebnis auf eine gesellschaftliche Ebene gehoben. Berichte von Kämpfen dringen in einen Versammlungssaal und Toller kann nun die realen, während der Räterepublik aufflammenden Antagonismen ausbreiten. Den Gedanken Gustav Landauers verpflichtet, ruft die Frau zur Einstellung der Kampfhandlungen auf, denn "Masse soll Volk in Liebe sein. Masse soll Gemeinschaft sein" und "Mensch, der sich rächt, zerbricht" (GW, 2: 95-96). Der anarchistische Begriff der "Gemeinschaft" und der "Idee" wird von der Masse nicht akzeptiert. Die Frau wird schon wegen ihrer bürgerlichen Herkunft des Verrats geziehen und noch während dieses Streiks rückt das Militär ein und entscheidet machtvoll für eine von keiner der Streitparteien gewollte dritte Option, nämlich für die Restauration der Verhältnisse, die man überwinden wollte.

Nach ihrer Verhaftung setzt die Frau sich mit ihrer Schuld auseinander. Ihr Mann stellt ihr eine Amnestie in Aussicht, weil sie, wie es Toller ebenfalls beim Hochverratsprozeß bescheinigt worden war, aus ehrenhaften Beweggründen gehandelt habe. Sie jedoch lehnt diese Kompromißformel für sich ab, da sie sich vor sich selbst und den Menschen schuldig spricht (106). Darauf bietet der Namenlose eine Befreiung an, die jedoch das Leben eines Wärters kosten würde. Und jetzt kann Toller sehr deutlich machen, was er, wie Gustav Landauer, wollte, daß nämlich die Wahl der Mittel genauso humanitär sein muß, wie das angestrebte Ziel. Hier drückt Toller nur dramatisch aus, wozu er nicht bereit war und ist, ethische Überlegungen aus dem politischen Handeln auszublenden, Politik als "schmutziges Hand werk" zu begreifen, um damit sein individuelles Verhalten zu exkulpieren[25]. Freilich werden somit politische mit seelischen Konflikten verknüpft. Da die Frau das Befreiungsangebot mit den Worten ablehnt, "Wer Menschenblut um seinetwillen fordert, ist Moloch" (110), nimmt sie damit den Tod in Kauf. Sie wird hingerichtet, während zwei andere Gefangene die Habseligkeiten der eben Gehenkten zusammenraffen (Kamla) und sich nach den Todesschüssen vorwurfsvoll fragen, warum sie so handelten (112). Klaus Bebendorf meint, kein weiser Rat des Dichters, kein kluges Fazit, nur eben Ratlosigkeit stünden am Schluß des Werks (82). Vermutlich geht es Toller aber gar nicht darum, eine politische Utopie zu entwerfen (Eykmann), sondern vielmehr unterzieht er die sozialistischen und anarchistischen Leitideen Leninscher und Landauerscher Provenienz in einer ihrer ersten praktischen Bewährungsproben einer nachträglichen Überprüfung. Dies geschieht aus der "skeptischen Einsicht heraus, daß nicht nur die politische Niederlage, sondern auch der politische Sieg den Tod einer Idee bedeuten kann" (Altenhofer, Nachwort, 66). Sonja Irene L., die die bestehende kapitalistische Ordnung ablehnt, lehnt auch eine kommunistische Gewaltstrategie zur Zerstörung dieses Ordnungsgefüges ab, die durch den Namenlosen repräsentiert wird. Toller geht sogar einen Schritt weiter. Indem er beide Herrschaftsvarianten in Beziehung setzt, läßt er die Frau ausrufen:

> Ihr mordet für die Menschheit,
> Wie sie Verblendete für ihren Staat gemordet.
> Und einige glauben gar
> Durch ihren Staat, ihr Vaterland,
> Die Erde zu erlösen.
> Ich sehe keine Unterscheidung:
> Die einen morden für ein Land,
> Die andern für die Länder alle.
> Die einen morden für tausend Menschen,
> Die andern für Millionen.
> Wer für den Staat gemordet,
> Nennt Ihr Henker.
> Wer für die Menschheit mordet,
> Den bekränzt ihr, nennt ihn gütig,

---

[25] Dies wird bis heute als "Unpolitisch" bezeichnet, wie Benjamin Henrichs zu einer 'Masse Mensch' Aufführung 1970 noch schrieb: ""Masse-Mensch" ist das Selbstportrait eines Unpolitischen, das Selbstportrait eines deutschen Idealisten."

Sittlich, edel, groß.
Ja, sprecht von guter, heiliger Gewalt.
(GW, 2: 108-109)

Toller bezieht hier deutlich die Position Landauers[26], der in seinem *Aufruf zum Sozialismus* (185) klar zum Ausdruck brachte, daß am Ende eines revolutionären Prozesses nur soviel Humanität übrigbleibe, wie in ihm praktiziert werde, denn: "Nur die Gegenwart ist wirklich und was die Menschen nicht jetzt tun, nicht sofort zu tun beginnen, das tun sie in alle Ewigkeit nicht" (185). Landauer meinte an dieser Stelle sogar, daß der Marxismus einer der Faktoren und kein unwesentlicher sei, die den kapitalistischen Zustand erhalten, festigen und in seinen Wirkungen auf den Geist der Völker immer trostloser machten (137).

In *Masse Mensch* erkennt Toller erneut die Berechtigung des Kampfes der Unterdrückten an. Die Tragödie besteht aber darin, daß die Protagonistin die ethischen und machtpolitischen Forderungen nicht in Einklang bringt, ja, nicht bringen kann.

> Wer heute auf der Ebene der Politik, im Miteinander ökonomischer und menschlicher Interessen, kämpfen will, muß klar wissen, daß Gesetz und Folgen seines Kampfes von anderen Mächten bestimmt werden als seinen guten Absichten, daß ihm oft Art der Wehr und Gegenwehr aufgezwungen werden, die er als tragisch empfinden muß, an denen er, im tiefen Sinne des Wortes, verbluten kann. (GW, 1: 162)

Toller will zwar durch das Dilemma, das er in die Worte "schuldlos schuldig" (GW, 2: 105) faßt, nicht die Revolution als solche in Frage stellen, nur lehnt er den Terror als Mittel zum Ziel einer freien Menschengemeinschaft ab (Alfred Klein). Das ist es, was ihn Kommunisten vom Schlage Levinés, Sozialdemokraten von der schillernden Farbigkeit eines Erhard Auer und Rechtsradikalen wie Dietrich Eckart gleichermaßen suspekt oder verhaßt machte. Wer nämlich die Fragen nach der Legitimität und Legalität einer politischen Ordnung oder ihrer revolutionären Beseitigung derart unver

---

[26] Zur Revolution und Menschlichkeit bei Toller vgl. Kirsch. Zum expressionistischen Dichter und seiner politischen Sendung vgl. Klarmann. Zu den christlichen Motiven im Werk vgl. Koebner.

blümt zu stellen wagte, mußte zwischen alle Stühle geraten.[27] Hier liegt vermutlich auch einer der Gründe, von den sprachlich anachronistischen einmal abgesehen, der dieses doch brennend-aktuelle Stück immer wieder in die Versenkung rezensiert, wenn es - selten genug - daraus hervorgeholt wird (Skasa, Henrichs). Radikale politische Diagnose, bestechende ideologiekritische Analyse und prospektive Kraft scheinen auch heute noch nicht sehr gefragt zu sein.

4.3 Die Maschinenstürmer

Konnte Toller in *Masse Mensch* noch aus der eigenen Erfahrung fundamentale politisch-dramatische Aussagen treffen, so erlegte er sich für *Die Maschinenstürmer* erstmals umfangreiche historische und ökonomische Studien auf. Behilflich bei der Literatur- und Materialbeschaffung war ihm dabei Gustav Mayer (1871-1948), der seit 1919 an der Berliner Universität einen Lehrstuhl für die "Geschichte der Parteien" hatte (Eichenlaub, *Toller*, 98). Ihm gegenüber äußerte sich Toller in einem Brief vom 7. Februar 1921 (GW, 5: 60-61) auch, daß er stattliches Material zu seinem Drama im *Kapital* von Marx und in Friedrich Engels Buch *Die Lage der arbeitenden Klasse in England* (1845) gefunden habe[28]. Toller hatte von sich aus - wohlmeinender, aber zynisch klingender oben genannter Ratschläge hätte es nicht bedurft - nachgeholt, als er merkte, daß er eine theoretische Unterfütterung seines Denkens benötigte. Er las viel. Dies geht aus dem Brief an Tessa hervor (GW, 5: 31):

---

[27] Lion Feuchtwanger hatte bereits im Mai 1919 sein Stück *Thomas Wendt* fertiggestellt, das viel vom Schicksal Ernst Tollers enthielt. Es zeigt den Weg des Schriftstellers vom Künstler zum Revolutionär, sein schließliches Resignieren vor den Taten, die er zu verantworten hätte. Vgl. dazu Sternburg, 159.

[28] Vermutlich fand er Detaillierteres in der *Geschichte des Sozialismus in England* aus dem Jahre 1915 des Historikers Max Beer (1864-1949), den Toller in diesem Schreiben zwar nicht erwähnt, dem er aber selbst am 7. Juli 1923 (GW, 5: 157-159) mitteilt, daß ihn seine Bücher stark beeindruckt haben. Besonders eindringlich fand er Beers Darstellung der Diskrepanz zwischen Wort und Tat der Zweiten Internationale sowie die Herausarbeitung des Wesens der Sozialdemokratie (158). Verständnislos fügt er "unter Kameraden" die Frage an: "Warum tun Sie als Parteimann, was Sie als Historiker verwerfen?" (159).

"Seit Monaten arbeite ich wieder intensiv an "Realem", beschäftige mich mit nationalökonomischen, politischen, soziologischen Werken. Weil ich immer deutlicher erkenne, daß Politik mehr verlangt als "Gesinnung", "Seelische Grundstimmung", "Ethos", und gründliche sachliche Kenntnisse notwendig sind, um die Gesetze des politischen Handelns beherrschen zu können. Allerdings fallen, soweit es sich um nacktes politisches Geschehen handelt, manche Illusionen, "Wirklichkeiten" und "Ideologien" werden erkennbar - vielleicht werde ich bei aller Treue noch einmal ein "kühler Realpolitiker"."(GW, 5: 31)

Dennoch verlor Toller nicht den Bezug nach draußen, zu seiner Zeit, zur politischen und geistigen Situation in Deutschland. Am deutlichsten wird dies im bereits erwähnten Schreiben an Gustav Mayer vom 7. Februar 1921 (GW, 5: 60-61). Er schreibt, die Mitteilung Mayers habe ihn nicht überrascht, daß auf der Volkshochschule deutlich die Zeitflucht der Massen bemerkbar sei, die sich in der Abkehr von allen gesellschaftlichen Disziplinen äußere. Man könne diese Erscheinungen nicht mit dem Hinweis auf deutsche Charaktereigentümlichkeiten abtun. Er fragt, ob diese Erscheinungen nicht auch in die Reihe der Verfallssymbole der Gesellschaft gehörten. Man wolle dem Alltag, der aktive Anteilnahme und gründliche Kenntnis gesellschaftlicher Fragen fordere, entfliehen. Er betrachte nicht ohne Befürchtungen das Aufkommen der mannigfachen Bünde, besonders der pseudoreligiösen Bünde, die er für Zentren künstlicher Betäubung hält. Er meint, die Unfähigkeit zu glauben, lasse nach einem Opiat greifen. Zahlreich auftretende esoterische Bünde und Parteien sind seiner Ansicht nach kein Zeichen wachsender Volkskraft. Er berichtet von einigen ihm bekannten eklatanten Beispielen prophetischer Sektiererei und fügt die Frage an: "Manische Individuen oder Auguren oder simple Betrüger?" (61) Eins stimme ihn bedenklich: "die Menge der Anhänger. Nur wo seelische Zersetzung, Haltlosigkeit, Wurzellosigkeit, Glaube an Untergang herrschen, können solche Menschen Einfluß im Volk gewinnen." (61) Volksstimmung und politische Situation kann Ernst Toller häufig treffsicher analysieren.

Daß sein neues Stück verspätet herauskommt, dafür kann er nichts. Aber auch mit diesem von der Theaterkritik gescholtenen[29] Stück macht er

---

[29] Als eines von zahlreichen kritischen Beispielen sei hier nur auf Stefan Großmanns Kritik über *Die Maschinenstürmer* vom 15. Juli 1922 (*Fall*, 135) verwiesen: "Im Grunde ist die Haft des Ernst Toller eine Erfolg-Versicherung für ihn. Der gefangene Dichter muß in die Höhe gehoben werden. [...] Man ist auch einem gefangenen Dichter Wahrheit schuldig. Nun also, nicht verhehlt: *Die Ma-*

ungewollt Furore. Tollers *Drama aus der Zeit der Ludditenbewegung in England*, wie es im Untertitel heißt (GW, 2: 113), fußt auf Ereignissen in Nottinghamshire zwischen 1811 bis 1812 (Furness, 150). In naturalistischem Umfeld, Weber im England des beginnenden 19. Jahrhunderts, begegnen uns erneut die Irritationen eines expressionistischen Idealismus. Die vordergründige Beschreibung der Realität, des Kampfes der Weber gegen die Einführung der Maschine, dient der Beweisführung, daß erst die Idee eine unerträglich gewordene Wirklichkeit umwandeln kann. Toller schreibt in *Arbeiten*: "Die Realität sollte vom Strahl der Idee erfaßt werden" (*Quer durch*, 280, vgl. dazu auch Eichenlaub, *Toller*, 99). Toller fährt später fort:

> In den *Maschinenstürmern* versuchte ich, das Heraufkommen dieses neuen Proletariertypus zu zeigen. Bewußt lehne ich die Tendenz ab, den Proletarier zu vergotten, mit ihm einen umgekippten byzantinischen Kult zu treiben. Er ist der historische Träger einer neuen großen Idee, darauf kommt es an. Es ist möglich, daß in einem dichterischen Werk die zentrale Figur ein Bürger mit "reinem Herzen" ist, der ideale "gute" Mensch, trotzdem widerlegt er durch die Divergenz zwischen persönlichem Tun und dem Tun der herrschenden Mächte das System der Gesellschaft, in der er lebt, und ruft damit eine Wirkung auf den Hörer hervor, die wir als geistig revolutionierend bezeichnen können.
>
> Es gibt nur eine Form der Tendenz, die dem Künstler nicht erlaubt ist, die Tendenz der Schwarz-Weiß-Zeichnung, die den Menschen der einen Seite als Teufel zeichnet, den der anderen Seite als Engel. Die Idee ist entschiedener als das Ineinander guter und schlechter Eigenschaften. Aber trotz des Gesetzes strenger Objektivation, das Gestalten aus den ihnen eingeborenen Notwendigkeiten formt, ist der Schaffende sich bewußt, daß gerade er zum kollektiv giltigen Subjektivismus gelangt. Er stellt Werte und Ideen nicht gleich. In ihm ist angelegt eine Hierarchie, die höhere Werte von minderwertigen sondert.
>
> Man darf politische Dichtung nicht verwechseln mit Propaganda, die dichterische Mittel benutzt. Diese dient ausschließlich Tageszwecken, sie ist mehr und weniger als Dichtung. Mehr: weil sie die Möglichkeit birgt, im stärksten, im besten hypothetischen Fall den Hörer zu unmittelbarer Aktion zu treiben, weniger: weil sie nie die Tiefe auslotet, die Dichtung erreicht, dem Hörer die Ahnung vom tragisch-kosmischen Grund zu vermitteln. Mit anderen Worten: wenn Propaganda zehn "Probleme" zeigt, hat sie als psychologische Voraussetzung, daß alle zehn lösbar sind, und sie hat das Recht, die Lösung aller zehn zu fordern. Dichtung wird, man kann es nur an

---

schinenstürmer sind eine Enttäuschung [...]. Dieses Schauspiel bleibt ganz und gar im Rhetorischen stecken."

einem vagen Beispiel ausdrücken, bei zehn Problemen die Lösbarkeit von neun gestalten und die tragische Unlösbarkeit des letzten aufzeigen. Ob sie das pathetisch, resigniert, pessimistisch oder mit der Forderung des Dennoch! tut, ist eine Frage der geistigen Haltung, des künstlerischen Temperaments, nicht des Kerns.

Politische Dichtung hat mit den täglichen Leitartikeln der Partei, mit taktischen Schlagwörtern nur mittelbar zu tun, sie ist geprägt durch die Forderung der Idee.

(*Quer durch*, 286-288)

Da nur der Mensch dem Leben Sinn zu geben vermag, ist auch nur ihm eine Leitfunktion zuzuschreiben, und nicht einer Maschine. Das Stück schließt mit der Ermordung des Jimmy Cobett, der den Maschinensturm hat verhindern wollen, durch seine aufgehetzten Arbeiterkollegen. Der alte Reaper beugt sich über die Leiche und beendet seinen tröstenden Appell mit den Worten "man muß einander helfen und gut sein." (GW, 2: 190). Toller läßt Reaper damit Ideen Kropotkins transportieren, dessen Werke teilweise von Landauer übersetzt worden waren. Er versöhnt in dem Stück Marx und Kant und bleibt damit wiederum seinem zweiten großen Lehrmeister Kurt Eisner treu (Benhabib, 117).

Was verblendete Menschen vermögen, war knapp eine Woche vor der Uraufführung der *Maschinenstürmer* mehr als deutlich geworden, als am 24. Juni 1922 Reichsaußenminister Walter Rathenau von Rechtsradikalen ermordet wurde[30]. Eine auf Art. 48 der Reichsverfassungsordnung gegründete Verordnung zum Schutze der Republik wurde zwei Tage später erlassen, verhinderte jedoch nicht politische Übergriffe. USPD- und MSPD-Fraktion schlossen sich zumindest im Reichstag zu einer Arbeitsgemeinschaft zusammen. Die Kommunisten, die schon vorher Zulauf von der USPD bekommen hatten und dadurch gestärkt worden waren, hatten an einem "Einheitsbrei" (Hoegner, *Radikalismus*, 43) kein Interesse.

Alfred Döblin charakterisiert in einer Uraufführungskritik im *Prager Tageblatt* (*Fall*, 137-138) die Atmosphäre während der Aufführung als "politisch geladen". Beim sinnlosen Niederschlagen des Helden werden "Rathenau"-Rufe laut. "Am Schluß des fünften Bildes, [...] Hochrufe auf

---

[30] Am Tag davor hatte der deutschnationale Führer Helfferich im Reichstag die Regierung in ungewöhnlich scharfer Form wegen ihrer "Erfüllungspolitik" angegriffen, als deren Hauptrepräsentant ihm Rathenau galt (vgl. auch Hoegner, *Radikalismus*, 41).

Toller, "'Nieder die bayrische Regierung'" (stürmische Zustimmung), Stellungnahme für und gegen die Arbeiter, laute Rede und Gegenrede aus der Menge" (138).

Als nach der Vorstellung der Regisseur Karl Heinz Martin vor den Vorhang trat, im Namen des Dichters dankte, der hinter Zuchthausmauern nur in Gedanken bei der Aufführung sein könne, weil der beantragte Hafturlaub von der bayerischen Regierung versagt worden sei, verlieh er so der Hoffnung Ausdruck, daß der jetzt "durch Deutschland wehende neue Wind" den Autor aus seiner "schmachvollen Kerkerhaft" befreien möge (Bebendorf, 134). Dreitausend Besucher des Großen Schauspielhauses in Berlin quittierten die Ansprache mit Hochrufen auf Toller.

Drei Wochen später, am 21. Juli 1922, wurde im Reichsgesetzblatt die Rathenau-Amnestie verkündet. Die Häftlinge im bayerischen Niederschönenfeld waren aus "naheliegenden politischen Gründen", wie Reichsjustizminister Gustav Radbruch im Reichstag mutmaßte, wieder einmal von diesem Gnadenakt ausgenommen (*Fall*, 138). Am 5. Juni und am 13. Juli 1922 war in Reichstagsdebatten der "Fall Niederschönenfeld" und damit der "Fall Toller" wieder aufgerollt worden. Doch im August 1922 wollte Toller eine öffentliche Aufrufkampagne für seine Freilassung nicht mehr dulden (138). Tucholsky beglückwünschte Toller, daß er diesen Aufrufrummel für sich abgelehnt habe mit einem Brief an Ernst Toller am 25. August 1922 (*Fall*, 139).

4.4 Massenspiele

Toller schaffte es im selben Monat, starke Beachtung mit der Fortführung seines literarischen Werks zu finden. In Leipzig veranstaltete traditionell das Gewerkschaftskartell und das Arbeiter-Bildungs-Institut ein Fest mit Massenschauspielen. Hunderte von Arbeitern stellten vor Tausenden von Kollegen *Bilder aus der großen französischen Revolution* dar. Diese *historische Folge in fünfzehn Bildern entworfen von Ernst Toller* auf dem Leipziger Messegelände zeichnete die Französische Revolution, entgegen ihrem tatsächlichen Verlauf, als Umsturzbewegung der Arbeiterklasse, die jedoch in eine bürgerliche Republik mündet. Die Parallele zur Weimarer Republik war unmißverständlich[31].

1923 und 1924 ließ Toller zum gleichen Anlaß weitere Szenarien folgen und zwar *Krieg und Frieden* 1922 und *Erwachen* 1924. Tollers Bilderreihe zeigte 1922 offensichtlich die "wesentlichen Momente der Revolution: den stürmischen Elan der Masse, die Rolle, die das Volk in dieser großen Bewegung gespielt hat", so heißt es jedenfalls in einer Beilage der *Leipziger Volkszeitung* vom 8. August 1922 (*Fall*, 141).

Die zu Unrecht weitgehend vergessenen Massenspiele Tollers bilden immer noch einen Eckpfeiler des Arbeitertheaters (Michael Bauer). Für Toller waren sie Teil seiner anhaltenden Suche nach Formen proletarischer Kunst (*Quer durch*, 290).

Diese Massenspiele in altertümlichen da klassizistischen, ja anachronistischen Formen wie lebenden Bildern, Sprechchören u.ä. stellen Tollers "extreme" Rhetorik vielleicht auch als Teil seiner Volksbildungs- und Volkskulturvorstellung dar, da es sich hier eben nicht um bloßes Arbeitertheater handelt, sondern dramatische Elemente von Schiller oder von der griechischen Tragödie übernommen wurden.

4.5 Hinkemann

Im Oktober 1923 hatten sich in Sachsen und Thüringen Volksfrontregierungen gebildet, die wiederum von dem am 26. September 1923 in Bayern an die Macht gelangten Gustav Ritter von Kahr (Hoegner, *Hitler und Kahr*) als Generalstaatskommissar nicht anerkannt und bekämpft wurden. Auf die drohende militärische Auseinandersetzung reagierte die Reichsregierung mit der Verhängung des Ausnahmezustands über das ganze Reich.

Die ultimativ angedrohte Reichsexekution wurde in Sachsen, nicht aber in Bayern durchgeführt. Die ständig möglichen Rechtsverletzungen

---

[31] Vgl. dazu zuletzt Dove, *He was*, 133 und zu den Massenspielen die Arbeiten von Klaus Pfützner und Michael Bauer. Allgemein zum proletarischen Theater Richard Weber. Zur Doppelgesichtigkeit des Expressionismus vgl. bes. Peter Reichel, 774.

durch Bayern ermunterten Deutschnationale und Nationalsozialisten geradezu zum Putsch am 8. November 1923 (Deuerlein, *Hitler-Putsch*), dem 5. Jahrestag der Revolution in Bayern. Der Hitler-Putsch scheiterte zwar, und Bayern kam mit der Regierung Held in ein ruhigeres Fahrwasser (Keßler), der Schaden für die demokratische Entwicklung in Deutschland war aber unübersehbar (Kraus).

In dieses politische Wespennest von Ruhrkampf und Arbeiteraufständen, Ausnahmezustand und rechtsradikalen Putschunternehmen, wirtschaftlichen und sozialen Niedergangs stach Tollers neues Stück *Hinkemann*. Nach der Uraufführung am 19. September 1923 im Alten Stadttheater in Leipzig wurde es zunächst erfolgreich en suite gespielt (Cafferty, "Pessimism"). Toller hatte in Leipzig offenbar sein Publikum, während Brechts *Baal* gleichzeitig dort der Skandal war: "Tollers Werk war an zwanzig Abenden schon gespielt, Brecht hatte wenig Glück: Skandal, Pfiffe, Gelächter, halbstündige Ulkrufe [...]" (Frühwald, *Nachwort*, 89). In einem genaueren Vergleich ließe sich an den beiden Stücken und ihrer unterschiedlichen Wirkung vielleicht der Unterschied zwischen Brechts damals individualistisch-anarchistischer Antibürgerlichkeit und der Rücksichtslosigkeit des Genußanspruches einerseits und Tollers kollektivhumanitärem Sozialismusverständnis andererseits zeigen.

Erst als das Stück am Vorabend des Reichsgründungstags, am 17. Januar 1924, in der sächsischen Hauptstadt Dresden über die Bühne ging, rächten sich Rechtsradikale für die Schmach des niedergeschlagenen Putsches und für die verhöhnende Entweihung ihres "Feiertages". Bei Tumulten im Theater starb ein Mann. Die rechtsradikalen Verursacher kamen mit glimpflichen Strafen oder in sechs Fällen mit Freisprüchen wegen "Notwehr" davon (*Fall*, 142-149). Das angebliche Notwehrrecht fand seine merkwürdige Begründung darin, daß es auch gegenüber Angriffen auf das "edle und jedes Schutzes würdige Gefühl der Vaterlandsliebe" bestehe (Hannover, 255-256).

Eugen Hinkemann kehrt, durch einen Schuß an seinem Geschlecht verletzt, also impotent, aus dem Ersten Weltkrieg zurück und findet ein völlig verludertes Land und entsprechende Menschen vor[32]. Als Schaubudenfigur verdient der Arbeitslose ein karges Brot, indem er lebende Mäuse und Ratten ißt, denn so meint der Budenbesitzer: "Könige, Generäle, Pfaffen und Budenbesitzer, das sind die einzigen Politiker: die packen das Volk an seinen Instinkten!" (GW, 2: 206). Von seiner eigenen Frau Grete(!) betrogen und vor der Jahrmarktsbude verlacht, gesteht Hinkemann:

> Ich bin lächerlich geworden durch eigene Schuld. Als ich mich hätte wehren sollen, damals als die Mine entzündet wurde von den großen Verbrechern an der Welt, die Staatsmänner und Generäle genannt werden, habe ich es nicht getan. Ich bin lächerlich wie diese Zeit, so traurig lächerlich wie diese Zeit. Diese Zeit hat keine Seele. Ich hab kein Geschlecht. Ist da ein Unterschied? Gehen wir jeder unseren Weg. Du den deinen. Ich den meinen. (GW, 2: 244)

Die Ausweglosigkeit der Situation läßt Grete aus dem Fenster springen und Eugen Hinkemann knüpft sich einen Strick, während er fatalistisch schließt: "Jeder Tag kann das Paradies bringen, jede Nacht die Sintflut" (247).

Toller traf mit dem Stück wieder den Nerv einer Zeit[33], deren vielleicht tragischer Reiz "in dem melancholischen Zwiespalt zwischen einer erzreaktionären Welt mit den in der Erinnerung nachlebenden Hoffnungen an ein besseres Dasein lag" (René König, zit. Frühwald, "Nachwort", 79-80). Frühwald schließt an (80):

> Hinkemann, der Mann ohne Geschlecht, der Mann ohne Potenz, der Mann ohne Nachkommenschaft ist die Allegorie einer Zeit, deren beste Geister, in ohnmächtigem Grimm, die Wirklichkeit traumhaft zu sehen und zu benennen imstande waren, ohne sie verändern zu können.

Toller provozierte durch radikale Gesinnung die schäumenden Reaktionen und schaffte es ungewollt, daß im Zuschauerraum sich genau das vollzog, was nur noch Nacht und Sintflut bringen konnte. Tollers letztes expressionistisches Stück war zum Mittel geworden, die letzten möglichen Illusionen zu zerstören.[34] Die Demaskierung hatte die theatralische Aufrüttelung abge-

---

[32] Grundsätzlich zu Epochenproblematik und dramatischem Konflikt in der sozialistischen Dramatik der Weimarer Republik: Kändler.

[33] Als Franz Xaver Kroetz 1986 am Münchener Residenztheater eine Stückbearbeitung unter dem Titel *Nusser* herausbrachte, waren eigentlich nur zwiespältige Reaktionen zu verzeichnen: Vgl. Karasek, Schödel, Skasa.

[34] Zur Kultur der Weimarer Republik allgemein u.a. Hermand/Trommler und Schrader/Schebera.

löst.[35] *Hinkemann* spiegelt Tollers Einschätzung der allgemeinen politischen Lage wieder, von der er "an B." am 19.7.1923 wenig hoffnungsvoll schreibt:

> Was das Geschick uns in den nächsten Jahren bringt? Wer kann prophezeien?
>
> Die Lage Deutschlands ist verfahren. (Und verfahren bedeutet, daß die Kutscher, gleich ob sie weiße oder rötliche Livreen tragen, die Zügel nicht zu handhaben verstanden.) Das A und O ist die alte verruchte Kriegspolitik.
>
> Wir gehen einer chaotischen Epoche entgegen. Es wird nicht "schön und bequem" sein, in den nächsten fünfzig Jahren in Europa zu leben. Nicht müde werden, wach bleiben und sich bewahren und bereit sein (GW, 5: 160).

4.6 Der entfesselte Wotan

In dieser ausweglos erscheinenden politischen und persönlichen Lage schärfte sich Tollers kritisches Bewußtsein. Dies erklärt vielleicht auch, warum er nunmehr in der Lage war, von der Tragödie zur Komödie (Knobloch, *Von der Tragödie zur Komödie*) zu wechseln: die Satire verdrängte die Utopie (Eichenlaub, *Toller*, 114 und Kaes).

Wilhelm Dietrich Wotan, mit verrückten Erfindungen gescheiterter Friseur, macht sich die Idee eines europamüden Kunden, den es nach Rio zieht, zu eigen, und will einen Urwald in Brasilien erwerben und mit einer Auswanderungsgenossenschaft die Massen ködern. Ein obskurer Geschäftsmann und ein ehemaliger Leutnant werden seine Manager; es bilden sich Ortsgruppen; eine Gräfin wirft sich dem Größenwahnsinnigen an den Hals; die Massen jubeln ihm zu, wie im Vorspiel von Gott Wotan prophezeit worden war ("Und jenes Volk, das eben lächelnd deiner spottet, / Rutscht bäuchlings in gebührender Distanz, / Brüllt Heil! und Hoch!" (GW, 2: 253)). Der Schwindel fliegt gerade noch rechtzeitig auf, doch Wotan erwarten nur wenige Tage Schutzhaft, da er "strafrechtlich nicht verantwortlich" (300) ist (Korte).

---

[35] Vgl. Herbert Lehner, 108.

Dieses Stück erscheint stellenweise wie eine persiflierende Vorwegnahme des Hitlerputsches vom November 1923, obwohl es deutlich vorher entstanden ist, und einen Mitgefangenen in Niederschönenfeld darstellt[36]. Es fand sich dann auch kein deutsches Theater vor 1926, das es gewagt hätte, das Stück aufzuführen. Bezeichnenderweise kam die Uraufführung in einer russischen Übersetzung im Bolschoi dramatischeskij teatr am 16. November 1924 in Moskau heraus. Tollers schaumschlagender Barbier Wotan glich Hitler aufs Haar. Bei der deutschen Erstaufführung in Berlin am 25. Februar 1926 wurde dem Sachverhalt Rechnung getragen und der Komödienschluß wurde der neuen Taktik der Nationalsozialisten, legal den Weg zur Macht zu suchen, angepaßt (Dove, *He was*, 129). Daß man sich mit dem Stück in Deutschland bis heute schwertut, sieht man an Michael Stones Rezension von 1979, in der er meint, daß der Stoff gerade für einen Einakter reiche.

4.7 Das Schwalbenbuch

An dieser Stelle soll die lyrische Kraft Tollers nicht untersucht werden. Insbesondere *Das Schwalbenbuch*, zweifelsohne Tollers international bekanntestes Werk, ist von einer elegischen Grundstimmung. Es schildert den unsinnigen Kampf der Gefängnisverwaltung gegen ein in einer Zelle nistendes Schwalbenpärchen. Sarkastisch schrieb Toller später in einem Epilog:

> Sieben Wochen dauerte der Kampf schon, heldenhafter, ruhmreicher Kampf bayrischer Rechtsbeschützer wider den Geist tierischer Auflehnung. (GW, 2: 358-359)

Das Schwalbenbuch hat als Hintergrund auch den Tod des Mithäftlings August Hagemeister. Der 44jährige Steindrucker starb am 16. Januar 1923

---

[36] *Dichter über ihre neuen Werke. Ernst Toller: Der entfesselte Wotan.* In: *Die Szene*, 16.1 (Jan. 1926): 26f. Abgedruckt: GW, 2: 363-365. Toller referiert dort die Geschichte des skurrilen Mannes. Er kommt zu dem Ergebnis:

"Das ist in der neuen Zeit aus Don Quichotte geworden: nicht mehr kräftig genug, um seinen Traum gläubig zu leben, und wiederum kein robuster Schieber, der kontinuierlich das, was er tut, durchschaut. Mischung von Idealist und Jämmerling. Eine Figur, die uns heiter macht.

Doch es gibt zwei Arten von Heiterkeit: die aus Unwissen und die trotz Wissen. Bei der zweiten Art ist immer ein Stück Wahnsinn dabei." (364-365)

hilflos in seiner Zelle. Die Anstaltsleitung hatte dem Kranken jede Hilfe, auch die angebotene der Mithäftlinge, verweigert. Noch am Todestag erstattete Toller Anzeige wegen fahrlässiger Tötung gegen den Arzt Heindl beim Staatsanwalt in Neuburg. Die Anzeige wurde zurückgewiesen, der Arzt kurz darauf befördert. Das Bild des Toten war für Toller ein "Bild, das sich mir eingrub, das mich mahnen soll, solange die Schmach dieser Justiz lebt". Toller beschreibt dieses Ereignis an mehreren Stellen. Hier wird zitiert aus einem beschlagnahmten Brief. (GW, 5: 138-142). Diesen Schwur hat Toller nie gebrochen. Die Justiz machte ihm mögliches Vergessen auch nicht leicht. Einen Tag vor Ablauf der regulären Haftzeit wurde Toller am 15. Juli 1924 wieder unter einem eindeutigen Rechtsbruch[37] als angeblicher Ausländer aus Bayern, dem Land, für das er freiwillig in den Krieg gezogen war, ausgewiesen und von zwei Kriminalbeamten an die sächsische Grenze eskortiert.

5. Kampf um eine Weltanschauung

Mit der oben entworfenen Skizze der literarischen Entwicklung Ernst Tollers konnte gezeigt werden, daß diese immer auch die allgemeine politische Entwicklung spiegelte. Darüberhinaus reagiert Toller auf die jeweilige politische Lage, indem er sie kritisiert und literarisch korrigiert. Die Wirklichkeit wurde ihm zum Stoff, zum Material, das der Dichter umformen konnte. Darin liegt der wesentliche Unterschied zum bloß utopischen Gegenentwurf. Die Haft wurde - obwohl man dies nicht ohne weiteres hätte erwarten können - zum peniblen Prüfstand der eigenen Weltanschauung. Sie diente zur Verschärfung und Zuspitzung seiner Position. Die notwendigen Überlegungen dazu, die fälligen Überprüfungen fokussierten wie unter einem Brennglas in dem scheinbar abgeschiedenen, aber realiter der Wirklichkeit stark ausgesetzten Mikrokosmos der Festung Niederschönenfeld.

---

[37] Er hatte nicht für Polen optiert, war also Deutscher, im Gegensatz zu Hitler, der unverständlicherweise als Österreicher nicht ausgewiesen worden war (vgl. Gritschneder und schon früher D. C. Watt). Tollers Ausweisung stellte einen eindeutigen Rechtsbruch dar.

Hier prallten die politischen Fraktionskämpfe ebenso wie die ideologischen Richtungen extrem aufeinander; hier bündelte sich der Widerstand gegen die wiedererstarkende Restauration und Reaktion im Nachkriegsdeutschland. Hier waren die Auswirkungen der Repression auch am stärksten spürbar, während sie "draußen" im alltäglichen Kampf gegen die anwachsende Not zu verblassen drohten. (GW, 5: 53-54)

Die im Gefängnis gewonnenen Erkenntnisse bilden die substantielle Grundlage von Tollers Werk in dieser Zeit. Ich wollte oben zeigen, daß man dem politischen Menschen Ernst Toller nur schwerlich gerecht wird, blendete man sein literarisches Schaffen aus. Das Umgekehrte gilt jedoch mindestens gleichermaßen. Mit diesem Schaffen zeichnet Ernst Toller den Verlauf wie den Zustand politisch-gesellschaftlicher Ereignisse und Entwicklungen von der heraufziehenden Revolution über die restaurative Reaktion bis hin zum daraus keimenden Nationalsozialismus und all den damit wuchernden gesellschaftlichen Sumpfblüten.

Diese erstaunlichen prognostischen und analytischen Fähigkeiten eines noch recht jungen Mannes machten ihn jedoch nach so gut wie allen Seiten verhaßter, je pessimistischer seine Kassandrarufe wurden. Die optimistischen Appelle der *Wandlung* waren schließlich der unmißverständlichen Warnung "O Publikum! Lach nicht zu früh! / Einst lachtest du zu spät / Und zahltest deine Blindheit mit lebendgen Leibern" (GW, 2: 254) im *entfesselten Wotan* gewichen (Lamb, "Aktivismus").

Dieser literarisch geäußerten Entwicklung entspricht auch die wachsende Desillusionierung und die zunehmende Skepsis bei Toller. Er blieb nach wie vor dem revolutionären Sozialismus verpflichtet, erkannte aber bald, daß "linke" Gesinnung allein den politisch Handelnden nicht konstituiert. Umfangreiche Studien der Geschichts-, Sozial- und Wirtschaftswissenschaften lieferten die rationale Unterfütterung eines zunächst rein gefühlssozialistischen Ansatzes.[38]

Spiritus rector blieb ihm jedoch Gustav Landauer und sein anarchistisch-sozialistisches Denken im ideologischen sowie Kurt Eisners Ein-

---

[38] Vermutlich aus dieser Zeit stammen Entwürfe zu politischen Aufsätzen (AK), die sich mit währungspolitischen Fragen (*Folgen der Valuta*) u. ä. befaßten.

heitsbestrebungen der zunehmend sich zersplitternden linken Kräfte im taktischen Bereich[39].

Obwohl er anfangs weiterhin die USPD unterstützte und beriet[40], sogar für diese Partei auf Landes- und Reichsebene Kandidaturen für politische Mandate wahrnahm, wurde er nie Parteiapparatschik. Kleinliches Pfründedenken von Parteigenossen in Freiheit verhinderte seine erhoffte Entlassung[41]. Tollers Zweifel jeder Parteipolilik gegenüber nehmen zu[42].

---

[39] Niederschönenfeld 1920 (Toller schrieb) An B. In diesen Zeiten trauriger Zersplitterung der Arbeiterschaft, die mehr als eine organisatorische Zersplitterung darstellt, die Verwirrung geistiger und seelischer Natur ist, kann die Gesundung nur von einer Jugend kommen, die in strenger, geistiger Arbeit, in hoher Selbstzucht nicht nur eine Phalanx der Gesinnung oder gar ein Parteianhängsel ist, sondern selbst jene Gemeinschaft lebt, von der wir wünschen, daß alle Völker sie leben müßten (GW, 5: 27)

[40] Vgl. vor allem Schreiben "An K" (vermutlich 1920) in: GW, 5: 49-50:

Die Politik der Unabhängigen Sozialdemokratie in den letzten Wochen und Monaten ist alles andere denn erfreulich. Aus mancherlei Mitteilungen, die ich aus dem Parteileben erhalte, geht hervor, daß die Herrschaft der Phrase nicht ausgerottet ist.

Man vergißt scheinbar, in welchem Stadium der Revolution wir uns befinden, daß uns nur zielklare, praktische Arbeit, vor allem praktische Kleinarbeit gegenwärtig übrigbleibt, ja, daß wir aus taktischen Gründen gezwungen sind, ein Arbeitsprogramm für die nächste Zeit aufzustellen, das als teilweises "Aufgeben" unserer revolutionären Ziele unklaren und böswilligen Köpfen erscheinen mag.

Wir sind vorerst gezwungen, für die demokratische Republik einzutreten, in allen Verwaltungsfragen mitzuarbeiten, ja, wir werden, vielleicht gezwungen sein, in absehbarer Zeit, unter völliger Wahrung unserer Selbständigkeit und bei allen Sicherungen, mit den Mehrheitssozialisten ein kleines Stück Zweckweg zusammenzugehen. Uns fällt die undankbare Aufgabe zu, auch die minimalen Errungenschaften zu verteidigen, wir können es nicht verantworten, mit großer Geste auf sie zu verzichten, weil wir "aufs Ganze" gehen. Die politische Entwicklung wird sprunghaft vor sich gehen, die wirtschaftliche nie. Der Wille der Arbeiter, die politische Macht zu erobern, muß gestählt werden, aber ebenso muß er die ökonomischen Gesetze erkennen lernen. Und das vermisse ich sehr. Bringt doch in eurer Zeitung "Kampf" anstelle des traditionellen Kleinkrams gute wirtschaftliche Aufsätze.

Zur Geschichte der USPD vgl. auch Prager.

[41] Über den bereits geschilderten Fall des Abgeordneten Unterleitner schreibt Toller privat und deshalb offener an Tessa am 25.7.1922 (GW, 5: 110): Demnach habe Unterleitner erklärt, er würde sofort zugunsten Tollers sein Mandat niederlegen, aber als Landessekretär [der USPD; d. Verf.] müsse er unbedingt eine Eisenbahnfreikarte besitzen; die Partei sei nämlich nicht in der Lage, seine Reisekosten aufzubringen. Toller fügte hinzu: "Als ich das las, würgte mir etwas die Kehle, ich war nicht einmal fähig, mich zu erregen, ich schwieg und schweige seitdem, verächtliches kann man nur schweigend beantworten" (110). In den Tollerakten (StAM) existiert auch die Abschrift eines Briefes von Toller an Jacobsohn, in dem Toller die Vermutung äußert, Unterleitner habe Tollers Reichstagskandidatur zum Platz drei hin beeinflußt, obwohl er für den ersten Platz vorgesehen gewesen sei und damit einen sicheren Reichstagssitz gehabt hätte.

Insbesondere das innerparteiliche Klüngelwesen stößt ihn ab. Möglicherweise steht dahinter aber auch ein vordemokratischer Mangel an Kenntnis des modernen Parteienwesens, gestützt auf den alten Gegensatz von (Parteien-)Parlamentarismus und (urdemokratischem) Rätesystem.

Sorgenvoll beobachtete Toller die Spaltung der USPD. Diese mußte aber immer stärker zu Tage treten, barg diese Partei doch unvereinbare Strömungen in sich (Miller/Potthoff, 103 und Krause). Bereits beim Parteitag im März 1919 hatte sich gezeigt, daß zwei etwa gleichstarke Flügel völlig divergierende Verfassungsformen anstrebten. Während der eine ein parlamentarisches System wollte, wollte der andere eher ein Rätesystem. Die Hardliner dieses Flügels wären sogar bereit gewesen, die Diktatur des Proletariats auch ohne eine parlamentarische Mehrheit zu erkämpfen. Bereits hier wird die Randstellung Tollers sogar innerhalb seines eigenen Flügels evident. Das einende Band der USPD bildete überwiegend die Gegnerschaft gegen die regierende MSPD. Als diese in die Opposition gegangen war, löste sich auch jenes. Am 7. November 1919 verlor die USPD durch das Attentat eines Geistesgestörten auch noch den stets um Ausgleich der Gegensätze bemühten Parteivorsitzenden Hugo Haase. Nach dem tragischen Tod von Tollers ehemaligem Verteidiger vor dem Münchener Standgericht brach die Mehrheit auf dem USPD-Parteitag Anfang Dezember 1919 mit der (sozialdemokratischen) 2. Internationale und suchte über den Parteivorstand Anschluß an die (kommunistische) 3. Internationale (104).[43] Über die in 21 Punkte gefaßten Moskauer Bedingungen für diesen Anschluß kam es auf dem Parteitag in Halle im Oktober 1920 zum Bruch. Während die Parteitagsmehrheit für die Annahme der 21 Punkte und damit für den Zusammenschluß mit der KPD plädierte, führte eine Minderheit, zu der aber fast drei Viertel der USPD-Reichstagsfraktion zählten, die Partei fort, bis sie sich im September 1922 zum Zusammenschluß mit der MSPD bereit fand (Miller/Potthoff, 104-105).

---

[42] Im Brief an Tessa vom 1.8.1922 (GW, 5: 111): "Deine Zweifel an der Möglichkeit, über Parteipolitik unserer Tage zu den Menschen zu kommen, ward längst mein Zweifel. Werden die Parteien (Organisationen mit Klüngelbetrieb) den Sozialismus schaffen können? Aber wie sonst?"

[43] Zu dieser Auseinandersetzung grundsätzlich Alexander von Plato.

Am 9. Oktober 1920 schrieb Toller an Tessa (GW, 5: 53-55):

> Liest Du Zeitungen? Oder interessiert es Dich nicht, den Zerfleischungskampf in der USP zu verfolgen? Ich kann Dir infolge einer neuen Zensurvorschrift nicht ausführlich darlegen, aus welchen sachlichen Gründen ich die 21 Bedingungen ablehne und sie für verhängnisvoll für die europäische Arbeiterbewegung halte. (55)

Wir können nicht nachvollziehen, ob es sachliche Gründe oder andere waren. Es muß uns jedoch genügen, daß Toller die Moskauer Vereinigungsvorgaben ablehnte. Aus dem Schreiben vom 29. Juni 1923 wiederum an Tessa (GW, 5: 156) wird sehr deutlich, wo Tollers sachliche Einwände lagen:

> Ich las die Rede Lenins und hatte den Eindruck, er biegt die Not zur Tugend um; er fordert die von oben ernannten Fabrikdirektoren. Auch die Bourgeoisie regiere nicht als Klasse, sondern lasse einige wenige für sich regieren, das Proletariat möge daraus lernen. Sozialistische Wirtschaftsordnung hat nicht als Folge, daß einige Männer anderer Provenienz den gesellschaftlichen Organismus leiten, sozialistische Ordnung ist Gemeinwirtschaft, ist tätiges Gemeinschaftsleben. Oder nüchtern gesprochen: möglichste Ausschaltung aller Tendenzen, die zur Oligarchie führen.

Hier wird klar und deutlich eine Absage an jede Diktatur des Proletariats, an eine führende Rolle der Partei oder ihrer Kader formuliert. Das war nicht Tollers Weg. Er sah aber gleichwohl, daß der weitaus gefährlichere Diktator von rechts erwuchs. Völlig verständnislos äußerte sich Toller deshalb in einem Schreiben vom 2. Januar 1924 an B. (GW, 5: 172-174) über die Hitler gewährte Bewährungsfrist nach seinem Putschversuch: Will man Hitler durch Milde gewinnen? Er wird die Milde (mit Recht) als Schwäche deuten. Die Republik, die ihre gefährlichsten Gegner "nicht ernst" nimmt, beweist damit, daß sie sich selbst nicht ernst nimmt. (174)

Als Toller wenige Monate später am 15. Juli 1924 Niederschönenfeld verließ, hatte er nicht nur seine "Schuld" verbüßt. Er kam auch in dem Bewußtsein in die Freiheit, niemandem etwas schuldig zu sein: keinem Menschen, keiner Partei. Er verstand das Gefängnis zum Schluß offenbar als geistiges Purgatorium. Das einzige, dem er sich verpflichtet fühlte, war die "Idee" Geblieben war also ein Sozialismusverständnis, geprägt durch Gustav Landauer, und eine tiefe Skepsis der aktuellen politischen Entwicklung gegenüber.[44].

---

[44] Brief an Paul Z. vom 4.5.1924:

"Ich betrachte mich als parteilos. Ich habe lange gezögert, ob ich diesen längst gefaßten Entschluß noch während der Haft bekanntgebe. Ich tue es aus einem Gefühl der Sauberkeit.

Als Schriftsteller spreche ich zu allen Bereiten, gleich, welcher Partei oder Gruppe sie angehören. Die Idee bedeutet mir mehr als die Tagesparole, der Mensch mehr als die Parteikarte." (GW, 5: 192)

Carel ter Haar behauptet zwar in seinem Aufsatz *Ernst Tollers Verhältnis zur Sowjetunion* (110), Ernst Toller habe einer kleinen Splittergruppe, die den alten Namen "USPD" weitergeführt habe, weiterhin Mitgliedsbeiträge bezahlt, einen Beleg finden wir dafür jedoch nicht.

VI. ALS WAFFE DAS WORT (1924 - 1933)

Ins Gefängnis war Toller im Sommer 1919 als hoffnungsvoller, vielversprechender junger Schriftsteller gegangen, den nur die widrigen Umstände in die Politik gespült hatten, und der dort, nach Meinung seiner Richter, irregeleitet auf Grund gelaufen war und dafür büßen mußte.

Aus der Haft kam fünf Jahre später ein politisch besonnener Dreißigjähriger, der zum bedeutendsten zeitgenössischen Theaterautor in Deutschland avanciert war. Sein Ruhm wird belegt durch den Widerhall der Aufführungen seiner Stücke an den wichtigsten Großstadtbühnen der Welt. In der zweiten Hälfte der zwanziger Jahre wuchs sein Ruhm weiter (Glaser). Sicher auch deshalb, weil der ehemals Gefangene nun in Freiheit so gut wie überall präsent sein und seine Stimme erheben konnte. Seine Wortgewalt genoß uneingeschränkte Bewunderung. Sein Wort fand Gehör.

Doch bereits kurz nach Tollers Freilassung deutete sich der wohl entscheidende taktische Fehler seiner Politik an. Mit dem Entschluß, sich keiner Partei mehr anzuschließen, hatte er sich nicht nur zwischen alle Stühle gesetzt, er hatte sich - was viel schwerer wog - damit auch jeder politischen Plattform beraubt, die es ihm erlaubt hätte, sich deutlicher zu akzentuieren, Meinungen zu beeinflussen, letztlich auch die erforderliche Macht ausüben zu können. Das Politische blieb nicht mehr Teil der praktischen Vernunft, sondern folgte scheinbar einfachen, dafür umso radikaleren Maximen: "Die Idee bedeutet mir mehr als die Tagesparole, der Mensch mehr als die Parteikarte" (Aus Brief an Paul Z., GW, 5: 192). Schon 1918 hatte Hermann

Hesse, als er von einem Freund aufgefordert worden war, endlich politisch zu werden, dieses Postulat noch krasser formuliert: "Menschlichkeit und Politik schließen sich im Grunde immer aus. Politik fordert Partei, Menschlichkeit verbietet Partei" (Oesterle). Toller war damit auf die Linie der freischwebenden Intellektuellen[1] eingeschwenkt, die sich außerhalb politischer Entscheidungsprozesse stellten, da ihre hohen Ziele und hehren Ideale durch die politische Praxis diskreditiert worden waren (vgl. Sontheimer, *Antidemokratisches Denken*, 306). Letztlich überließen die Intellektuellen und damit auch Toller das politische Feld den mediokren Parteimogulen, die ihrerseits wiederum durch ihr häufig wenig systemkonformes Verhalten den wachsenden Antiparteienaffekt in der Bevölkerung ebenso stimulierten wie der Rückzug bewunderter Intellektueller aus der Politik die Abneigung gegenüber den Parteien nur noch beförderte (Möller, *Weimar*, 204).

Außerhalb von Tollers Entscheidungsfindung, aber nichtdestoweniger wichtig war die Tatsache geworden, daß er alle seine politischen Leitfiguren, wie Gustav Landauer, aber insbesondere für das Politisch-Praktische Kurt Eisner durch politischen Mord verloren hatte. In diesem Fall hatte die Taktik der Rechtsradikalen, die politische Linke ihrer Köpfe zu berauben, damit die Basis zusammenbreche, bereits zum Erfolg geführt, bevor sie allgemein evident wurde (Sabrow).

Die achteinhalb Jahre, die Ernst Toller in einem relativ freien Deutschland blieben, bis ihn die Machtübernahme Hitlers 1933 im Ausland überraschte, wurden und werden immer wieder als nachrangig, insbesondere für sein literarisches Schaffen gewertet.[2]

In Freiheit sah Ernst Toller zunächst seine wichtigste Aufgabe im Kampf gegen die Ungerechtigkeit. Insbesondere die Ungerechtigkeit, im Namen des Rechts durch die Justiz verübt, brachte ihn auf. Sein gesproche-

---

[1] Wobei er nicht die Ansicht Kurt Hillers vertrat, der meinte, nur die Literaten gehörten zu den Auserwählten, zur Logokratie. Toller wendete ein, daß die Intellektuellen nicht mit irgendwelcher höherer Urteilskraft ausgestattet seien. Vgl. Walter Laqueur, *Weimar*, 93.

[2] So z.B. W.A.Willibrand. *Ernst Toller: Product of Two Revolutions*. Oklahoma, 1941, 43. Wolfgang Rothe widmet rund vierzig Jahre später in seiner Toller-Biographie dieser Periode insgesamt nur 16 Seiten.

nes und sein geschriebenes Wort setzte er nun verstärkt als scharfe Waffe ein im Kampf gegen jede Art von Klassenjustiz.

1. Das Wort als Waffe gegen die Klassenjustiz

Kaum aus der Festungshaft entlassen, eilte Toller nach Berlin, um den Rechtsausschuß des Reichstags über die haarsträubend ungerechten Verwahrverhältnisse in Niederschönenfeld zu informieren. Der Gesamtausschuß wollte darüber jedoch nichts mehr hören, so daß Toller am 18. Juli 1924 lediglich sozialistische und kommunistische Abgeordnete sowie der gleichermaßen unerfahrene wie unerschrockene Parlamentsneuling der Demokraten, der spätere Bundespräsident Heuß (Heuß, *Erinnerungen*), zuhörten (*Fall*, 162), wofür vor allem letzter von der Rechtspresse verspottet wurde (*Völkischer Kurier* v. 21. Juli 1924, "Der Levi ist los!").

Neben der Reichswehr war die Justiz die zweite Säule staatlicher Herrschaft (Jasper). Aber gerade innerhalb der Jurisdiktion war es nicht gelungen, trotz verfassungsrechtlich garantierter Unabhängigkeit der richterlichen Gewalt, wenigstens einen größeren Teil der Richter auf die Grundlagen der demokratischen Verfassung zu führen. (Morsey, "Verfassungsfeinde", 108-112)

Die negative Gesamteinschätzung der Weimarer Justiz auch in der neueren zeitgeschichtlichen Literatur (Möller, *Weimar*, 174) beruht nicht zuletzt auf der politischen Dimension der Rechtssprechung und einem eklatanten Mangel an Verfassungstreue einem außerordentlich großen Teil der Richter.

Wir dürfen annehmen, daß gerade Ernst Toller in der Rätekonzeption der USPD, der freien Volkswahl der Richter (174) den gangbaren Weg sah, eine verfassungstreue Justiz heranzubilden.

Insbesondere Gustav Radbruch hatte noch als Justizminister eine Denkschrift zum Buch des Heidelberger Privatdozenten Emil Julius Gumbel *Zwei Jahre politischer Mord* erstellen lassen. Radbruch kam selbst zu dem Ergebnis, daß die Kernaussage Gumbels, die deutsche Justiz habe 300 politische Morde ungestraft gelassen, "großenteils" zutraf (Gustav Radbruch,

Der innere Weg, 112). Nach einem unglaublichen Eiertanz um die Veröffentlichung der Denkschrift zu den unbestrittenen Ergebnissen Gumbels (Möller, *Weimar*, 178), kommt dieser nur noch zu seiner sarkastischen Feststellung: "Die Republik ist unerhört demokratisch - gegen ihre Feinde" (Gumbel, 91).

Die Verfassungsfeindlichkeit der Justiz mußte also hinlänglich bekannt gewesen sein[3]. Toller faßte seine Eindrücke und Ergebnisse, die er in Teilen schon in der *Weltbühne* veröffentlicht hatte, in einem Buch *Justiz - Erlebnisse* zusammen, das im Mai 1927 erschien. Thomas Mann las es "mit furchtbarem Eindruck" und forderte "Amnestie - es gibt nichts anderes" für die letzten Festungsgefangenen, wie er in einem Brief an Ernst Toller vom 31. Juli 1927 schrieb (*Fall*, 179-180). Kurt Tucholsky konstatierte in der *Weltbühne* am 12. Juli 1927 nach der Lektüre von Tollers Buch, daß an den Häftlingen in Niederschönenfeld "Rache genommen" worden sei (*Fall*, 180).

Ludwig Marcuse widmete in *Die literarische Welt* vom 29. Juli 1927 dem Buch eine Besprechung (*Fall*, 180-181), in der er feststellte, daß Toller dieses Buch ohne Pathos geschrieben habe: "das ist gut, da kein Mensch so laut schreien kann, wie diese Tatsachen". Alle Angriffe gegen den Politiker Toller sieht er in diesem Buch entkräftet:

> Nicht etwa, weil er sich hier besonders gut verteidigt, sondern weil er noch die persönlichsten Erlebnisse gesammelt, unhysterisch, überlegen vorträgt. Unruh leidet heute noch an Kriegspsychose. Toller hat sich freigelebt: Tollers Revolutionserlebnisse leben in ihm nur noch als Leidenschaft für ein Ziel. Er reagiert nicht mehr auf einen Druck. Er agiert: das Leiden wurde zum Impuls. Tollers Buch ist Geschichtsschreibung und Politik in eins: hassende Feststellung. (181)

Toller durfte es sich als Erfolg anrechnen, daß die Reichsamnestie des Jahres 1928 schließlich auch in Bayern griff (*Fall*, 179).

In Tollers Aufsatz zu Henri Barbusse in *Die Weltbühne* vom 12. März 1929 (GW, 1: 121-125) findet sich das Bekenntnis, in dessen Pflicht er sich selbst genommen hatte:

---

[3] Dazu auch Sontheimer, "Weimar", 13.

> [...] denn dieses zeichnet den revolutionären Dichter aus: In jedem entscheidenden Augenblick vom Schreibtisch aufzustehen und sich einzusetzen mit der Stimme und mit der Tat gegen Unrecht und gegen Vergewaltigung. (124)

Unrecht, gleich wo es war, fand in Ernst Toller einen erbitterten Gegner. Wurde es beispielsweise gegen einen Einzelnen verübt, wie gegen Max Hölz, den Revolutionär, der als Führer einer Roten Armeeinheit im Vogtland und später bei einem kommunistischen Aufstand bekannt und berüchtigt geworden war, dann fand er in Ernst Toller einen umtriebigen Fürsprecher. Nach seiner Verhaftung wurde Hölz für einen Mord zu lebenslanger Haft verurteilt, den er nie begangenen hatte. Erst als sich ein anderer zu der Tat bekannte, wurde sein Fall wieder aufgerollt. Ernst Toller setzte sich in Artikeln (*Die Weltbühne*, 1. Februar 1927 und 3. Mai 1927) für ihn ein, sprach auf Kundgebungen und sammelte Geld. Ein Teil des Briefwechsels zwischen Toller und Hölz liegt im Bundesarchiv in Koblenz (aus dem NSDAP-Hauptarchiv). Auch Hölz war Nutznießer der allgemeinen Amnestie von 1928.

Der Briefwechsel zwischen Hölz und Toller zeigt auch, wie stark Toller persönlich von solchen Fällen betroffen war. Jawaharlal Nehru gegenüber machte er in einem Brief vom 21. Juli 1936 deutlich, daß er der Ansicht sei, daß Menschen, die im Gefängnis gewesen seien, ein unsichtbares Band verbinde. Diese Leiderfahrung teilte er mit weiteren politischen Gefangenen, für die er sich weltweit einsetzte. Lange bevor die Gefangenenhilfsorganisation "amnesty international" gegründet wurde, sprach und schrieb Toller für inhaftierte Sozialisten in den USA (vgl. *Quer durch*: "Zuchthaus St. Quentin", 32-40 und: "Wie man in Amerika Sozialisten behandelt", 41-43) und für den in St. Quentin zu Unrecht einsitzenden Tom Mooney.

Trotz des weltweiten Unrechts hatte Toller für Deutschland erkannt, daß eine verfassungsfeindliche Justiz der jungen Demokratie zum Verhängnis werden könnte. Nur wenige Künstler und Publizisten widmeten dieser Tatsache eine ähnlich wache Aufmerksamkeit (Lixl, 125). Toller war offensichtlich nicht entgangen, da er es selbst erfahren hatte, daß die Republik in ihren schwachen Fundamenten von Reichswehr (siehe unten) und Justiz bedrohlich unterspült wurde.

Er hatte erkannt, daß das Walten der Justizorgane jedem direkten Eingriff und jeder unmittelbaren Volkskontrolle entzogen war und folglich die Justiz der Weimarer Republik zur ungehinderten Schrittmacherin der Gegenrevolution werden konnte. (Lixl, 129)

2. Das Wort als Waffe – gegen Militarismus und Wiederaufrüstung

Durch den zunächst begeistert begrüßten Ersten Weltkrieg war Toller zum überzeugten Pazifisten[4] geworden. In den Jahren der Haft konnte er verfolgen, daß sich das Militär neben der Justiz zur stärksten Bedrohung des demokratischen Systems entwickelte[5].

Die Ziele der Reichswehrführung wurden durch die bereits geschilderten Ereignisse immer deutlicher: im Innern erstrebte sie die Zurückdrängung und Entmachtung der Arbeiterbewegung sowie die Revision der Weimarer Reichsverfassung; nach außen wollte das Militär den Versailler Vertrag außer Kraft setzen und erneut eine Weltmachtstellung erobern (Kühnl, *Die Weimarer Republik*, 60). Damit die Voraussetzungen im Innern geschaffen werden konnten, galt es, aufzurüsten und zwar illegal, um die Garantiemächte des Versailler Vertrages, insbesondere Frankreich[6], nicht vorzeitig auf den Plan zu rufen. Deshalb schirmten Industrie und Militär dieses vertragswidrige Vorgehen auch gegenüber der veröffentlichten Meinung, der demokratischen Öffentlichkeit und gegenüber parlamentarischer Kontrolle ab (Geyer, *Rüstungspolitik,* 131).

Ab 1925 stieg Toller immer wieder aufs Rednerpodest, um vor einem neuen Krieg zu warnen, dessen Ziele, die Zerstörung der Ergebnisse der sozialistischen Revolution einerseits und die Einnahme einer gleichberechtigten Position unter den imperialistischen Großmächten andererseits, ihm

---

[4] Allgemein informiert Wolfram Wette zu Militarismus und Pazifismus.

[5] Wozu die Diffamierung der demokratischen Idee kam vgl. Peter Steinbach, 78.

[6] Peter Krüger vertritt die Ansicht, Frankreich habe die wirkungsvollste Garantie für seine Sicherheit, eine funktionierende deutsche Demokratie, nicht erkannt!

völlig klar waren. Berliner Arbeitern rief er am 8. November 1925, am Jahrestag der "Deutschen Revolution", zu:

> Lasset Euch nicht einschläfern von taubem Geschrei, es könnte der Welt ewiger Friede, ewiges Recht werden, solange die Garanten das Unrecht, Klassenunrecht und nationales Unrecht, mit Giftgasen und Schlachtschiffen schützen. Ihr allein könnt den Krieg, der, täuschen wir uns nicht, sich wieder vorbereitet, der die Revolution, den Sozialismus treffen, die Fundamente des Imperialismus härten soll, verhindern. (*Quer durch*, 236)

Toller wollte aus dem Versagen, insbesondere des Proletariats, Lehren gezogen wissen: "Möge dieses Wort eure Herzen krallen mit den Millionen Händen der auf allen Schlachtfeldern der Welt sinnlos Geopferten. Wir haben versagt!" (*Quer durch*, 227) Toller meinte, den richtigen Weg zu kennen: "Werktätige Völker der Erde, bündet Euch!" (228), und das verstand er, wie zu zeigen sein wird, nicht als bloße Kontrafaktur des *Kommunistischen Manifests*, da er unter "Bündung" eine Landauersche Kategorie verstand.

Zum 10. Jahrestag der Revolution nahm Toller in der *Welt am Montag* 1928 (*Quer durch*, 242-246) das umstrittene Panzerkreuzer A-Projekt zum Anlaß festzustellen, daß Schwerindustrie und militärische Verbände den Machtkampf mit den Republikanern austragen wollten. Für unbegreiflich hielt er, daß die sozialdemokratischen Führer diesem Machtkampf ausgewichen seien:

> Man wird mir die Frage entgegenhalten, was sie denn anderes hätten tun sollen, wird auf ihr Verantwortungsgefühl hinweisen, auf ihre Pflicht, "Schlimmeres zu verhüten". Die Politik des kleineren Übels ist die dümmste Politik, die seit zehn Jahren in Deutschland getrieben wird. Ihr Effekt ist einzig, daß notwendige Machtkämpfe für den Moment hinausgeschoben werden, und daß den Zeitpunkt der Entscheidung eines Tages der Gegner bestimmt. Für wenige Wochen mag man einige Verwaltungsposten sichern, auf die Dauer verliert man das Spiel. (*Quer durch*, 244)

Die Folgen dieser Politik schätzte Toller konsequenterweise so ein:

> Was würde denn geschehen? Außenpolitisch können heute die bürgerlichen Führer eine nur im Zungenschlag andere Politik führen als die Sozialdemokraten. Innenpolitisch werden diese Niederlage auf Niederlage erleiden, wenn sie nicht endlich gradlinige Arbeiterpolitik treiben. Aber sie glauben "Realpolitiker" zu sein und vergessen, daß der reine "Realpolitiker" in neun von zehn Fällen Situationen richtig einschätzt, im zehnten Falle blind ist, nicht erkennt, daß relativ nebensächliche Fragen

die Bedeutung von Symbolen bekommen, also außerordentliche politische Faktoren werden. (*Quer durch*, 245)[7]

Und Toller schloß, daß Deutschland statt eines Panzerkreuzers ein halbes Dutzend bekommen werde und meinte:

> Wir habens ja nötig. Das Reichsbudget weist ein Defizit von 600 Millionen auf [...], in Waldenburg hungern [...] Männer, Frauen und Kinder. Es lebe der Zehnte Jahrestag der deutschen Revolution". (246)

2.1. Feuer aus den Kesseln

Die Panzerkreuzerkredite stellten gewissermaßen die Grundlage für Tollers Stück *Feuer aus den Kesseln* von 1930 dar. Mit ihm kehrte er zwar thematisch zu seinen literarischen Erstlingen, zur Revolutionszeit zurück (Kahn), es ist aber darüberhinaus Zeitstück und literarisches Drama, Dokumentartheater wie proletarisches Drama und Justiz- wie pazifistisches Stück zugleich. Indem er fünf Matrosen als Opfer der Klassenjustiz am Ende des Ersten Weltkrieges skizzierte, machte er deutlich, daß das Todesurteil des Kriegsgerichts gegen die Matrosen, die sich nicht als sinnlose Opfer verheizen lassen wollten und deshalb die Feuer aus den Kesseln gerissen hatten, in seiner generalpräventiven Absicht den Justizmord bewußt in Kauf nahm, um restauratives und Revanchedenken militärischer Kreise zu befördern. Damit gelang Toller auch die dramatische Widerlegung der Dolchstoßlüge, indem er nachwies, daß die Revolution Ergebnis der Kriegsbedingungen war. Mit diesem Stück gelang Toller die kohärenteste dramatische Aussage zur Politik seiner Zeit. (Dove, *He was*, 173)

Militär und Justiz wehrten sich massiv gegen journalistische Enthüllungen geheimer Reichswehrrüstungsvorhaben. Am 8. Januar 1928 setzte Toller sich bei einer Protestkundgebung für Johannes R. Becher ein, der wegen eines derartigen Hochverrats angeklagt worden war, weil er in der *Weltbühne* Rüstungspläne genannt hatte. Der Prozeß wurde vertagt und an-

---

[7] Das Dilemma der SPD-Politik in der frühen Weimarer Republik beschreibt recht zutreffend Kastning, 165.

schließend niedergeschlagen (*Fall*, 19). Doch das politische Klima wurde rauher.

Carl von Ossietzky wurde als verantwortlicher Redakteur der *Weltbühne* 1931 für diese Veröffentlichungen zu 18 Monaten Gefängnis verurteilt. Wegen "Beleidigung der Reichswehr" wurde er im Juli 1932 ein zweites Mal vor Gericht gestellt. Toller wollte diese Angelegenheit zu einem "internationalen Skandal" machen (*Fall*, 191). Aber inzwischen hatten die Zeiten sich geändert[8]: selbst sein Aufgreifen des Falles Ossietzky auf dem PEN-Club-Kongreß in Budapest im Mai 1932 (vgl. *Die Weltbühne*, 7. Juni 1932 und *Fall*, 191) brachte kaum Bewegung in die Angelegenheit.

Daß der Wind sich gedreht hatte oder stärker blies, läßt sich auch daran ablesen, daß sein letztes Justizdrama *Die blinde Göttin*, das einen tatsächlichen Giftmordprozeß (GW, 1: 107-111) bearbeitete[9] und am 31. Oktober 1932 in Wien uraufgeführt wurde (GW, 1: 273), in Deutschland wenig Beachtung fand.

Wo bei Toller Justizkritik und Antimilitarismus kumulierten, wurden oft auch die Grundlagen dafür, nämlich Intoleranz und Rassismus, erkennbar. Nationalismus korrespondierte häufig mit Imperialismus. Diesen Aspekten widmete sich Toller ebenfalls verstärkt in den Jahren 1924 - 1933.

3. Das Wort als Waffe – gegen Intoleranz und Rassismus

Toller blieb seinem Ideal eines menschlichen Sozialismus treu, von dem er annahm, daß es nur zu erreichen sei durch eine Revolutionierung sowohl der Gesellschaft wie der in ihr vorherrschenden geistigen Grundhaltungen. Er verstand sich in diesem Prozeß als Werkzeug auf dem Weg zur Emanzipation des Menschen, der Arbeiterklasse und dies nicht nur mit dem Wort, sondern auch mit dem Beispiel, dem Vorbild. Toller gestand zu, daß einem auf der Ebene der Politik häufig die Mittel der Auseinandersetzung aufge-

---

[8] Vgl. dazu Bance, Hagen Schulze, *Weimar* und neuerdings Gerhard Schulz, *Von Brüning zu Hitler*. Ähnlich Frank Trommler, "Verfall Weimars."

[9] Zum Giftmordprozeß Riedel-Guala im Kanton Bern vgl. Peter Kamber, 93-98

zwungen würden. Er bekannte sich jedoch zur Maxime Max Webers von der Beharrlichkeit in der Politik mit Leidenschaft und Augenmaß (Max Weber, *Politik als Beruf*, 560)[10]. In der bereits erwähnten Rede *Deutsche Revolution*, gehalten vor Berliner Arbeitern am 8. November 1925 im Großen Schauspielhause zu Berlin (GW, 1: 159-168), bekannte Toller, daß zum Wort das "Tun" kommen müsse, um etwas verändern zu können. Dies ist auch ein Bekenntnis zur Toleranz und gegen den Egoismus, der seiner Ansicht nach half, die Errungenschaften der Revolution zu verspielen:

> Sie glaubten, man könne eine Klasse, die auf ihre Macht verzichten soll, durch Worte überzeugen. Die Menschen lassen sich selten durch Worte überzeugen, und wenn sie sich überzeugen lassen, bleiben sie selten bei ihrer Überzeugung. Nicht einmal grausamste Erfahrung überzeugt die Menschen, das hat der Krieg uns gelehrt.
>
> Nur durch Tat und Tun kann man überzeugen, durch Tat, die sich nicht wegdisputieren läßt in Leitartikeln, durch Tun, das Alle, auch die Widerstrebenden, bindet in sinnvoller Arbeit. Tat und Tun - Einmaliges und Mannigfaltiges - so deuten wir das Wesen der Revolution.
>
> Tat ist Einmaliges.
>
> Tun aber ist Mannigfaltiges, ist Bauen, ist Bewährung. Wer tun will, muß Kraft und Willen zu neuer Bindung, neuer Bündung besitzen, muß Bereitschaft für Jahre und Jahrzehnte mitbringen aus seiner menschlichen Fülle.
>
> Zum Tun, zum Bauen genügt nicht Macht. Als Schöpferisches muß hinzukommen Geist der Gemeinschaft. Hatten wir den? Hat die deutsche Arbeiterschaft ihre Macht nicht mit zerstören helfen durch den Egoismus der Parteien, der Gruppen, der Personen? (162)

Tollers politisches Grundkonzept beruhte auf immer wieder angeführten Werten, wie Freiheit, Friede, Glück, Verantwortung und Schönheit. Insofern ist es nur konsequent, daß er sich beispielsweise auch zu Fragen der Sexualität[11], oder der Jugendsoziologie[12] äußerte.

---

[10] Vgl. dazu auch Detlev J. Peukert, *Max Webers Diagnose der Moderne* und vom selben Autor *Die Weimarer Republik*.

[11] Toller sprach Mitte September 1930 auf dem 4. Weltkongreß der Weltliga für Sexualreform in Wien über *Gefangenschaft und Sexualität* (vgl. *Fall*, 20).

[12] Toller über *Konflikte der Jugend in Deutschland* vor amerikanischen Studenten 1929. (*Quer durch*, 258-267).

Diese Werte bewegten ihn aber auch immer wieder, einzutreten gegen jede Form von Rassismus und für die Menschenrechte. Die Erfahrungen seiner Amerikareise faßte Toller in Bezug auf die Rechte der Schwarzen wie folgt zusammen: "Es wird sich einmal furchtbar an Amerika rächen, was es den Schwarzen an Schmerz und Unrecht zufügt"[13] (78).

3.1 In den USA

Intoleranz begegnete Toller ab dem ersten Schritt auf amerikanischem Boden. Als er Ende September 1929 mit dem Schiff in New York ankam, holte ihn bereits bei der ersten Kontrolle durch die Einwanderungsbehörde seine revolutionäre Vergangenheit ein. "Haben Sie gemordet?" "Sind Sie der Auffassung, daß politische Führer ermordet werden müssen?" "Werden Sie in Ihren Versammlungen für die Ermordung von amerikanischen Führern werben?" (*Quer durch*, 12). Ernst Toller waren die Fragen peinlich. Doch seine Antwort auf die Frage, ob er seine Gesinnung geändert habe, fiel deutlich aus: "Nein, ich bin nach wie vor radikaler Sozialist. Sie können doch nicht verlangen, daß ich meine Gesinnung ändere, nur um nach Amerika hereingelassen zu werden."(13)

Toller durfte daraufhin das Land der Freiheit nur unter der Voraussetzung betreten, daß er sich nicht mit amerikanischer Politik befaßte (13). Statt sofort abgeschoben zu werden, wurde seine Aufenthaltserlaubnis, die üblicherweise für ein Jahr gewährt wurde, auf drei Monate begrenzt.

Toller war auf Einladung des Herausgebers der deutschsprachigen *New Yorker Volkszeitung*, Ludwig Lore, der außerdem Vorsitzender eines internationalen Arbeiterverbandes war, zu einer Vortragsserie in die USA gereist. Sie führte ihn in mehr als zwanzig Städte in den USA und Mexiko, wie aus einem Brief Tollers an Ludwig Lore vom 17. Januar 1930 hervorgeht (AK).

Toller leuchtete rückblickend den Zustand eines scheinbar freien Landes am Vorabend der großen Krise aus. Einerseits gestand er zu, daß es den

---

[13] Ernst Toller, *Auch der Neger hat eine Chance.* (*Quer durch*: 73-78).

Fließbandarbeitern bei Ford wirtschaftlich besser als ihren deutschen Kollegen gehe, andererseits bemängelte er ihre soziale Absicherung. In Henry Fords "Knochenmühle" stellte Toller lapidar fest, daß das kapitalistische System die Probleme der arbeitsteiligen Gesellschaft niemals werden lösen können (*Quer durch*, 27). Den Chicagoer Schlachthof (28) beschreibt Toller als "Tierhölle". Auch hier Fließbandarbeit, aber zum Töten.

Einerseits ist die amerikanische Gesellschaft so intolerant und rassistisch, daß Schwarze scharenweise unter Mißachtung jeglichen Menschenrechts der Lynchjustiz zum Opfer fallen (73-78), daß Kommunisten und wen man dafür hält, gnadenlos verfolgt werden (41-43), daß aber Recht und Gesetz andererseits offensichtlich betrügerische Propheten, Sektierer und Kirchengründer schützen, auch wenn mehr als berechtigte Zweifel an ihrer Integrität bestehen. Religion als Geschäft wird Toller später in seinem Stück *Wunder in Amerika* wiederaufgreifen.

Selbst beim Geschlechtsakt entdeckt Toller das kapitalistische Movens. Prostitution war zwar verboten, aber sie lebte unter dem Schutz der Polizei in mannigfachen Formen (65-72). "Liebe am laufenden Band" (67) entdeckte Toller in düsteren Bars:

> Denn zum Zu-Bett-Gehen war keine Zeit, da der Liebesakt vielleicht drei bis fünf Minuten währte. Ich hatte den Eindruck, daß die Mädchen ihre Kunden antreiben müssen, wie die Aufseher Arbeiter bei Ford. Für jeden Orgasmus werden zwei Dollar bezahlt. Davon behält das Mädchen einen Dollar für sich, einen Dollar bezahlt es dem Barwirt. (68)

Andererseits sieht Toller die öffentliche Stellung der bürgerlichen Frau in den USA übertrieben gestützt (70). Und dennoch ist die Frau nach Tollers Ansicht für den amerikanischen Geschäftsmann nur ein repräsentatives Idol (71). Scheinheilig geht es eigentlich nur um die Aufrechterhaltung einer "Fiktion der Jungfräulichkeit" (71).

Die gleiche Scheinheiligkeit stellt Toller in der Kunst, insbesondere beim Theater fest. "Ibsen, Strindberg, Wedekind haben für das amerikanische Theaterpublikum nicht gelebt" (63). Als kühn gelte deshalb, was in Europa keinen mehr betroffen mache. Zeichne einer mit zehnmal zahmeren Worten als Strindberg oder Wedekind Konflikte der Geschlechter, so gelte das als maßlos mutig. Allerdings, und das hatte Toller für seine eigenen Mut erfordernden politischen Stücke erfahren müssen, stehen dafür auch nur

Off-Bühnen zur Verfügung. Bei seiner Ankunft in den USA war er außerhalb der Stadt New York so gut wie unbekannt (Dove, *He was*, 181). Toller faßte kühl zusammen, in "God's own country, das sich das Land der Freiheit nennt, ist von geistiger Freiheit wenig zu spüren" (63).

Ernst Toller kannte also die Schwachstellen des Landes, das er sich später als Exil aussuchen sollte.

3.2 In der Sowjetunion

Die Hoffnung vieler, das neuerrichtete Gesellschaftsmodell in der Sowjetunion, bereiste Toller zwar mit Sympathie, aber als Exilland kam es später offensichtlich nicht in Betracht. Nicht einmal als gedankliche politische Heimat hatte die Sowjetunion bei Toller Bestand (ter Haar, *Tollers Verhältnis*, 110).

Trotzdem schwieg Toller später zu bestimmten Vorgängen, denn er war bereit, für das kommunistische Experiment in gewisser Hinsicht auch Solidarität walten zu lassen. Der Grund lag, wie oben bereits mehrfach angedeutet, vermutlich darin, daß in der Sowjetunion die Revolution erfolgreich, man selbst aber daran gescheitert war. Dieser Erfolg nötigte auch anderen[14] Anerkennung und Bewunderung für dieses Experiment ab.

Noch als Toller 1930 seine als Briefe konzipierten Reiseeindrücke zwischen März und Mai 1926 rückblickend als "Russische Reisebilder" (*Quer durch*, 81-186) herausgab, leitete er diese u.a. mit den Worten ein:

> In Sowjet-Rußland geschieht so Ungeheures, für unsere Epoche Bestimmendes, daß jeder ehrliche Bericht, sei er selbst so fragmentarisch wie dieser, wichtig und wesentlich wird. (81)

Angesichts dieser epochalen Umwälzung forderte Toller deshalb weiter, die Völker Rußlands ihre eigenen Wege gehen zu lassen, "nirgends auf der Erde

---

[14] Oscar Maria Graf beispielsweise oder Ernst Glaeser, Arthur Koestler und viele andere. Vgl. dazu vor allem: ter Haar, *Tollers Verhältnis*, 109; sowie: Dove, *He was*, 190. – Daß sie sich letztlich als die Betrogenen fühlen mußten, dazu vgl. u. a. Hoelzel.

sonst sehen wir so gigantische Selbstentfaltungen menschlicher Tatkraft" (82).

Doch Toller blieb skeptisch und degenerierte keineswegs zum Panegyriker. Er schloß ein Scheitern des Experiments überdies nicht aus: Gelingt das Experiment nicht, sei es in der Geschichte der Menschheit ein heroisches Beispiel schöpferischen Geistes gewesen. (82)

Für diesen Geist der Phantasie hegte Toller immer eine stille Hoffnung, auch wenn sie aus heutiger Sicht fatal anmutet:

> Gelingt es, und manches spricht dafür, wird für die Erde eine Regeneration der Kulturen beginnen, von deren vielfältiger Wirkung wir heute nur wenig ahnen. (82)

Toller ließ sich nicht betäuben von dem ihn betörenden Gedanken, im ersten sozialistischen Land zu sein (86). Er bewahrte sich ein feines Gespür für lauernde Gefahren und unwägbare Risiken. Dabei half ihm auch die oben bereits erwähnte, gegen ihn gerichtete und gewissermaßen zu seinem Empfang aufgewärmte Prawda-Geschichte vom "Verräter der Revolution".

Was Toller in *Quer durch* "Kleiner Zwischenfall" überschreibt (96-103), verbitterte ihn in Wirklichkeit ungemein.[15]

Diese Auseinandersetzung zwang ihn jedoch, in seinem Reisebericht noch einmal deutlich herauszuarbeiten, warum er nicht Parteigänger der Kommunisten werden konnte. Was den ideologischen Graben unüberbrückbar machte, war Tollers Pazifismus, von dem er keine Handbreit abzurücken bereit war. Toller sah sich deshalb gezwungen, seine grundsätzliche Stellung zur Gewalt zu umreißen:

> Keine politische Revolution kann der Gewalt entraten. Aber wie bei allen politischen Mitteln gibt es Akzentunterschiede. Ich glaube, daß der sozialistische Revolutionär niemals Gewalt um ihrer selbst willen gebraucht. Er haßt sie, er verabscheut sie, und wenn er sie anwendet, empfindet er sie als furchtbares, tragisch notwendiges Mittel. Darum wird er sie stets nur in zwingenden Situationen verwenden. Es ist die Tugend der sozialistischen Revolution, großmütig und human zu sein. Ja, ich glaube an das Gefühl für Freiheit und Menschlichkeit, das seit Jahrtausenden in der Menschheit lebt, das in bestimmten historischen Epochen verschüttet wird und trotzdem immer wieder durchbricht. Heute lacht man über Worte wie Menschlichkeit und Freiheit,

---

[15] Vgl. dazu vor allem den Brief von Ernst Toller an Anatoli Lunatscharski vom 16. Oktober 1928. (AK) Zu Lunacarskij vgl. ders. "Die Revolution".

nennt sie wehleidige, kleinbürgerliche Phrasen und erinnert sich nicht, daß sie 1918, nach 51 Monaten Krieg, unser Herz bewegt, unsere Vernunft erhellt haben. Heute glaubt man, besonders in Deutschland, es sei "männlich", "marxistisch", "revolutionär", "völkisch", Brutalität zu verteidigen und Kollektivverbrechen zu heroisieren. (*Quer durch*, 89-99)

Mit dieser pazifistischen Grundhaltung blieb er jedem orthodoxen Kommunisten verdächtig.

Toller blieb unbeirrbar, auch in seiner Bewunderung für die Sowjetunion. Vom 14 Mai 1926 datiert ein Schreiben an den blinden Dichter von Hatzfeld, in dem Toller ihn zu einer Rußland-Reise ermuntert: "Wenn Sie es schaffen können, fahren Sie nur nach Rußland, man kann dieses Land, gewiß das Lebendigste Europas, nicht aus Büchern und Zeitungen begreifen". (AK)

Er sieht jedoch auch Ansätze der Erstarrung, insbesondere in einem gerade beginnenden Leninkult. Kritisch fragte Toller, ob der Sozialismus Ersatz bereitstellen dürfe für den Heroenkult bürgerlicher Gesellschaft oder für die mystische Heiligenverehrung der Kirche (107). Für Toller war hier die Grenze für politische Taktik erreicht. Es gebe Rechnungen, die auf Dauer nicht stimmten. Im Augenblick erreiche man viel, doch übermorgen sehe man, daß man zuwenig erreicht habe. Man dürfe nicht um der Gegenwart willen Künftiges hemmen. Denn immer lähme Kult Selbstverantwortung und die Entfaltung eigener Fähigkeiten. (107)

Die entscheidende Frage blieb dabei für Toller, wie die künftige Jugend den Sozialismus leben und gestalten werde:

> Früher war für die Jugend Sozialismus eine Aufgabe, der man sich näherte durch äußere Erfahrungen und innere Kämpfe, durch gedankliches Ringen, durch Drauflosgehen und Irrwege. Heute hat es die russische Jugend leicht, und man darf die Gefahr nicht unterschätzen, die darin besteht, daß die sozialistische Lehre zu einem Glaubensartikel wird, den man annimmt, ohne zu denken, wie der Katholik sein Dogma, zumal er noch einige staatliche Vorteile bringt. (*Quer durch*, 108)

Trotz aller Begeisterung für das riesige sozialistische Experimentierfeld Sowjetunion, in den Beschreibungen von Frauenversammlungen, von Gefängnissen, von Fabriken und Universitäten, scheint immer wieder auch verhaltene Kritik an Zensur (159-169), an Antisemitismus, an fundamentalistischer Ideologie und ihrem Gegenstück, der Anpassung, sowie an der

Intoleranz gegenüber Andersdenkenden auf (166). Bei einem "Besuch bei Radek" (170-173) legt er diesem Programmatisches zur proletarischen Kunst in den Mund, die dieser ziemlich sarkastisch ablehnte:

> Er [Budjonny, ein Militär, d. Verf.] möchte, daß Babel [Isaac Babel, Schriftsteller, d. Verf.] seine Soldaten so zeichnet, als hätten sie alle Marx gelesen und keiner hätte den Tripper. Aber leider ist es manchmal umgekehrt [...]. (171)

Toller liebte starke Worte. Doch sehr vorsichtig drückte er seine Bewunderung und seine Kritik an Trotzki aus (174-177), der ihn in Moskau als Redner fasziniert hatte und der bei Drucklegung von Tollers Buch längst in Ungnade gefallen war. Toller ließ sich dennoch nicht vor einen tagespolitischen Karren spannen. Auch 1930 erwähnte er noch in diesem Bericht anerkennend Trotzkis Universalität der Bildung und daß diesen die Revolution nicht verbraucht habe (175).

In diesen fragmentarischen Berichten aus dem Frühjahr 1926 sind ansatzweise die wesentlichen Schwachstellen des kommunistischen Systems der Sowjetunion aufgezeigt, die später in abartigen Personenkult, in Verfolgung und Vernichtung Andersdenkender und in Unterdrückung der Kunst münden.

Toller bereiste 1930 und 1934 weitere Male das Land seiner sozialistischen Hoffnungen. Es kann ihm nicht entgangen sein, daß die Verhältnisse sich grundlegend verschlechtert hatten. Aber er hielt sich ungewöhnlicherweise stark zurück. Dies geschah vermutlich nur deshalb, weil er in der "Bündung", in einer sozialistischen Einheitsfront die einzige realistische Chance zur Verhinderung des Nationalsozialismus sah.

4. Das Wort als Waffe - gegen den Nationalsozialismus

Die Deutsche Liga für Menschenrechte unterstützte 1932 Toller, damit er seine Afrika- und Spanienreportagen im Rundfunk lesen konnte (*Fall*, 21). Die Unterstützung war offensichtlich inzwischen notwendig geworden, denn das neue Medium hatte sich klammheimlich unter dem Deckmantel der Überparteilichkeit nach rechts entwickelt (Hörburger, 21). Dieses Medium wollte Toller auch nutzen, um mit dem Hörspiel *Berlin - letzte Ausgabe!* (Würffel, 95-116) den Bankrott der veröffentlichten Meinung bloßzulegen. Da die Zensur offensichtlich streng verfuhr (Lixl, 206), verfiel Toller auf den simplen aber dramaturgisch wirksamen Trick, die Schlagzeilen einer typischen Berliner Abendausgabe wild zu montieren (Lamb, "Medium" und Dove, "Document") und diese Meldungen über Privates, Triviales, über Unglücksfälle und gestiegene Arbeitslosenzahlen, über die gescheiterten Genfer Abrüstungsverhandlungen und über die drohende Auflösung des Reichstags zu hinterlegen mit Stimmen und Geräuschkulissen. Aus diesem Zusammenschnitt entstand eine düstere Prognose der Weimarer Republik in ihrer Endphase. Gegen die Gesamttendenz des Hörspiels hatte das Innenministerium, dem das Spiel vorgelegt worden war, schwerste Bedenken (Hörburger, 21). Überdies ist dieses Kontrollverfahren ein bedenklicher Beleg für die vorauseilende "Gleichschaltung' eines ehemals freien Mediums (Lerg).

Toller benutzte Film und Funk für seine Zwecke, so gut es ging. Er ließ sich sogar überreden, mit dem nationalsozialistischen Redakteur der *Deutschen Zeitung*, Alfred Mühr, im Rundfunk 1930 zum Thema *Nationalsozialismus. Kulturbankrott des Bürgertums* zu debattieren (*Fall*, 20). Toller brachte die Toleranz in der Begegnung mit Rechtsintellektuellen auf, die heute in der Literatur gänzlich in Abrede gestellt wird (Möller, *Exodus*, 20).[16] Möller wiederholt die These von Walter Laqueur, der Geist von Weimar sei in gewisser Weise unfähig zum Dialog gewesen und fügt selbst hinzu: "Die Linksintellektuellen nahmen von den Rechtsintellektuellen so wenig Notiz wie diese von ihnen" (20). Selbst in Alfred Mührs Autobiographie klingt dies auf Toller bezogen anders.

In der Sache blieb Toller jedoch hart, wie diese Rundfunkdebatte zeigte (Lixl, 205) und ließ jegliche Toleranz vermissen, wenn es gegen den immer stärker werdenden Nationalsozialismus ging, vereinigte er doch schließlich alle bisherigen Kampffelder: Ungerechtigkeit, Militarismus, Rassismus und Intoleranz, wozu sich noch der Nationalismus gesellte.

Tollers Pazifismus und Antimilitarismus machten ihn neben seinem Antichauvinismus den Nationalsozialisten besonders verhaßt. Als er am 8. April 1927 im *Berliner Tageblatt* Werke des Malers und Zeichners Anton

---

[16] Vgl. dazu grundsätzlich Gay.

Hansen besprach und diese unter dem Titel *Die Angst der Kreatur* (AK) stellte, arbeitete er folgenden Gedanken heraus:

> Es gibt kein dümmeres Ideal als das Ideal des Helden. Je lebensnäher ein Mensch ist, um so näher ist er dem Tode, mit andern Worten, um so tiefer gefährdet. Jeder wahrhaft tapfere Mensch kennt die Stunden, da ihn Hilflosigkeit jäh überfällt, Angst vor den elementaren Gewalten, die ihn bedrängen mit unheimlicher Magie. Es blieb dem Europäer vorbehalten, aus seiner Not, seiner kosmischen Isolierung, eine Tugend zu machen.
>
> Dies Wissen um die eingeborene Angst der Kreatur, die herausgerissen wird, war es, was mich am Anfang am stärksten im Werke Anton Hansens ergriff. (AK)

Damit hatte er offensichtlich den Nerv der Rechten bloßgelegt, denn am 20. April konterte der *Völkische Beobachter* unter der Überschrift *Eine Ernst Tollersche Ausschleimung* (*Fall*, 178):

> Am 8. April erschien der jüdische Bolschewist mit einem Artikel "Die Angst der Kreatur". Dessen zweiter Absatz beginnt mit dem Satze: "Es gibt kein dümmeres Ideal als das Ideal des Helden".
>
> In keinem anderen Lande würde sich irgend eine Zeitung für eine derartige Ausschleimung eines jüdischen Gehirnakrobaten herzugeben wagen. In Deutschland aber ist so etwas an der Tagesordnung. (*Fall*, 178)

Man betrachtete Tollers Ausführungen als Verhöhnung des Millionenheeres der deutschen Gefallenen (178).

Diesen einen Satz Tollers führte Joseph Goebbels am 1. April 1933 ins Feld, als er mit seiner berüchtigten Rede in Berlin den "Juden-Boykott" eröffnete. Der Herausgeber der *Gesammelten Werke* Tollers, Wolfgang Frühwald, weist in seiner Einleitung (GW, 1: 9) darauf hin, daß Goebbels Toller neben der Weltbühne und dem Kulturphilosophen Theodor Lessing als Exponenten des deutschen Judentums und "damit als die Hauptfeinde der Nationalsozialistischen Kampfideologie" herausstellte (GW, 1: 9). Goebbels rief:

> Aus den Gräbern von Flandern und Polen stehen zwei Millionen deutsche Soldaten auf und klagen an, daß der Jude Toller schreiben durfte, das Heldenideal sei das dümmste aller Ideale. Zwei Millionen stehen auf und klagen an, daß die jüdische Zeitschrift "Weltbühne" schreiben durfte: "Soldaten sind immer Mörder", daß der jüdische Professor Lessing schreiben durfte: "Die deutschen Soldaten sind für einen Dreck gefallen [...]. (9)

Tollers recht randständige Aussage, aus dem Zusammenhang gerissen, diente Goebbels als Fanal, und markiert einen Tiefpunkt der politischen Entwicklung in Deutschland.

Ernst Toller war sich zu jeder Zeit bewußt, wohin die Nazis steuern würden. Er mahnte und beschwor vergeblich. Spätestens seit dem Streitgespräch im Rundfunk war ihm klar, daß die Nationalsozialisten an der Struktur der bürgerlich-kapitalistischen Gesellschaft nichts ändern würden. Sie würden den politischen Liberalismus zwar ausschalten, den wirtschaftlichen jedoch pflegen: sie würden den Geist durch Seele ersetzen[17]. Das Irrationale würde die Vernunft verdrängen. Toller machte in dem erwähnten Disput deutlich, daß die Nazis nicht die Infrastruktur, die Produktionsmittel und -verfahren ändern, sondern nur die ehemals liberale Gesellschaft ablösen wollten, indem sie mit Nationalismus und kriegerischem Heldentum die einzelnen in einer Gemeinschaft zusammenschweißen würden. Arbeit, Familie und Vaterland waren die Säulen einer neuen Heilslehre auf der Grundlage eines umfassenden darwinistischen Denkens (Ernst Fraenkel, 242). Und dieses Recht des Stärkeren würde nicht nur in den gesellschaftlichen, sondern auch in den internationalen Beziehungen gelten. Das Recht des Stärkeren stand Tollers Sozialismusverständnis, das immer vom Eintreten für den Schwächeren bestimmt war, diametral entgegen (Vogt, 98). Vom Sozialismus hatten die Nazis nur den Klang des Namens genommen[18].

Zu Kurt Eisners 10. Todestag im Februar 1929 sprach Toller in Berlin vor der Liga für Menschenrechte unter dem Titel *In Memoriam Kurt Eisner* (abgedruckt GW, 1: 165-168):

> Die Republik hat alles vergessen und nichts gelernt. Die Reaktion hat nichts vergessen und alles gelernt. Man täusche sich nicht, die Reaktionäre sind heute klüger als ehemals, sind einiger als die Linke. Was ihnen damals fehlte, Selbstvertrauen, Organisation, Wille zur Macht, intellektuelle Kräfte, haben sie gewonnen. Wie sich die Dinge in den nächsten Jahren in Deutschland entwickeln werden, ob in legalen oder illegalen Bahnen, wissen wir nicht. Aber eines wissen wir: wir stehen vor einer Herrschaftsperiode der Reaktion. Glaube keiner, die Periode eines noch so gemäßig-

---

[17] Vgl. den entsprechenden Buchtitel von Ludwig Klages: *Der Geist als Widersacher der Seele*.

[18] Vgl. Toller/Mühr, 1930 und Eichenlaub, *Toller*, 209-210. Ursula Homann meint, ausgerechnet Ernst Toller als Beleg für die Fehleinschätzung des Nationalsozialismus durch die Intellektuellen anführen zu müssen (203).

> ten, noch so schlauen Faschismus werde eine sehr kurze Übergangsperiode sein. Was jenes System an revolutionärer, sozialistischer, republikanischer Energie zerstört, ist kaum in Jahren wieder aufzubauen.
>
> Das Volk hat feinen Instinkt für Mut und Unbedingtheit, für Wahrheit und Glauben an die Sache. Wo es diese Kräfte nicht sieht, erlahmt es.
>
> Möge nicht der Tag kommen, da das Volk seinen Führern nicht mehr folgt, weil es ihnen nicht mehr glaubt. (GW, 1: 168)

Schon im Februar 1929, die NSDAP hatte noch nicht ihren Siegeszug ins Parlament angetreten, sah Toller deutlicher als andere, was sich im taktischen wie im ideologischen Bereich (Sontheimer, *Antidemokratisches Denken*, 279-290) auf der Rechten geändert hatte.

Nach den Reichstagswahlen vom 14. September 1930, als die NSDAP ihre Mandate von 12 auf 107 vervielfacht hatte (Dederke, 280) und zweitstärkste Partei geworden war[19], schrieb Toller am 7. Oktober 1930 in der *Weltbühne* unter dem visionär zu nennenden Titel *Reichskanzler Hitler* (GW, 1: 69-73) in etwa das, was er auch zum Gedenken an Eisner gesagt hatte. Er mahnte aber darüber hinaus, daß es an der Zeit sei, gefährliche Illusionen zu zerstören, denn nicht nur Demokraten, sondern auch Sozialisten[20] und Kommunisten[21] neigten zu der Ansicht, man solle Hitler regieren lassen, dann werde er am ehesten "abwirtschaften".

> Dabei vergessen sie, daß die Nationalsozialistische Partei gekennzeichnet ist durch ihren Willen zur Macht und zur Machtbehauptung. Sie wird es sich wohl gefallen lassen, auf demokratische Weise zur Macht zu gelangen, aber keinesfalls auf Geheiß der Demokratie sie wieder abgeben. (70-71)

Goebbels hatte sich bereits dazu 1928 eindeutig geäußert:

> Wir werden Reichstagsabgeordnete, um die Weimarer Gesinnung mit ihrer eigenen Unterstützung lahmzulegen. Wenn die Demokratie so dumm ist, uns für diesen Bärendienst Freifahrkarten und Diäten zu geben, so ist das ihre eigene Sache [...] Uns ist jedes gesetzliche Mittel recht, den Zustand von heute zu revolutionieren. [...] Man

---

[19] Grundsätzlich dazu Fritz Fischer, *Hitler war kein Betriebsunfall*. Ähnlich schon Silone, 273. – Zu den Wahlergebnissen Hagmann, Milatz, Schanbacher.

[20] Vgl. dazu Flechtheim, "Die Anpassung", sowie Hunt, 147.

[21] Dazu ebenso Flechtheim, *Die KPD in der Weimarer Republik*.

soll nicht glauben, der Parlamentarismus sei unser Damaskus ... Wir kommen als Feinde! (Bracher, *Auflösung*, 375)

Toller beschwor deshalb insbesondere die SPD, indem er ihr ein nur zu richtiges Szenario malte:

> Reichskanzler Hitler wird die Errungenschaften der Sozialdemokratie, auf die Partei so stolz ist, mit einem Federstrich beseitigen. Über Nacht werden alle republikanischen sozialistischen Beamten, Richter und Schupos ihrer Funktionen enthoben sein, an ihre Stelle werden faschistisch zuverlässige Kaders treten. Bei der Reichswehr hat Hitler nicht viel Arbeit, dort braucht er nur die "angekränkelte" Generalität zu ersetzen. Wer heute über Reichswehr, Polizei, Verwaltung und Justiz verfügt, ist in normalen Situationen kaum mehr aus dem Sattel zu heben. Und die Opposition?, werden Sie fragen. Historische Analogien stimmen nicht mehr. Die Entwicklung der militärischen Technik ist dermaßen fortgeschritten, daß, selbst wenn die Opposition sich zur Wehr setzen sollte, sie gegen die Kampfmittel, über die Regierung verfügt, Giftgas, Tanks und Fliegerbomben, nichts ausrichten könnte. (GW, 1: 71)

Nur im Bereich der Außenpolitik[22] unterschätzte Toller Hitler zu diesem Zeitpunkt, da er davon ausging, daß die Nazis ihr außenpolitisches Programm mit den Grundpfeilern "Zerreißung des Young-Plans" und "Aufhebung des Versailler Friedensvertrags" nicht würden umsetzen können. Er meinte, sie würden einen Wandel durch Anbiederung anstreben, aber dafür nach Innen umso tatkräftiger dreinschlagen: "Der Inhalt dieser Tat wird nackter, brutaler Terror gegen Sozialisten, Kommunisten, Pazifisten und die paar überlebenden Demokraten sein" (71).

Tauben Ohren predigte Toller den seiner Meinung nach einzigen Ausweg aus dem Dilemma, der vielleicht noch offenstand:

> Es gibt eine einzige Macht, die noch ernsthaft mit dem Faschismus den Entscheidungskampf aufnehmen [...] könnte, die Einheitsfront der freien Gewerkschaften. (72)

Toller warnte anschließend, wenn heute nichts geschähe, stünde man vor einer Periode des europäischen Faschismus, einer Periode des vorläufigen Untergangs sozialer, politischer und geistiger Freiheit, deren Ablösung nur im Gefolge grauenvoller, blutiger Wirren und Kriege zu erwarten sei (72-73). Die Uhr zeige eine Minute vor zwölf.

---

22 Grundsätzlich zur Außenpolitik der Weimarer Republik vgl. Peter Krüger.

Tollers klarsichtige Analyse und Prognose kann als Beispiel gelten, wie realistisch auch Linksintellektuelle die Lage beurteilen konnten, selbst wenn KPD und SPD sich unversöhnlich gegenüber standen und dem Unheil erst zum Durchbruch verhalfen (Erdmann, *Weimar*). Die Linksparteien hatten sich den Weg verbaut, den Toller als den alleinigen Ausweg aus der Krise sah, die Verwirklichung eines menschlichen Sozialismus durch die "Bündung" aller Gutwilligen. Im Juni 1932 schrieb Toller *Zur deutschen Situation* (GW, 1: 73-76):

> Es gäbe nur noch ein Mittel, den Sieg des Faschismus zu vereiteln: Die Schaffung einer einheitlichen Organisation der gesamten Arbeiterklasse mit klar umrissenen, konkreten Kampfzielen. (75)[23]

5. Das Wort als Waffe wird stumpf

Tollers Wort verhallte in der Endphase der Weimarer Republik weitgehend ungehört: das politische wie das literarische. Sein literarischer Ruhm war verblaßt. In den achteinhalb Jahren, die ihm in der Weimarer Republik in Freiheit verblieben, schrieb er fünf Theaterstücke: *Hoppla, wir leben!* (1927), *Bourgeois bleibt Bourgeois* (1928) in Zusammenarbeit mit Walter Hasenclever, *Feuer aus den Kesseln* (1930), *Wunder in Amerika* (1931), geschrieben mit Hermann Kesten und *Die blinde Göttin* (1932). Er verfaßte ferner Hörspiele, Reiseberichte und Reden. Er veröffentlichte Dokumentarliteratur. Doch mit keiner seiner Schriften konnte er an die sensationellen Erfolge seiner "Gefängnisstücke" anknüpfen (Dove, *He was*, 137). *Bourgeois bleibt Bourgeois* war ein totaler Mißerfolg, lediglich *Hoppla, wir leben!* erreichte annähernd die früheren Erfolge, wohl aber eher wegen der Inszenierung Piscators zur Eröffnung seiner Bühne (Haarmann, 28, und Kane). Der Erwartungs- und Erfolgsdruck muß Toller stark belastet haben.

Doch stärker bedrückte ihn sicher die Gleichgültigkeit oder Voreingenommenheit seiner politischen Arbeit gegenüber. Da er sich nach seinem Austritt aus der USPD nun einmal entschlossen hatte, keiner Partei mehr

---

[23] Zur Machtergreifung vgl. Höhne. Über das Verspielen der Freiheit Hans Mommsen, über verzweifelte Rettungsversuche Kurt Sendtner.

beizutreten, suchte er dennoch in deren Vorfeld eine Plattform für politische Betätigung.[24] Er wurde Mitglied der Gruppe revolutionärer Pazifisten um Kurt Hiller; er war im Führungskreis der Liga für Menschenrechte und nutzte die PEN-Kongresse in Warschau (1930) und Budapest (1932) zur Politisierung der Schriftstellerkollegen. In Brüssel hatte Toller vom 10. - 14. Februar 1927 an einem Kongreß der "Liga gegen die koloniale Unterdrückung" teilgenommen, auf dem er nebenbei Freundschaft mit Jawaharlal Nehru schloß. Mit seiner Teilnahme geriet er wiederum in die Schußlinie der SPD, die ihre Berührungsängste mit Kommunisten pflegte und dadurch kaum sah, daß sich hier erstmals die Stimme der "Dritten Welt" zu erheben begann. Toller schrieb dazu in der *Weltbühne* am 1. März 1927 (GW, 1: 63-68) von einem "Welthistorischen Ereignis" (64), dessen Bedeutung einzig die englische Independent Labour-Party erkannt und deshalb teilgenommen habe. Die deutschen Gewerkschaften und Sozialdemokraten seien ferngeblieben, weil sie eine kommunistische Steuerung gewittert hätten. Auf einen Angriff im *Vorwärts* erwiderte Toller im gleichen Blatt am 16. Februar 1927: "Der Faschismus ist eine solche Gefahr für die europäische Arbeiterschaft, daß ich glaube, man sollte jede Offensive gegen ihn begrüßen [...]" (*Fall*, 171).

Ins Sperrfeuer der Kommunisten war Toller ausgerechnet bei seinem Besuch 1926 in Moskau geraten. In der *Prawda* erschien am 20. März 1926 ein Artikel von Paul Werner (das ist Paul Frölich), der *Die Wahrheit über Ernst Toller* aus der Münchener Räterepublik zum wiederholten Male durch die bekanntlich verzerrende Parteilinse bösartig entstellte (*Fall*, 169-170). Noch in seinen russischen Reisebildern läßt Toller ahnen, wie schmerzlich diese erneute Diffamierung ihn als offiziellen Gast der Sowjetunion getroffen haben muß (*Quer durch*, 96-103).

Aus den zwar episodenhaften Vorfällen wird dennoch deutlich, daß sich Toller mit seiner Entscheidung, keiner Partei mehr beizutreten, jeglicher politischer Tribüne, jeder Möglichkeit der Einflußnahme beraubt hatte. Trotz eifrigsten Bemühens um Plattformen im Vorfeld der Politik gelang es Toller nicht, die Resonanz zu finden, die seine klaren Analysen und seine treffsicheren Prognosen verdient hätten. Er war durch seine politische Posi-

---

24 Zu den verschiedenen Formen intellektuellen Fehlverhaltens vgl. Habermas

tion isoliert, jedenfalls aus heutiger Sicht (Fähnders/Rector). Den Zeitgenossen waren diese Analysen wohl zu abseitig und unrealistisch vorgekommen. Vielleicht hatte Toller Recht, weil er von jeder politischen Position isoliert war.

Als am 27. Februar 1933 der Reichstag brannte und Hitler seit einem Monat Reichskanzler war, befand sich Toller im Rahmen einer Lesereise in Zürich. Nun war auch er von Deutschland ausgestoßen.[25]

Sein Kampf mit dem Wort gegen Militarismus, Wiederaufrüstung, Nationalismus, Rassismus, Intoleranz und Ungerechtigkeit verschmolz in seinen Teilen zum Kampf gegen den Nationalsozialismus, der all das hochhielt, was Toller verabscheute[26]. Nun stellte sich für ihn auch die Frage, ob das Wort als Waffe, einmal stumpf geworden, noch genügte, oder ob nicht erneut die Frage nach dem Einsatz von Gewalt aufgeworfen werden mußte.

---

[25] Am 15. Februar 1933 schrieb Toller an Mirko Kus-Nikolajev: "In Deutschland ist alles so gekommen wie wir es seit Jahren voraussagten. Aber Hitler konnte nur darum zur Macht gelangen, weil die Arbeiterschaft zersplittert ist. Ich glaube, Sie haben vor Jahren meinen Aufsatz ""Reichskanzler Hitler"" publiziert. Es war wirklich nicht schwer, die Entwicklung vorauszusehen." (Kopie Spalek)

[26] Allgemein dazu Thamer.

VII. EXIL (1933 - 1939)

Wer jetzt noch gezweifelt hatte, mußte spätestens nach dem Machtantritt der Nationalsozialisten erkennen, daß Literatur und Politik zusammenhängen (Jürgen Klein, 65, Hans-Albert Walter, "Literatur im Exil"). An keiner Erscheinung läßt sich dies besser ablesen, als am Exil. Viele Schriftsteller wollten sich auch zu diesem Zeitpunkt noch um eine deutliche Stellungnahme herumdrücken. Kein anderer riskierte so deutliche Worte wie Oskar Maria Graf in der Wiener *Arbeiterzeitung* am 12. Mai 1933, als er als Antwort auf die nationalsozialistische Bücherverbrennung vom 10. Mai 1933 die Parole ausgab: "Verbrennt mich!".

Für viele wäre das Verbleiben in Deutschland ein Risiko gewesen, obwohl der Grund nicht in ihrem Werk zu suchen war. "Rassische" und politische Motive standen im Vordergrund, als man oft Hals über Kopf fliehen mußte. Dabei kam für den einen oder anderen die angemessene Unterwerfung unter das neue Regime aus dem einen oder anderen Grund nicht in Betracht[1]. Für viele Künstler war der Hauptbeweggrund zu gehen eine extreme Bedrohung der künstlerischen Freiheit. Andere verstanden den Schritt als humanen Protest gegen die heraufziehende Unmenschlichkeit (Möller, *Exodus*, 12).

---

[1] Als Gegenbeispiel kann Gottfried Benn mit seinem Aufsatz "Der neue Staat und die Intellektuellen" von 1933 gewertet werden. – Allgemein zu Frage des Exils vgl. Sigrid Schneider. Sternfeld/Tiedemann (15) ermittelten 1800 Autoren als Exilanten.

1. Kampf für die Menschenrechte

Für Ernst Toller trafen so gut wie alle Ursachen zu. Der jüdische Anarchist hatte die Nazis gereizt, bis sie schäumten vor Wut, wie ich oben an den Äußerungen von Goebbels gut darlegen konnte.

Dennoch hatte Toller offensichtlich ernsthaft vor, nach dem Reichstagsbrand nach Deutschland zurückzukehren, obwohl ihn das Glück einmal in die Schweiz geführt hatte, als es in Berlin mehr als brenzlig geworden war. Er war so der Verhaftung und gewiß auch der Ermordung entgangen, wie die Schicksale Erich Mühsams und Carl von Ossietzkys deutlich zeigen. Der Verleger Fritz H. Landshoff schreibt in seinen *Erinnerungen* (27), daß er Mitte Februar 1933 in der Schweiz seinen Freund Ernst Toller traf, der mit ihm in Berlin seine Wohnung geteilt hatte, und der "fest entschlossen" war, in diese gemeinsame Wohnung zurückzukehren. Landshoff schildert es als "äußerst schwierig" (27), Toller davon zu überzeugen, vorläufig in der Schweiz zu bleiben und auf weitere Nachricht von ihm aus Berlin zu warten. Landshoffs Sorge stellte sich als sehr begründet heraus. SA-Leute hatten in der Wohnung bereits nach Toller gesucht (28). Ernst Toller war also vorläufig in relativer Sicherheit. Seine Idee zurückzukehren, mag zwar verwegen klingen, sie paßt aber zu ihm: Nicht daß er die Lage falsch einschätzte, im Gegenteil, er wich keinem Kampf aus[2].

Nun hatte sich Toller damit abzufinden, daß er im Exil war. Abgeschnitten von seinen Lesern, schätzte er auch diesen Zustand bald illusionslos ein. An Emil Ludwig schrieb er am 11. Januar 1934:

> Ich habe zuweilen daran gedacht, die Emigration zu sammeln, mit der strengen Disciplin einer Legion - es wäre ein vergebliches Beginnen. Die Emigration von 1933 ist ein wüster Haufe aus zufällig Verstoßenen, darunter vielen jüdischen verhinderten Nazi, aus Schwächlingen mit vagen Ideen, aus Tugendbolden, die Hitler verhindert, Schweine zu sein, und nur wenigen Männern mit Überzeugung. Deutsche, allzu Deutsche . (DLA)

In diesem Brief charakterisierte Toller schon 1934 die heterogene Gruppe der Exilanten. Er hatte sich sehr nachdrücklich bemüht, immer noch der

---

[2] Zu Tollers Rolle als Politiker aus eher zeitgenössischer Sicht vgl. George Grosz, 269-270 und dazu wiederum Lewis.

Lehre und Taktik Eisners verpflichtet, eine Einigung aller oppositionellen Gruppen im Exil herbeizuführen, die Zersplitterung der politischen Kräfte aufzuheben. Damit schien er zunächst auch Erfolg zu haben.

Unmittelbar nach den Bücherverbrennungen (Soudek und Walberer) im Nazideutschland, bei denen auch die Schriften Ernst Tollers in Flammen aufgingen (Serke, *Dichter*, 20), fand noch im Mai 1933 in Ragusa, dem heutigen Dubrovnik, ein internationaler PEN-Club-Kongreß statt. Wie oben bereits angedeutet, glaubten viele Autoren immer noch, die Augen vor der Politik verschließen zu können. Toller hatte ihnen bereits auf früheren Kongressen, z.B. in Budapest 1932 oder in Polen 1930 deutlich gesagt, daß eine Schriftstellerorganisation politische Verfolgung, Zensur und Beschneidung des Rechts auf freie Meinungsäußerung nicht ignorieren könne. Nicht einmal drei Wochen, nachdem der Literatur in Deutschland die Scheiterhaufen errichtet worden waren, mußte der PEN-Kongreß in Ragusa sich damit auseinandersetzen und dazu Stellung beziehen.

Die deutsche Delegation, bereits von allen Juden und von politisch für das neue System unzuverlässigen Autoren "gesäubert" (Schäfer), bestand aus Hans Martin Elster, Edgar von Schmidt-Pauli und Fritz Otto Busch, denen es schon auf der Überfahrt von Triest nicht gelang, anderen Poeten-Passagieren deren antinazistische Grundstimmung auszureden. Auf dem Kongreß selbst versuchten sie mit allen Mitteln zu verhindern, daß Toller sprechen durfte; dies war auch einfach, denn Toller und andere waren aus der deutschen Sektion des PEN ausgeschlossen worden[3] und am Anfang des Exils gab es keine entsprechende organisatorische Plattform für Exilautoren. Er war jedoch von der englischen Delegation als Teilnehmer benannt worden.

Als er nach Kongreßbeginn im Veranstaltungsgebäude ankam, sorgte er allein mit seinem Erscheinen für Furore. Während die einen klatschten, buhten ihn die anderen aus. Der Präsident des Kongresses, H. G. Wells, setzte daraufhin die Themen "Bücherverbrennung" und "Zensur" auf die Tagesordnung. Seine Aufforderung an Toller, Stellung zu nehmen, quittierte

---

[3] Tollers Ausbürgerung aus Deutschland folgte unmittelbar danach. Er war bereits auf der ersten Liste im August 1933. Bis Ende 1944 folgten weitere 38.609 Personen. (Lehmann, 72-73)

die reichsdeutsche Delegation mit ihrem Auszug während der Rede Tollers. Ihr folgte erstaunlicherweise die österreichische, die Schweizer und die holländische Delegation. (Macfarlane Park, 24-35)

Ernst Toller ergriff am darauffolgenden Tag das Wort (GW, 1: 169-173) und meinte eingangs, ihm sei von vielen Seiten, aus Gründen der Nützlichkeit, geraten worden, zu schweigen. Er vertrat jedoch die Ansicht, der Schriftsteller sei einzig dem Geist verpflichtet. Wer glaube, daß neben der Gewalt auch moralische Gesetze das Leben regierten, dürfe nicht schweigen. Toller machte deutlich, daß er seinem zufälligen Schweizaufenthalt seine Freiheit verdanke. Deshalb fühle er sich allen Kameraden verpflichtet, die in Deutschland im Gefängnis seien. Danach geißelte er die Untätigkeit des deutschen PEN-Clubs angesichts der Bücherverbrennung. Tollers Fragen prasselten rhetorisch gekonnt nieder, als er wissen wollte, was der deutsche PEN-Club "gegen die Verjagung der bedeutendsten deutschen Universitätsprofessoren und Gelehrten getan habe" (171), was er darüberhinaus gegen Berufsverbote von Künstlern getan habe. Toller stellte fest, in einer Zeit des tobenden Nationalismus', des brutalen Rassenhasses zu leben, in der die Vernunft verachtet und der Geist geschmäht werde (172). Toller warnte, die Stimme des Geistes, die Stimme der Humanität werde von den Mächtigen nur dann beachtet, wenn sie als Fassade diene für politische Zwecke; sie würden aber dann verfolgt, wenn sie unbequem würden (173). Abschließend brachte Toller seinen Zweifel zum Ausdruck, ob es in diesem Europa noch oft die Möglichkeit geben werde, sich zu versammeln und miteinander zu sprechen, und er appellierte deshalb an alle, sich zu vergegenwärtigen, daß in ihnen allen das Wissen um eine Menschheit lebe, die befreit sei von Barbarei, von Lüge, von sozialer Ungerechtigkeit und Unfreiheit (173). Toller hatte sich zum Sprachrohr für die "Millionen Menschen in Deutschland" gemacht, die nicht frei reden und schreiben durften (172) und hatte damit erstmals auch formuliert, was das Exil einigen sollte, nämlich ein "anderes Deutschland" repräsentieren zu wollen, was gewissermaßen zum Topos der Exilliteratur wurde.[4]

Mit einem Schlag war Toller wieder in aller Munde. Seine Rede wurde in der internationalen Presse stark beachtet (Spalek, *Bibliographie*).

---

[4] Zur Verkümmerung dieser Vision vom "anderen Deutschland" äußerte sich Günter Grass 1985.

In Sarajevo gab Toller noch ein Interview (GW, 1: 278-280), in dem er bestritt, er habe Konflikte mit den deutschen Delegierten beilegen wollen. Das Gegenteil sei seine Absicht gewesen: Er habe sie Auge in Auge stellen wollen. Aber der Plan sei gescheitert:

> An der Konfusion, die im Kongreß herrschte, an der Schwäche, Unentschlossenheit und Unsolidarität einzelner Schriftsteller. Hundert Bauern, wenn sie zusammensitzen und über ihre Interessen sprechen, wissen, worum es geht, und keine Macht ist im Stande, sie vom Wesentlichen abzubringen. Schriftsteller, wenn sie in Haufen zusammenkommen, scheinen ihre Urteilskraft zu verlieren. (279)

Das kann man von Toller nicht behaupten. Er bringt die Auseinandersetzung, um die es geht, im selben Interview auf den entscheidenden Punkt: "Es handelt sich um gar nichts anderes, als um die kulturelle Forderung geistiger Freiheit, um den Kampf für die Rechte des Menschen". (280)

Um diese Kernfragen kreiste sein beharrlicher Kampf in den verbleibenden sechs Jahren im Exil.

2. Sammlung der einzelnen im Exil gegen den Nationalsozialismus

Ernst Toller blieb in den ersten Monaten seines Exils in Zürich. Wie viele andere wartete er die Entwicklung in Deutschland als naher Beobachter ab[5]. Man hielt sich in Nachbarländern auf, die einigermaßen erträgliche Lebensbedingungen für Asylanten gewährten, wozu eigentlich die Schweiz nicht gehörte, und bildete gleichsam einen Ring um Deutschland. (Feilchenfeldt, 48 und Badia, *Les barbelés*)

In Holland war schon im Sommer 1933 unter dem Lektorat von Tollers Wohngenossen Fritz H. Landshoff der Querido Verlag gegründet worden (Landshoff, *Erinnerungen*, 42). Landshoff hatte sich seinem holländischen Teilhaber gegenüber verpflichtet, mindestens sechs Bücher von deutschen Autoren im Exil bis Herbst 1933 herauszugeben (45). Das Herbstprogramm bestand dann sogar aus neun Büchern (59). Dafür hatte Lands-

---

[5] Vgl. dazu auch Hoegner, *Flucht vor Hitler* und Jungk, *Franz Werfel*.

hoff u.a. Heinrich Mann, Alfred Döblin, Lion Feuchtwanger, Gustav Regler, Joseph Roth, Anna Seghers und Arnold Zweig gewonnen. Dazu kam Ernst Tollers Autobiographie *Eine Jugend in Deutschland* (GW, 4). Von der Auflage wurden schnell 6000 Exemplare verkauft. Landshoff wertet dies als unerwarteten Erfolg (82). Für ihn war es aber auch, wie für viele andere, "das schönste seiner [Tollers, d. Verf.] Werke, ein in seiner Einfachheit unvergeßliches menschliches Dokument" (112).

Toller schreibt einleitend zu *Eine Jugend in Deutschland*, wer den Zusammenbruch von 1933 begreifen wolle, müsse die Ereignisse von 1918 und 1919 in Deutschland kennen (7), von denen er in seinem Lebensrückblick berichtet. Einfühlsam schildert er seine Kindheit, seine Außenseiterrolle als Jude, die er gezwungenermaßen auch als Kriegsfreiwilliger beibehalten muß; er beleuchtet schlaglichtartig die Szenen der Revolution in Bayern und seine Protagonistenrolle; die dramatische Flucht, seine Verurteilung, die teilweise absurd anmutende Haftzeit und ihre kläglichen Bedingungen werden dargestellt, bis er, aus Bayern abgeschoben, im Zug Bilanz der fünfjährigen Haft zieht und das Buch mit den Sätzen beendet: "Ich bin dreißig Jahre. Mein Haar wird grau. Ich bin nicht müde" (235).

Selbstkritisch hat Toller nicht nur seine Jugend versucht darzustellen, "sondern die Jugend einer Generation und ein Stück Zeitgeschichte dazu" (7). Er verfolgte mit der Publikation eine offen didaktische Absicht. Insbesondere die Jugend, seinen immer wieder bevorzugten Adressatenkreis, wollte er aufrütteln.[6]

Er schließt seine Vorrede mit dem Appell: "Wenn das Joch der Barbarei drückt, muß man kämpfen und darf nicht schweigen. Wer in solcher Zeit schweigt, verrät seine menschliche Sendung" (11). Tollers Aufruf wurde zuallererst von ihm selbst befolgt. Er unterschreibt die Vorrede gewissermaßen mit dem Datum "Am Tag der Verbrennung meiner Bücher in Deutschland" (11). Dieser Tag hatte Toller dazu gebracht, endgültig vom Schreibtisch aufzustehen und gegen die nationalsozialistische Barbarei zu kämpfen. Dafür suchte er nun Mitstreiter, die er einigen wollte. Denn die

---

[6] Prümm meint, Toller habe versucht, ein emanzipatorisches Modell von Jugend zum Leitfaden seiner autobiographischen Erinnerungen zu machen. Zur Benutzung apokalyptischer Symbole durch Toller vgl. Vondung, 538.

Zersplitterung der linken Kräfte, ein Topos, der auch in *Eine Jugend in Deutschland* (157) immer wiederkehrt, sollte beendet werden. Um dies bewußtzumachen, bediente er sich einer retrospektiven Analyse der politischen Verhältnisse, die das bewirkt hatten, wogegen man jetzt wenigstens gemeinsam kämpfen sollte.

Nach dem PEN-Kongreß in Ragusa im Mai 1933 trat Toller als Redner auf mehr als 200 Veranstaltungen weltweit auf. Inhalt und Absicht seiner Reden war immer gleich: schonungslose Abrechnung mit den Nazis und Aufruf zu ihrer Ablösung von der Macht; und dennoch oder gerade deshalb waren seine Auftritte - oft vor tausenden von Menschen - sehr begehrt.

Er vernachlässigte darüber nicht unbedingt seine rein literarische Arbeit; schließlich gelang es ihm, in den sechs Exiljahren neben seiner Autobiographie *Briefe aus dem Gefängnis* (1935) (GW, 5) herauszubringen[7], er schrieb die Stücke *No more peace* (1934/35) und *Pastor Hall* (1938), arbeitete an Drehbüchern, Aufsätzen, Reportagen, Reden und Gedichten[8].

Toller wuchs eine neue politische Rolle zu: Hatte nach dem Ersten Weltkrieg die empörte Menschheit "Nie wieder Krieg!"[9] gerufen, war Ernst Toller zu ihrem Sprachrohr für die Bühne geworden; jetzt, nach der nationalsozialistischen Machtergreifung, trat Ernst Toller weltweit auf, um dem deutschen Schreckensregime die Maske der Biederkeit abzureißen und das wahre Gesicht der Brutalität zu offenbaren. Er wurde nebenbei zum Hauptvertreter eines "Anderen Deutschlands" und gerade in England als "Märtyrer für die Menschenrechte verehrt" (Kantorowicz, *Politik und Literatur*, 277).

---

[7] Seine Briefe waren nicht in die Hände der Nazis gefallen, sondern durch hilfreiche Menschen an ihn gelangt, obwohl sein Besitz beschlagnahmt und er selbst als einer der ersten ausgebürgert worden war (*Fall*, 21 und Freydank).

[8] Und dennoch ist der Vorwurf, er habe im Exil kein einziges bedeutendes Werk mehr geschrieben, offensichtlich unausrottbar, den Hans-Jörg Knobloch noch 1974 in der *Neuen Zürcher Zeitung* erhebt. Zum Exiltheater allgemein vgl. Wächter.

[9] Vgl. den ähnlichen Gedanken von Hans Sahl, *Das Exil im Exil*, 39.

Ab Februar 1934 ließ sich Toller in England nieder. Es wurde ihm nach eigener Aussage zur zweiten Heimat (Dove, *He was*, 211)[10]. Bis September 1936 hatte er dort zwar seinen festen Wohnsitz, reiste aber unglaublich viel: 1934 mehrere Wochen nach Rußland, 1935 verbrachte er den Sommer in Frankreich, um im Frühjahr 1936 mehrere Wochen nach Spanien und Portugal aufzubrechen (*Fall*, 22-23). Dabei beteiligte er sich an zahllosen antifaschistischen Initiativen: Er unterstützte die Kampagne zur Freilassung von Ernst Thälmann und von Carl von Ossietzky[11] und vieler anderer (GW, 1: 173-178). Auf dem PEN-Club-Kongreß in Edinburgh 1934 warnte Toller davor, angesichts von Zehntausenden von Emigranten die eingekerkerten Schriftsteller zu vergessen (173). Die, die nur deswegen inhaftiert waren, weil sie Werke veröffentlicht hatten, "deren Ideengehalt den jetzigen Machthabern zuwiderläuft" (173), nannte Toller namentlich: "Carl von Ossietzky, Ludwig Renn, Fritz Gerlich, Fritz Küster, Werner Hirsch, Klaus Neukrantz, Carlo Mierendorff, Willy Bredel und andere" (173)[12].

Kantorowicz schreibt (92), daß sich die Beispiele für die Unterschätzung des nationalsozialistischen Terrors vertausendfachen ließen. Als Zeugen benennt er den sonst so scharfsichtigen Kurt Tucholsky, der "ahnungslos wie der letzte" (92) gewesen sei, als er am 4. März 1933 an Walter Hasenclever über die Verhaftung Carl von Ossietzkys geschrieben habe: "Ich glaube keinesfalls, daß sie ihm etwas tun, er ist in der Haft eher sicherer als draußen [...]". (92).

Ernst Toller muß man von dieser Unterschätzung in der Tat ausnehmen. Schon in seiner Edinburgher Rede (GW, 1: 174) sagte er: "Ich könnte Berichte von Zeugen aus dem Konzentrationslager anführen, daß Sie ein Gefühl der Scham überkommen würde vor der Erniedrigung des Menschen durch den Menschen (174). Und Toller fährt fort:

---

[10] Zum Exil in Großbritannien vgl. allgemein Hirschfeld. Zur Rezeption von Tollers Dramen in England Dove "The Place" und ders. "Problemreiche Zusammenarbeit".

[11] Vgl. dazu Peter Weiss. *Die Ästhetik des Widerstands*. Toller versuchte auch die Frau Ossietzkys zu unterstützen wie aus dem Brief an Viertel vom 17. November 1934 (DLA) hervorgeht.

[12] In der Carlo Mierendorff-Biographie Richard Albrechts wird Ernst Toller nicht erwähnt, obwohl der Apparat- und Literaturteil mit rund 240 Seiten genauso umfangreich ist wie die eigentliche Biographie. – Zum Widerstand in Deutschland vgl. Löwenthal und zum Begriff Broszat.

> *Jeder, der hören wollte, hat hören können. Jeder, der wissen will, muß wissen. Wer nicht hörte, wollte nicht hören, wer nicht weiß, will nicht wissen. Wer vergißt, will vergessen (174).*
>
> [Kursive Hervorhebung durch Toller]

In dieser Rede erwähnte Toller auch, daß die bereits aus Deutschland Vertriebenen auch im Ausland verfolgt würden (175). Er selbst war der Bespitzelung schon lange ausgesetzt. Bereits 1928 war Toller auf einer Italienreise von zwei Spitzeln ununterbrochen beobachtet worden, weiß Landshoff in seinen Erinnerungen (114-115) zu berichten. Nach 1933 waren es die deutschen diplomatischen Vertretungen im Ausland, die Toller beobachteten und über ihn ans Auswärtige Amt berichteten, die sogar Auftritte und Einreisen, wie beispielsweise in Irland, verhinderten (*Fall*, 203-210) und die seiner sogar gern habhaft geworden wären[13]. Seine Polizeiakten wurden wie seine Fahndung penibelst fortgeschrieben (*Fall*, 209-210).

Düsterer wurden Tollers Worte bereits im November 1933 in der *Rede im Englischen jungen PEN-Club* (GW, 1: 189-193), wo er keineswegs mehr die Bitterkeit unterdrücken wollte, die er empfand bei der Erinnerung an all jene Schriftsteller, die aus Deutschland verjagt und verstoßen oder innerhalb Deutschlands verfolgt, getötet und in den Selbstmord getrieben wurden. Und nur darum, "weil sie die Freiheit nicht preisgeben wollen, oder weil sie der sogenannten niederen Rasse angehören" (189).

Toller machte an gleicher Stelle dingfest, wo Politik und Literatur sich unversöhnlich gegenüberstehen:

> Der Staat verlangt häufig vom Schriftsteller, daß jener banale Optimismus in seinem Werk lebe, der die Regierungsmänner, das öffentliche Leben, die Zeitungen, die Hollywoodfilme auszeichnet. Aber es ist nicht die Aufgabe des wahrhaften Künstlers, ein happy end zu zeigen, das nirgends heute in der Welt sichtbar wird. Sondern im Gegenteil, die Zeit zu richten, wenn die Zeit den Geist verrät. (191)

Für Toller ist die geistige Freiheit unabdingbar. Dieser moralische Aspekt, der bei ihm immer im Vordergrund steht, kommt in seiner anschließenden

---

[13] Über eine vermutete Entführung schrieb Toller u.a. an M. Meloney am 27. April 1935. Das Schicksal Berthold Jacobs blieb ihm aber erspart, dank seines Mißtrauens, schrieb er am 28. März 1935 an Olden (DB).

Aufforderung zum unbedingten Widerstand gegen Gewalt und Unrecht zum Ausdruck:

> Wir wissen nicht, wo morgen die Jagd beginnt. Da hilft nur eines: Stehe zu Deinen Überzeugungen. Sei tapfer. Bekenne Dich in jedem Werk und in jeder Tat. Überwinde die Furcht, die Dich erniedert und demütigt.
>
> Ich kenne nur zu gut die Verzweiflung des Dichters, der in solcher Zeit und in solcher Welt lebend, fragt: Was hat meine Arbeit für einen Sinn? Wozu Gedichte schreiben, wozu Romane, wozu Dramen? Wer will von ihnen wissen? Für die Herrschenden hat ein neuer Tank, ein neues Giftgas tausendmal höheren Wert als ein großes Kunstwerk. Aber wer so spricht, ist kurzsichtig. Tatsachen triumphieren eine kurze Zeit, am Ende sind sie ohnmächtig vor der Gewalt der Idee. Jedes Unrecht, das irgendwo in der Welt geschieht, geht uns an. Vor den Geboten des Herzens und der Gerechtigkeit gibt es keine nationalen Grenzen. Auch Diktatoren haben Furcht, die Furcht vor dem Urteil der Welt. (GW, 1: 192-193)

Kantorowicz schrieb über diese Rede, es sei naheliegend, daß einer, der das wirklich meinte, in dieser Zeit an seiner Überzeugung zugrunde gehen mußte (229). Diesem fast zynisch wirkenden Aphorismus stellt Hans Sahl eine andere Überlegung über die Gründe des Scheiterns zur Seite, als er in alten Tagebüchern blättert und Brecht mit Toller vergleicht:

> Brecht ist, wie Strawinsky, den Weg der "Auskältung" und "Einfrostung" gegangen. Er hat sich gegen die "Einfühlung" gewandt. Er war gegen Toller und die "Mitleidsdichtung" - aus Gefühlsscham. Toller war ein anständiger Mensch, aber ein mittelmäßiger Dichter, der Gesinnung gern mit Sentimentalität vermischte, und um dies zu erkennen, dazu bedurfte es nicht erst einer Ästhetik, die das "unorganisierte" Mitleid grundsätzlich ablehnte und als reaktionär oder konterrevolutionär denunzierte.
>
> Die Frage erhebt sich, ob nicht mit dieser Abschaffung des Mitleids als einer spontanen zwischenmenschlichen Attitude der Boden für eben jenes Totalitäre vorbereitet wurde, in dem es nur noch kontrollierte Emotionen geben sollte und das Mitleid nur dann gestattet war, wenn es nach Ansicht der Machthaber geschichtlich "richtig lag". Die Auskältung und Einfrostung der zwischenmenschlichen Beziehungen im Stalinismus und im Nationalsozialismus, die Betrachtung des Menschen von außen, der nun zum bloßen Material der Geschichte wurde - dies alles ist von Brecht gewissermaßen dichterisch vorweggenommen und ästhetisch salonfähig gemacht worden. Dabei ergibt sich der gewiß dialektisch zu nennende Widerspruch, daß bei ihm die Qualität des Dichtens ins Gegenteil umschlug und die Theorie zu einer von ihm natürlich nie gewollten materiellen Gewalt führte, von der er sich distanzierte, indem er sie nicht zur Kenntnis nahm". (Sahl, *Das Exil*, 147)

Der Vorwurf der Larmoyanz, der Sentimentalität, gegen Toller gerichtet, taucht übrigens öfter auf. Diejenigen, die so kühl und besonnen die Entwicklung betrachteten, hatten vielleicht auch mehr Gleichmut, als sie wie Toller mitansehen mußten, daß das Jahr 1936 dem Nationalsozialismus in der Tat die Stabilität und die Anerkennung durch das Ausland gebracht hatte, die niemand erwarten konnte. Die Olympischen Spiele von Berlin und Garmisch einerseits und die Machtprobe Hitlers mit dem Ausland durch die Besetzung der entmilitarisierten Zone des Rheinlandes andererseits, legte offen, wie stark und unangefochten das nationalsozialistische Regime inzwischen war. Darüberhinaus führte das mit Deutschland verbündete faschistische Italien und der ausbrechende spanische Bürgerkrieg ständig vor Augen, wie gefährdet auch andere Länder waren. Anfang dieses entscheidenden Jahres 1936 schrieb Ernst Toller in der *Neuen Weltbühne* am 30. Januar eine deutliche

> Mahnung
>
> Die Herren im Reich dürfen zufrieden sein. Drei Jahre - und welche Jahre! - sind ins Land gegangen, und noch immer fehlt die einheitliche Front der Gegner, noch immer wird die Tat zerschrieben und zerredet.
>
> Haben wir nichts gelernt?
>
> Wir verraten unsere Kameraden in Deutschland, wir verraten das künftige freie Reich, wenn wir uns nicht endlich, endlich finden.

Je mehr Tollers Hoffnung auf Einigung aller antifaschistischen Kräfte schwand, desto intensiver, desto verzweifelter wurde sein Eintreten für eine Volksfront einerseits und für eine Verbesserung der Lebensbedingungen der Flüchtlinge andererseits.

Die Saarabstimmung, bei der am 13. Januar 1935 über 90% der Wahlberechtigten für eine Rückgliederung an Hitler-Deutschland stimmten, war für die Emigranten insgesamt ein schwerer Schlag, der ihnen bewußt machte, daß sie sich auf eine längere Zeit im Exil einzustellen hatten. Gleichwohl beförderte dieses politische Ereignis die Einsicht in die Notwendigkeit eines breiteren Zusammenschlusses, insbesondere auch unter den Deutschen. Im "Saarkampf", in dem es um den künftigen Status des Saargebiets ging (Anschluß an Frankreich, Rückgliederung ins Deutsche Reich oder Beibehaltung des Status quo unter Völkerbundsmandat) kam es erstmals auch auf deutschem Boden zu einer Einheitsfront, um für den Status quo zu kämpfen.

Hier vollzog sich auf politischer Ebene endlich, wofür Toller schon während der Weimarer Republik eingetreten war. Begünstigt wurde dies durch die Einheitsfrontbestrebungen, die sich auf dem Moskauer Schriftsteller-Kongreß vom August 1934 Bahn brachen (Klaus Mann, *Briefe*: 1, 197), wozu man nach Weggenossen zu suchen begann. Dies impliziert eine deutliche Kursänderung durch die III. Internationale. Bündnispolitik statt Klassenkampf und Einheitsfront statt Rotfront bedeutet eine starke Annäherung an Künstler und Intellektuelle. Sie sollten gewonnen werden, notfalls auch unter Hintanstellung eigener ideologischer Vorbehalte. So werden nunmehr auch Werke toleriert, die vordem als bürgerlich denunziert worden waren (Betz, 106). Insbesondere Johannes R. Becher trat auf dem Kongreß für eine Öffnung zu linksbürgerlichen Schriftstellern ein (Schmitt, *Sozialistische Realismuskonzeptionen*, 246), da man sich nunmehr einem verbindlichen Kulturkanon gemeinsam verpflichtet sah. Die neue Gemeinsamkeit fand ihren vorläufigen Ausdruck in der Losung: für den Humanismus, gegen die Barbarei, der Toller als Gast des Kongresses uneingeschränkt zustimmen konnte. Für ihn war die Losung nicht neu. Seine Rede wurde als bedeutender Beitrag antifaschistischer Zusammenarbeit gewertet (*Internationale Literatur*, 4.5 (1934): 42-44).

Was sich nunmehr politisch als Volksfront abzeichnete, hatte die Literatur, besonders die Ernst Tollers, bereits vorweggenommen.[14] Neben dem literarischen Engagement griff nun als Parole die "Verteidigung der Kultur" (Betz, 105 und 107). Unter dieses Leitmotiv stellte man einen internationalen Schriftstellerkongreß in Paris im Juni 1935. Mit ihm übertrug man die antifaschistische Sammlungsbewegung in den kulturellen Bereich ("Ich fordere", *Die Zeit*). "Für die engagierten Intellektuellen hat keine Bewegung in den dreißiger Jahren größere symbolische Bedeutung erlangt als dieser Kongreß [...]" (Betz, 107-108).

Sicher läßt sich behaupten, daß eine derart idealistische Konzeption der Kunst auch ihre Entpolitisierung befördert habe (Betz, 110). Die zu-

---

[14] Grundsätzliches zum Thema bei Kuttenkeuler.

nehmende Preisgabe antibürgerlicher Positionen in der Politik der marxistischen Linken sowie die Opferung der künstlerischen Avantgarde zugunsten der Sammlung der Massen um jeden Preis, kann man bedauern oder als "Fetisch der 'linken' Majorität" anprangern, wie Walter Benjamin (Benjamin, 732), aber positiv gewendet kann man einem der Schlußredner des Kongresses, Vaillant-Couturier, zustimmen, der meinte, im Ringen zwischen der Barbarei und der Kultur gehe es für die Kultur um die Eroberung der Mehrheit (Betz, 110-111 und Badia/Roussel).

Dies bedeutet selbstverständlich auch, daß das gesellschaftspolitische Ziel der Verwirklichung des Sozialismus zurücktritt hinter ein gemeinsames Kulturideal, das die Basis im Kampf gegen den Faschismus bildet. Für Toller bedeutete dies keineswegs einen Rückzug auf Kultur und Ästhetik. Er ging, wie er in seiner Rede *Unser Kampf um Deutschland* (GW, 1: 198-209) 1937 klar formulierte, davon aus, daß Kunst nicht einen ästhetischen, sondern einen moralischen Charakter habe. Der Künstler sei deshalb verantwortlich für die Werte der Kultur (208). "Es ist seine Aufgabe, das spontane Gefühl für Menschlichkeit, Freiheit, Gerechtigkeit und Schönheit zu erwecken und zu vertiefen" (208).

Toller kleidet sein sozialistisches Vokabular nicht nur in bürgerliche Begriffe, die ihren Wertbezug in der Französischen Revolution finden, sondern für ihn waren diese Werte, wie oft gezeigt, eher an die Gedanken Gustav Landauers angelehnt, als marxistischer Begrifflichkeit entnommen. Deshalb treffen für Toller die kritischen Argumente von Benjamin und insbesondere auch von Bertolt Brecht nicht zu, wonach in der Volksfront politischer Revisionismus und bürgerliche Kunstkonzepte eine unheilige Allianz eingegangen seien (Betz, 113).

Brecht benannte auf dem Kongreß am Schluß seiner Rede als Grund für den Faschismus die bestehenden Eigentumsverhältnisse (GW, 18:246)[15]. Toller formuliert die Gegenbegriffe Freiheit und Gerechtigkeit. Toller argumentiert also moralisch, Brecht hingegen ökonomisch-materialistisch. Insofern zeigt sich doch ein großer, nicht nur begrifflicher Unterschied. Aber nicht nur seine abweichende Terminologie drängte ihn immer wieder

---

[15] Vgl. auch die Texte "Ich fordere" in *DIE ZEIT* und bei Wolfgang Klein.

an den Rand. So bemerkte selbst Klaus Mann, der mit Toller befreundet war und an dessen Exilzeitschrift *Die Sammlung* er entscheidenden Anteil hatte, beim gemeinsamen Moskauaufenthalt 1934:

> Ernst Toller, in dessen revolutionärem Pathos das emotionell-humanitäre Element bestimmend war, neigte zu Abweichungen, die von den strenggläubigen als 'kleinbürgerlich-sentimental' gegeißelt wurden. (Mann, *Wendepunkt*, 330)

Unter dem Begriff "Volksfront" verstanden Intellektuelle immer mehr ein Gesamtkonzept zur Verteidigung der Kultur. Die ideale Integrationsfigur, der sich auch Ernst Toller anschließen konnte, war Heinrich Mann, den sein Neffe Klaus Mann bereits für ein Patronat für seine *Sammlung* gewonnen hatte (Naumann, *Klaus Mann*, 62), und der den Nazis im Aufsatz "Haß" vorwarf, gegen den Geist den Pöbel aufzuhetzen.

Heinrich Mann präsidierte einigen wichtigen Tagungen im Pariser Hotel "Lutetia", auf denen Sprecher der Exilparteien, Schriftsteller, Publizisten und Wissenschaftler eine gemeinsame Plattform für eine Volksfront suchten. Die großen Aufrufe dieses Kreises unterschrieb auch Ernst Toller (Betz, 114-115). Im Aufwind der Volksfrontregierungen, die Anfang des Jahres 1936 in Spanien und Frankreich gebildet wurden, stieg zunächst auch die Hoffnung auf ein gemeinsames Bündnis unter den Emigranten. Doch das Jahr 1936 brachte nicht nur, wie oben bereits erwähnt, einen starken Prestigegewinn für die Hitler-Diktatur durch die Olympischen Sommer- und Winterspiele, in ihm zeichnet sich auch eine Verschiebung der außenpolitischen Kräfteverhältnisse zugunsten Hitler-Deutschlands ab. Frankreich lieferte nämlich mit der Ratifizierung des französisch-sowjetischen Paktes, ganz auf der Linie der Volksfrontbestrebungen, Hitler den Vorwand für die Remilitarisierung des Rheinlandes.

Bereits in diesen Jahren hatte Toller die Frage gestellt, warum der Pazifismus versagt habe (GW, 1: 182-189). Er unterstellte, daß der politische Pazifist glaube, es könne dank der Einsicht der Regierenden eines Tages der Weltfriede sich verwirklichen. Die Frage der sozialen Struktur der Gesellschaft stelle für diesen jedoch kein Problem dar (182).

> Er verneint die Notwendigkeit des Krieges, er fordert seine Abschaffung, er verlangt anstelle der zwischenstaatlichen Anarchie die zwischenstaatliche Solidarität, den Weltstaat. Aber er sieht nicht die fundamentalen Kräfte, die die Gründung des Weltstaates verhindern. (182-183)

Im März und April 1936 bereiste Toller frisch verheiratet mit seiner jungen Frau sechs Wochen lang mit dem Auto Spanien und Portugal. Im Juli putschten die Generäle um Franco und lösten damit den Spanischen Bürgerkrieg aus. Diese Tatsache schweißte die Volksfrontstrategen noch enger zusammen.

Was zur Enttäuschung Tollers beitragen mußte, war die erneute Erfahrung einer verratenen Revolution, die ihn ja bereits traumatisiert hatte. Er löste sich deshalb immer stärker vom moralischen Appell an den Einzelnen und von didaktischen Konfliktlösungsstrategien. Dafür sah er nunmehr immer deutlicher entschiedenen Handlungsbedarf auf internationaler Ebene in einer gemeinsamen Widerstandsstrategie aller demokratischen Systeme. Der Krieg war voraussehbar geworden und alle Demokratien sollten ihn durch entschiedenes Auftreten Hitler gegenüber verhindern.

Die Politik wurde nunmehr auch für andere Autoren zentrales Thema ihres literarischen Schaffens. Literarisches Ziel war es, und dies wurde besonders deutlich auf dem II. Schriftstellerkongreß zur Verteidigung der Kultur in Valencia, Madrid und Paris im Juli 1937 (Fabian/Coulmas), aktuell zu sein, nicht überzeitliche Wirkung anzustreben.

Tollers dichterisches Werk hatte diese Entwicklung antizipiert. 1934 hatte er *Weltliche Passion: Ein Chorwerk* (*Internationale Literatur*, IV, 4, 1934 und anschließend in *Die Sammlung*, II, 4, Dezember 1934, 174-182) veröffentlicht. Rosa Luxemburg und Karl Liebknecht werden dargestellt als Beispiele, die die Welt braucht. Dieser Sprechchor ist inhaltlich auch ein Beleg für die beschworene und entstehende Volksfront (Dove, *He was*, 223).

In Tollers Komödie *Nie wieder Friede*, dessen Entstehung Spalek (Bibliography Nr. 47) auf die Zeit zwischen Ende 1934 und Frühjahr 1936 datiert (GW, 3: 185-243), ist die Gefährdung des Friedens und die Frage des Pazifismus, der wiederum einer aggressiven Ideologie gegenübergestellt wird, Gegenstand der Handlung.

Nie wieder Friede ist gewissermaßen das dramatische Gegenstück zu Tollers Reden, insbesondere zum Vortrag über *Das Versagen des Pazifismus in Deutschland* (GW, 1: 182-189), der gleichzeitig entstanden war (Dove, *He was*, 226). Toller vertritt dort (187) die Ansicht, das Versagen des Pazifismus sei nicht ein Versagen der Vernunft gewesen, sondern ein Versagen des Glaubens an die Vernunft (187). Kaum ein anderes Land neige so zu militärischer Romantik, wie Deutschland (185):

> In keinem anderen Lande sehen wir eine so gefährliche Neigung zum bedingungslosen Gehorsam, zum Opfer des Intellekts und zur Preisgabe, ja zur Verachtung der Vernunft. (185)

Im siebten Bild des Stücks läßt Toller Franziskus sagen, die Menschen seien selbst für den Frieden eher bereit zu sterben als zu leben (241), und er schließt, der Traum vom Frieden werde sich erst erfüllen "Wenn die Klugen schweigen. Wenn die Toren handeln" (243). Denn im Stück grassiert die Unvernunft: Der Einwand, das eigene Land werde bei der angewandten Kriegsstrategie in Flammen aufgehen, wird gekontert:

> Das ist der Krieg, meine Herren, Brennen wirds auf jeden Fall. Lieber durch eigene Bomben verbrennen als durch feindliche. (230)

Die Wahrheit, die in dem Stück von Sokrates als Sinnbild der Vernunft auf die Erde gebracht werden soll, hat keine Chance. Er wird eingesperrt. Frieden gibt es in *Nie wieder Frieden* erst durch göttliche Intervention. Realpolitisch blieb diese Möglichkeit ausgeschlossen.

Vielleicht glaubte Toller tatsächlich, was er in der Eröffnungsrede zum internationalen Schriftsteller-Kongreß in London im Juni 1936 (*Das Wort*, GW, 1: 193-198) noch behauptete, daß nämlich die "faschistische Epidemie" ihren Höhepunkt überschritten habe (197). Als Indiz dafür sah er die große Sammlungsbewegung all jener, "die weder Herren noch Knechte sein wollen" (197).

Toller erkannnte jedoch die Begrenztheit seines Wirkens. Er schloß dieselbe Rede mit der Beteuerung, die Politik nicht um ihrer selbst willen zu lieben:

> Wir nehmen heute teil am politischen Leben, aber wir glauben, daß es nicht der geringste Sinn unserer Kämpfe ist, die künftige Menschheit von dem trostlosen Interessenstreit, der heute "Politik" genannt wird, zu befreien. (197-198)

Man darf diese Aussage wohl nicht als Resignation deuten. Für Toller galt immer noch, was er bereits 1934 in Moskau gesagt hatte:

Wir werden nicht müde werden im Exil. Damit gäben wir uns auf und verließen jenes Deutschland, an das wir glauben, das leidende, das im geheimen kämpfende Deutschland, das morgen siegen wird - trotz alledem! [...]

3. Mobilisierung der Demokratien gegen die Diktaturen

Im Oktober 1936 brach Toller zu einer viermonatigen Vortragsreise nach Nordamerika auf. Tollers Tournee durch die USA und Kanada von Oktober 1936 bis Februar 1937 war durch eine Agentur werbemäßig gut vorbereitet (*LJGG* VI, 1965, 270-274 und *Fall*, 211). Vier große Themenbereiche wurden angeboten: *Hitler - The Promise and the Reality*, *Are You Responsible for Your Times?*, *The Place of Theatre in our Changing World* und *Drama as an Expression of Youth*. Toller sprach dann auch vor überfüllten Auditorien. In Los Angeles hörten ihm beispielsweise 6.500 Menschen zu (Dove, *He was*, 231).

Die Toller Collection in Yale enthält über 80 Redemanuskripte, die Toller in den folgenden zweieinhalb Jahren in den Vereinigten Staaten benutzte. Viele sind identisch, oft wurde nur der Anfang, das Ende oder beides geändert (Marks, 335). Im Kern ging es Toller darum herauszuarbeiten, daß die politische Auseinandersetzung nicht um die Gegensätze Bolschewismus und Faschismus geführt wurde, sondern um Demokratie und Diktatur, Freiheit und Unterdrückung.

Tollers ursprüngliche Skepsis den USA gegenüber wandelte sich grundlegend. Am 30. März 1937 schrieb Toller an Nehru, daß Amerika seit seinem Besuch 1929 eine gewaltige Wandlung durchgemacht habe. Außerdem schien ihm Amerika das Land zu sein, das seine Lektion über den Faschismus am schnellsten gelernt habe. Wo er auftrat, forderte er eine "common front" gegen den Faschismus, überall mahnte er die Einhaltung der Menschenrechte an. Den Völkerbund forderte er auf, gegen Rassismus und Nationalismus zu intervenieren (Marks, 335).

Am 14. Dezember 1936 sprach Toller auf dem Deutschen Tag in New York (GW, 1: 198-209 und Helmut Kuhn) und diese Rede mag stellvertretend für die anderen stehen, kreisten doch Tollers Gedanken und Argumente immer um den gleichen Kern. Zunächst analysierte er die Gründe für das

Heraufziehen des Nationalsozialismus. Er meinte, das deutsche Volk habe der militärischen Niederlage und ihren ökonomischen Folgen nicht ins Gesicht sehen wollen. Die Menschen seien müde des Denkens und Nachdenkens gewesen. Das dumpfe Gefühl, das sich in dem alltäglichen Wort, so könne es nicht mehr weitergehen, ausdrückte, sei ein Zeichen der Schwäche gewesen.

> Und als ein falscher Messias auftrat, der ihm die Last des Denkens und die Last der Verantwortung abnahm, der gleich den Medizinmännern der primitiven Stämme die Sünden der Vergangenheit auf ein Opferlamm ablud, da folgten sie ihm. In einer Atmosphäre der Selbstverblendung und der Flucht vor der Wirklichkeit wurde Hitler groß. (GW, 1: 200)

Den entscheidenden Fehler der Republik sah Toller darin, daß sie zu schwach gegen ihre Feinde gewesen sei: "Hätte die Republik weniger Duldsamkeit gegen ihre Widersacher gezeigt, hätte sie mit hartem Willen und harter Tat sie niedergehalten, nie wäre ihr Fundament zerstört worden." (200-201)[16]

Daß Hitler der Abbau der Arbeitslosigkeit zugute gehalten werde, veranlaßte Toller, deutlich zu machen, daß diese Arbeit "dem Krieg geweiht ist, der Zerstörung, dem Tode" (202). Während Hitler aber vom Frieden spreche, führe er im eigenen Land Krieg gegen die Vorkämpfer des Friedens (202).

Toller erinnerte dann an seinen ermordeten Freund Erich Mühsam, den er als Beispiel für das "andere Deutschland" verstanden wissen wollte (204-205).

Und wieder komprimiert Toller den Kern der Auseinandersetzung:

> Kündet der Welt die Wahrheit! Sagt ihr, daß die Nazis Bauernfängerei treiben, wenn sie die Welt glauben machen wollen, daß es heute um die Frage Nationalsozialismus oder Kommunismus gehe. Es geht heute einzig und allein um die Frage: Diktatur eines Mannes oder wahre Demokratie, Unfreiheit oder Freiheit, Recht oder Rechtlosigkeit, Barbarei oder Menschlichkeit. (GW, 1: 206)

Toller schloß seine Rede mit der Mahnung, wenn es der Welt nicht gelinge, Hitler zum Frieden zu *zwingen*, werde er Deutschland und Europa in einen

---

[16] Vgl. dazu auch Sontheimer, "Die Weimarer Republik", 118-119.

Trümmerhaufen verwandeln und die Zivilisation vernichten. Hitler habe nie einen Schwur gehalten. Er werde nie einen Vertrag halten. Er verstehe nur eine Sprache, die Sprache des Willens und der Macht. Man müsse ihn und seine Helfershelfer lehren, daß jede Verletzung des internationalen Völkerrechts, jeder bewaffnete Angriff dem vereinten Widerstand der Demokratien begegnen werde. Jeder außenpolitische Erfolg, den Hitler durch Gewalt und Terror erringe, stärke ihn und entmutige die deutsche Opposition. Jede Niederlage Hitlers hingegen schwäche seine Macht und stärke die Freunde des Friedens in Deutschland (207).

Toller blieb in den USA, da er im Februar 1937 einen Einjahresvertrag mit MGM unterschrieben hatte, für die er Drehbücher schreiben sollte (Dove, *He was*, 235). Obwohl sich das Jahr 1937 erfolgreich angelassen hatte[17], erlebte Toller im Sommer 1937 einen schweren, unerklärlichen (240) gesundheitlichen Einbruch, von dem er sich mehrere Monate nicht erholte.

Ernst Toller hatte, worauf ich oben bereits an verschiedenen Stellen hingewiesen habe, seit seiner Kindheit keine allzu stabile gesundheitliche Konstitution.

Die Gefängnisjahre dürften ihn darüberhinaus psychisch stark angegriffen haben. Landshoff, der nach seiner Scheidung zu Toller gezogen war, und ihm übrigens zum Verwechseln ähnlich sah (Landshoff, *Erinnerungen*, 116), konnte über einen langen Zeitraum beobachten, daß bei Toller ungewöhnlicher Aktivität und Produktivität "Tage, Wochen, ja Monate von Unfähigkeit zur Arbeit, von nagendem Zweifel an sich und seinen Gaben" (117) folgten.

Landshoff berichtet weiter, daß Toller während dieser Zeiten der Mutlosigkeit, Verzweiflung und Tatenlosigkeit ununterbrochen im verdunkelten Zimmer liegen konnte, um dann plötzlich, manchmal mitten in der Nacht, wie aufgejagt, aufstehen und durch die Straßen von Berlin, Zürich

---

[17] Selbst in Mexiko machte Toller 1937 bei seinem Besuch Furore. Die deutschen Emigranten gründeten als Folge eine 'Liga für die deutsche Kultur'. (Guthke, 489). Zur Situation in Kalifornien vgl. Marta Mierendorff.

oder London laufen konnte, um nach wenigen Stunden wieder apathisch in sein Zimmer zurückzukehren (117).

Landshoff vermutet, daß Toller im Frühjahr 1932, also mit 39 Jahren eine Beziehung zu der damals erst 16jährigen Schauspielerin Christiane Grautoff begann. "Max Reinhardts Theater-Wunderkind" (117) gab 1934 mit 18 Jahren ihre "glänzende Karriere im deutschen Theater und Film auf" (117), um Toller ins Exil zu folgen, zunächst in die Schweiz, wo sie unter Umständen im deutschsprachigen Bereich noch an ihre Karriere hätte anknüpfen können, dann weiter nach London, wo sie am 16. Mai 1935 heirateten.

Landshoff meint, Christianes Rolle sei niemals voll gewürdigt worden. Sie sei besonders in Tollers schwersten und düstersten Zeiten ihrem Mann eine unersetzliche Stütze gewesen, wie Toller Landshoff selbst erzählte. In seinen apathischen Phasen blieb sie in seiner Nähe, ohne ihm ihre Anwesenheit im gleichen Zimmer aufzudrängen. Sie sei überdies zu jeder Zeit bereit gewesen, ihn auf seinen plötzlichen nächtlichen Irrjagden zu begleiten.

> Sie folgte genau seinen Anweisungen, seinen Koffer zu packen und den Strick nicht zu vergessen, den er auf Reisen, besonders in den letzten Jahren, immer bei sich haben wollte. (117)

Als Toller Ende 1937 nach Hollywood zurückkehrte, hatte er für sich bereits beschlossen, den MGM-Vertrag nicht zu verlängern, da keines seiner Drehbücher in ein Stadium der filmischen Umsetzung rückte (Dove, *He was*, 241).[18] Ende Januar 1938 hatte Toller sich entschieden, nach New York zurückzukehren. Seine Frau blieb zunächst in Hollywood, um an einer eigenen Karriere zu arbeiten (241), folgte ihm aber im März nach New York.

Richard Dove konnte unveröffentlichte Lebenserinnerungen aus den frühen siebziger Jahren von Christiane Grautoff (wie Raddatz) bei John M. Spalek einsehen (286), aus denen auch hervorgeht, daß Tollers psychische Instabilität seiner Frau ein weiteres Zusammenleben unmöglich machte. Sie trennten sich deshalb im Juli 1938 (Dove, *He was*, 244), da sie nach ihren eigenen Aussagen das unstete und bindungslose Leben nicht mehr ertragen

---

[18] Zur Exilsituation in den USA allgemein vgl. Heilbut, Middel, Bander.

konnte. Sie erinnert sich, daß es zum endgültigen Bruch kam, als Toller seine Absicht ankündigte, nach Spanien zu gehen.

Kurz nach der Trennung von seiner Frau im Juli 1938 fuhr Toller nach Paris zum bereits kurz erwähnten Dritten Internationalen Schriftstellerkongreß zur Verteidigung der Kultur, auf dem er neben Rudolf Leonhard und Anna Seghers sprach (Betz, 317). Er erinnerte noch einmal an die tatsächlichen Umstände von Mühsams Tod (*Das Wort*, 3.10.(Okt. 1938): 122-126). Er sprach von der Wiederentdeckung des moralischen Charakters der Literatur durch den Expressionismus, der die damals jungen Schriftsteller aus ihrem Elfenbeinturm geholt habe. Vor allem betonte Toller in seiner Rede die Aufgabe des Schriftstellers, die Wahrheit zu künden:

> Die Verantwortung, die unser Beruf uns verleiht, zwingt uns, wo immer wir ihnen begegnen, die großen und kleinen, die groben und feinen Lügen zu zerstören und die Wahrheit zu verkünden. Denn wir werden nichts bewirken ohne den Willen und den Mut zur Wahrheit. Es zeichnet den Schriftsteller, den Diener der Vernunft, aus, mitunter unweise zu handeln, ohne an Erfolg und Beifall zu denken. Wahrheit ist eine Leidenschaft. Man kann sie nicht lernen, man muß sie besitzen. (123)

Leidenschaftlich (Ludwig Marcuse, *Mein zwanzigstes Jahrhundert*, 205) fiel auch sein weiteres Plädoyer aus, sich persönlich zu engagieren. Er erklärte den abstrakten Pazifismus für tot. Angesichts des nahenden Weltkriegs, der sich bereits in Spanien und China abzeichnete, sei es nicht länger möglich, noch vom Frieden zu sprechen. Am Vorabend seiner Reise ins vom Bürgerkrieg zerrissene Spanien erhob er die Forderung, den Krieg dadurch zu beenden, daß man die Verteidigung gegen die faschistischen Angreifer organisiere (125). Er fuhr fort: "Werdet so stark, daß niemand in Zukunft mehr wagen wird, das Geschick fremder Völker zu bedrohen und den Frieden zu stören" (126).

Tollers machtpolitisches Kalkül wurde nie so deutlich wie in dieser Rede.[19] Doch wieder standen seine strategischen Vorstellungen in diametralem Gegensatz zur allgemeinen internationalen Politik der Nichtintervention, die insbesondere von London ausging und die auch in Kauf nahm, daß

---

[19] Die Schwäche Englands und Frankreichs beklagte Toller u.a. auch im Schreiben an Fritz Joss vom 24. Februar 1937 (Kopie Spalek).

– was zum damaligen Zeitpunkt noch nicht absehbar war – die spanische Republik an Franco und seine Verbündeten preisgegeben würde.

4. Hilfe für Spanien

Bis vor kurzem war der gigantische Hilfsplan für das von Bürgerkriegswirren zerrissene Spanien und seine hungernde Bevölkerung, den sich Ernst Toller ausgedacht hatte und für dessen Umsetzung er seine ganze Kraft verbrauchte, wenig bekannt und kaum dokumentiert.[20] Seit dem Aufsatz von Richard Dove und Stephen Lamb "Traum und Wirklichkeit: Ernst Tollers spanische Hilfsaktion" zu ihrer Veröffentlichung von Ernst Tollers *Spanischem Tagebuch* hat sich dies grundlegend geändert. Detailreich und gut dokumentiert werden alle Facetten von Tollers Hilfsplan erschlossen. Die Autoren können mit ihren Forschungsergebnissen das Zerrbild von Toller als weltfremdem Intellektuellen zerstören. Es rückt im Gegenteil einmal mehr Tollers Scharfblick für die Forderungen der internationalen Realpolitik in den Mittelpunkt (7).

Ende Juli 1938 fuhr Toller über Perpignan nach Barcelona (Souchy, 106). Nach zwei Jahren Krieg kam er in ein Land, das er im Frieden auf einer ausgedehnten Reise gut kennengelernt hatte (Toller, *Spanisches Tagebuch*, 10). Nach kurzem Aufenthalt hatte er erkannt, daß neben den Bombenangriffen und den allgemeinen Kriegswirren der Hunger, unter dem die Zivilbevölkerung und insbesondere die Kinder leiden mußten, das Problem schlechthin war. Toller war überzeugt, daß nur eine vereinte Aktion aller demokratischen Regierungen erfolgreich den Kampf mit dem Hunger aufnehmen könnte (11). Ein Vorbild sah er in der amerikanischen Lebensmittelhilfe für das Mitteleuropa des Jahres 1919 und in der Völkerbundhilfe von 1921 für die notleidende Bevölkerung der Sowjetunion, die Fridtjof Nansen als Hochkommissar für Flüchtlingsfragen geleitet hatte (11 und 25).

---

[20] Lediglich von John M. Spalek lag eine kurze Kommentierung vor: "Ernst Tollers Vortragstätigkeit und seine Hilfsaktion im Exil". *Exil und innere Emigration*. Hg. Peter Uwe Hohendahl und Egon Schwarz. Frankfurt, 1973, 85-100.

Trotz aller möglicher Einwände forderte er von sich: "Einer muß beginnen" (11). Er fühlte sich diesem Land und seinen Menschen verpflichtet. Ein amorphes Schuldgefühl, das vermutlich im privaten Bereich Nahrung fand[21], trieb ihn vermutlich zu diesem Kampf gegen die Not, nachdem er schon nicht an der Kriegsfront stand.

> Als der Krieg begann und die ersten Freiwilligen nach Spanien eilten, wollte auch ich es tun. Mögen die Gründe, die mich daran hinderten, noch so zwingend sein, ich ließ sie vor meinem Gewissen nicht gelten, jetzt war ich hier, ich fühlte, ich hatte eine Schuld gut zu machen (10)[22]

Toller war klar, daß er die wichtigsten Exponenten der demokratischen Staaten und bedeutender Organisationen gewinnen mußte, wenn sein Plan international überhaupt Beachtung finden sollte. Der amtierende Außenminister der spanischen Republik, Julio Alvarez del Vayo, war zwar schnell gewonnen, aber beispielsweise die Katholische Kirche, die für Franco Partei ergriffen hatte, war schwerlich ohne ausreichende Argumente zu überzeugen.

Dazu sammelte Toller als erstes akribisch Material. Er scheute nicht einmal vor einer lebensgefährlichen Reise quer durch das umkämpfte Spanien nach Madrid zurück, um am dortigen Institut für Hygiene (12) synoptische Tabellen zu erstellen über Soll- und Istmengen von Kalorien, Eiweiß, Gemüse, Obst oder Milch. Er registrierte die sprunghaft angewachsenen Krankheitsfälle, die sich aus der Unterversorgung der Bevölkerung ergaben.

Angesichts des Widerstands der Menschen in Madrid (Kirsch, *Bürgerkrieg*) erinnerte sich Toller wieder an die Zeit in den Schützengräben Frankreichs und wieder stellte er sich die Frage: "Warum der Mord, die sinnlosen Schlächtereien, warum der Haß und die Vernichtung?" (14)

Im umkämpften Madrid richtete Toller einen eindringlichen Appell *Am Sender von Madrid* (GW, 1: 209-215) an den amerikanischen Präsiden-

---

[21] Seine Frau hatte sich von ihm getrennt, weil sie des Umherziehens müde geworden war. Es wäre plausibel, wenn er ihrem Wunsch nach mehr Stetigkeit entgegen seiner Überzeugung nachgegeben und deshalb Überlegungen zur Teilnahme am bewaffneten Einsatz in Spanien hintangestellt hätte.

[22] Allgemein zur Frage Intelligenz und Politik im Spanischen Bürgerkrieg vgl. Pérez-Ramos. Zur Rolle der Juden im Spanischen Bürgerkrieg Arno Lustiger und allgemein Franz Borkenau. Zur Rolle der Linken von zur Mühlen.

ten Franklin D. Roosevelt, die Initiative für eine nationale oder internationale Regierungsaktion zugunsten der Zivilbevölkerung Spaniens zu ergreifen (214).

Er nahm sich das Recht, sich an den US-Präsidenten zu wenden, weil er in zertrümmerten Anwesen und im Leichenschauhaus die Leichen ermordeter Kinder gesehen hatte, die noch wenige Stunden vorher gespielt und gelacht haben mußten, beschützt von ihren Müttern, die gehofft hatten, daß die Zukunft ihren Kindern bringen würde, worauf jedes menschliche Wesen ein Recht zu hoffen habe, das Recht auf Leben, auf Freiheit, auf Glück (214-215). Mit diesem ausdrücklichen Verweis auf die in der amerikanischen Verfassung verankerten Grundwerte und ihre eklatante Verletzung in Spanien, hoffte Toller Roosevelt gewinnen zu können.

Vor der Übertragung der Rede aus Madrid hatte Toller Freunde in New York telegrafisch gebeten, eine örtliche Radiostation zu bitten, seine Rede zu übertragen. In seinem Tagebuch drückt er die Hoffnung aus: "Hunderte müssen zugehört haben, Tausende werden helfen" (14).

In derselben Rede wiederholte er, es sei eine Lüge, daß es in Spanien um den Kampf zwischen Kommunismus und Faschismus gehe, da die spanische Republik ein demokratischer Staat sei, der sich zu Recht gegen die putschenden Rebellen verteidige, die zu ihrer Unterstützung italienische Faschisten und deutsche Nazis ins Land geholt hätten. Das international verbürgte Recht würde der legitimen Regierung aberkannt und deshalb verweigere man ihr dringend benötigte Waffenkäufe zur Verteidigung der Verfassung und der verfassungsmäßig verbrieften Menschenrechte (212). Toller belegte die Verbundenheit der Republik zum Völkerrecht, indem er auf die beanstandungslose Behandlung von Kriegsgefangenen hinwies, während die auf der faschistischen Seite kämpfenden Flieger Tausende von unschuldigen Frauen und Kindern getötet hatten (212-213).

Toller benannte deutsche Kriegsgefangene, die ihm unter anderem berichtet hatten, daß sie in der deutschen Armee den Krieg in Spanien als einen Vorbereitungs- und Präventivkrieg gegen Frankreich betrachteten (213). Und Toller fragte:

> Liebe Freunde in Amerika, lebende Zeugen eines Krieges, bei dem es nicht nur um Spanien, bei dem es um die Demokratie der Welt geht - ich frage Sie, haben wir das

Recht, blind und taub zu verharren? Ist uns nicht eine Verantwortung auferlegt, die zur Hilfe verpflichtet? (213)

Es mutet schon fatal an, daß der vielbelächelte Schriftsteller Ernst Toller die Politiker zum Handeln ermahnen mußte, weil es, zugespitzt, nur noch um den Kampf für die Demokratie auf der Welt ging.

Über Cassis in Südfrankreich, wo Toller sein Drama *Pastor Hall*[23] überarbeitete und ein Memorandum für die Hilfsakton für Spanien vorbereitete, reiste er nach London zurück. In Marseille war noch die Meldung verbreitet worden, Hitler bedrohe die Tschechoslowakei und das bedeute Krieg (Toller, *Spanisches Tagebuch*, 16). In London am 21. September angekommen, spürte er die offensichtliche Angst vor einer militärischen Auseinandersetzung mit Deutschland.

Acht Tage später, am 29. September, trafen sich der britische Premierminister Chamberlain, der französische Ministerpräsident Daladier, Mussoini und Hitler in München und besiegelten das Schicksal der Tschechoslowakei (Erdmann, 20: 257): Chamberlain und Daladier wurden bei ihrer Rückkehr aus München in ihren Ländern begeistert empfangen (256), weil sie anscheinend einen Krieg verhindert hatten.

Ausgerechnet am Abend der Unterzeichnung des Münchener Abkommens warnte Toller in London öffentlich vor den gefährlichen Konsequenzen, die sich ergäben, wenn man Hitler erlaube, seine Politik fortzusetzen. Jedes neue Zugeständnis an Hitler schwäche nicht nur die demokratischen Staaten, sondern auch die Opposition innerhalb Deutschlands (Dove, *He was*, 254).

Unbeirrt versuchte Toller seinen Hilfsplan in die Tat umzusetzen. Am 7. Oktober 1938 führte sich Ernst Toller schriftlich beim spanischen Botschafter Azcarate in London ein, indem er sich kurz vorstellte, ihm aber eröffnete, daß er kein Vertrauen zur "League of Nations" habe und deshalb

---

[23] Als das Drama 1947 seine deutsche Erstaufführung erfuhr, schrieb Walter Busse, es bringe fast zwei Jahre nach dem Zusammenbruch für den deutschen Betrachter keine ungewohnte Enthüllung.

selbst etwas machen wolle.²⁴ Aus einem Brief vom 16. Oktober an den Botschafter geht hervor, daß Toller sich in seiner Arbeit behindert fühlte, worüber er sich in ziemlich scharfer Form beklagte. Offensichtlich wurde von Azcarate wieder einmal differenziert zwischen Politiker und Autor, was Toller am 23. Oktober zu einem erneuten Schreiben veranlaßte, in dem er ihm eine alte Geschichte vom Wiener Kongreß berichtete, wo ein Deutscher in offizieller Funktion akkreditiert war²⁵, der gleichzeitig Politiker und Poet gewesen sei:

> The politicians called him an excellent poet but a bad politician. The poets called him an excellent politician but a bad poet. - I have learned a lot in the last days from the events "behind the scene" and I shall behave in future like a perfect diplomate". (Yale)

Doch Toller konnte es sich nicht verkneifen, dieser Ankündigung, sich in Zukunft diplomatisch zu verhalten, in Klammern hinzuzufügen: aber nur in Bezug auf die Spanienhilfe.

Am selben Tag reiste Toller nach Stockholm ab. Bis zu diesem 23. Oktober hatte er in London, wie in dem Schreiben an Azcarate auch angedeutet ist, mehr an Behinderung oder Obstruktion erlebt, als er für möglich gehalten hätte (Toller, *Spanisches Tagebuch*, 17-18).

In Stockholm wurde er innerhalb von wenigen Tagen vom Kronprinzen, vom schwedischen Außenminister sowie vom Erzbischof von Uppsala (18-19) freundlich, aber auch von einem Stockholmer Naziblatt mit der Meldung empfangen, Toller sei ein Massenmörder, der im Solde der Kommunisten arbeite und Gelder sammle, um sie in seine eigene Tasche zu stekken.

Der letztgenannte Vorwurf war aberwitzig, da Toller die gesamte Hilfsaktion aus seiner eigenen Tasche finanzierte und gerade dadurch zu dieser Zeit in arge finanzielle Bedrängnis geriet, wie beispielsweise aus ei-

---

[24] Der umfangreiche Briefwechsel sowie das dreizehnseitige Memorandum zu Spanien ist ziemlich vollständig in der Sterling Library der Yale University erhalten. John M. Spalek hat mir Einblick in seine Kopien daraus gewährt. Sie werden dennoch in der Folge mit "Yale" zitiert.

[25] Toller meint vermutlich Friedrich Schlegel.

nem Brief an Mr. Bennett vom 26. November 1938 (Yale) hervorgeht, in dem Toller seine schreckliche Geldknappheit beklagte.[26]

Auf weiteren Stationen in Dänemark und Norwegen wurde Toller nachhaltige Hilfe in Aussicht gestellt (Toller, *Tagebuch*, 19). Anfang November 1938 war er in London zurück und wandte sich nunmehr ans Foreign Office, wo man ihm in zwar verklausulierter Amtssprache (Dove/Lamb, *Tagebuch*, 20) Unterstützung in Aussicht stellte, aber intern Aktenvermerke verfaßte, in denen die Beamten ihr Mißtrauen Toller gegenüber deutlich zum Ausdruck brachten. Die Autoren Dove und Lamb zitieren den alles sagenden Satz des Protokollführers aus Unterlagen des Foreign Office "Toller was once a Communist - and for all I know still may be" (20). Einmal Kommunist, immer Kommunist, auf diesen Vorbehalt[27] liefen wohl auch die Interventionen des Herzogs von Alba als ständigem Vertreter der Franco-Regierung in London hinaus, der sich dabei offensichtlich auf Gestapo-Akten stützen konnte, die er von der deutschen Botschaft in London erhalten haben mußte (20). Ihrer Gesandtschaft in Washington teilte das Foreign Office daraufhin verschlüsselt mit, man wolle Toller zwar nicht entmutigen, aber rate Regierungen davon ab, sich Aufrufen anzuschließen, die Tollers Namen trugen (20).

Am 12. November 1938 reiste Toller von London aus nach New York ab, wo er am 17. November ankam. Noch vor seiner Einschiffung hatte er den Schriftsteller Christopher Isherwood beauftragt, an Präsident Roosevelt ein Bitt-Telegramm zur Unterstützung seines Hilfsplans zu richten. Es war unterzeichnet von H.G.Wells, E.M.Forster, Rebecca West, W.H.Auden, Stephen Spender und anderen (Yale und Dove, *He was*, 256).

Toller erreichte New York mit kühnen Erwartungen. Den Hudson hinauf kamen schon Reporter und Photographen an Bord und stürzten sich

---

[26] Und dennoch bietet er mit Schreiben vom selben Tag Geoffrey Hollyday 100 Ausgaben von 'Pastor Hall' handsigniert zum Verkauf an, um den Reinerlös dem Pastor Niemöller Fond zur Verfügung zu stellen (Yale). Am 28. Januar 1939 stellte er für eine Manuskript-Auktion "a whole bunch of papers" zur Verfügung, wie er der American Guild for German Cultural Freedom mitteilte (63).

[27] Dieser Vorwurf wird bis in unsere Tage erhoben, wie die Leserbriefauseinandersetzung anläßlich einer *Feuer aus den Kesseln*- Inszenierung in Kiel 1978 zeigt. (Ritz)

auf einen Zwerg, einen Riesen und auf ein photogenes Mädchen (Toller, *Tagebuch*, 21). Toller blieb unbeachtet.

Schnell wurden ihm die Gründe klar. Seine Rede aus Madrid war in Amerika nicht empfangen worden und, was viel schwerer wog, die amerikanischen Quäker, die die Trägerorganisation seiner Hilfsaktion hätten sein sollen, waren nachdrücklich vor Toller, dem radikalen Roten (21), gewarnt worden.

Toller ließ sich jedoch nicht entmutigen. Er leistete quer durchs Land Überzeugungsarbeit. Unterstützung fand er dabei in seinem alten Bekannten, dem *New-York-Post*-Journalisten Ludwig Lore, der 1929 noch als Chefredakteur der deutschsprachigen *New Yorker Volkszeitung* Tollers erste amerikanische Vortragsreise organisiert hatte. Noch hilfreicher dürfte der weitverbreitete Artikel der bekannten Kolumnistin der *New York Herald Tribune*, Dorothy Thompson, vom 30. November 1938 gewesen sein, der unter dem Titel "Intervene - with food" erschien (21 und 25).

Aufgrund persönlicher Vorsprache Tollers bei allen möglichen Presseorganen wurde endlich die Resonanz erreicht, die er sich erhofft hatte (21). Er gewann überdies den einflußreichen Bischof Manning für seinen Plan (21), während dieser andererseits durch den bedeutenden Katholiken, Father Ignatius Cox, öffentlich torpediert wurde (21). Jetzt endlich, nach einem Brief vom 23. November 1938 an Roosevelt (Yale), in dem er noch einmal die Notwendigkeit humanitärer Hilfe betonte, wurde Toller auch ins State Department eingeladen. Am 15. Dezember reiste Toller nach Washington, um dem Staatssekretär und Sonderberater des Präsidenten, Sumner Welles, seinen Plan in allen Einzelheiten vorzutragen (22).

Während seines Washington-Aufenthalts wurde Toller überdies von Mrs. Roosevelt am 17. Dezember zum Lunch ins Weiße Haus eingeladen (Yale). Da die First Lady ihm versprach, sein Memorandum dem Präsidenten vorzulegen, war Toller nun guter Hoffnung, daß sein Plan bald Wirklichkeit werden würde, wie er Brailsford am 19. Dezember 1938 brieflich (Yale) mitteilte.

Schon am 21. Dezember kündigte das State Department an, noch vor Ende des Jahres überschüssigen Weizen nach Spanien transportieren zu lassen. Der Präsident benannte zur Überwachung der Lieferung ein Komitee unter dem führenden Katholiken George Macdonald, das auch die Transportkosten aufbringen sollte, während die 3 Mio. Scheffel Weizen dem Roten Kreuz gespendet wurden, damit sie vor Ort in Spanien von Hilfskomitees der Quäker verteilt werden könnten, wie Dove und Lamb dokumentieren (22).

Am Heiligen Abend, dem 24. Dezember 1938, schrieb Toller an Mr. Howe (Yale), daß er nun wieder frei sei für seine literarische Arbeit. Er glaubte sich am Ziel und spürte Genugtuung und Freude (Dove/Lamb, 22), nachdem er fünf Monate diesem kräftezehrenden Vorhaben gewidmet hatte.

Doch schon im Januar 1939 verdichteten sich die Entwicklungen zur Niederlage der spanischen Republik. Barcelona wurde am 26. Januar von Francos Truppen erobert. Am Tag darauf schrieb Toller an Betty Frankenstein (Yale) einen Brief, in dem er gnadenlos auch die Strömungen in den USA bloßlegte:

> Wie lange ich hier noch bleibe, ist fraglich. Wahrscheinlich fahre ich im Maerz nach London. Meine Hoffnungen hier sind restlos gescheitert, weder brachte ich ein Stueck an, noch war ich imstande, eine Vortragstour zu erreichen. Ich will jetzt, sei es in England oder Frankreich, irgendwo auf dem Land leben und versuchen, ein neues Buch vorzubereiten. Ich habe es aufgegeben, Plaene ueber ein halbes Jahr hinaus zu fassen. Wie ist das auch in diesen Zeiten moeglich ... Ich sehe mit Besorgnis das Anwachsen der faschistischen und antisemitischen Tendenzen in Amerika und mit noch groesserer Besorgnis das Eindringen des Faschismus in Central- und Suedamerika. Die Folgen des Zusammenbruchs der spanischen Republik werden sich bald zeigen. Vae victis - und zu den Besiegten gehoeren England und Frankreich, gehoeren die demokratischen Kraefte in der Welt.[28]

Im Februar löste sich das Macdonald-Komitee wegen interner Meinungsverschiedenheiten bereits wieder auf. Es hatte nur 50.000 Dollar zusammengebracht. Nur einer der geplanten Weizentransporte hatte stattfinden können (Dove/Lamb, 23). Am 28. März 1939 marschierten Francos Truppen in Madrid ein. Am 1. April 1939 bereits erkannten die Vereinigten

---

[28] Daß sich auch in Frankreich Intellektuelle nach der Niederlage dem Vichy-Regime anboten, konnte Toller nicht ahnen. Vgl. Altwegg, 34. Der Vergleich von Sozialisten in Frankreich und Deutschland, wie ihn Marieluise Christadler vornimmt, indem sie Paul Nizan und Ernst Toller vergleicht, ist nicht sehr hilfreich. In den USA wurde nach einer Toller-Rede sogar seine "Deportation" gefordert und zwar von deutsch-kalifornischen Nazigruppen (Bander, 196).

Staaten nach Frankreich und England die faschistische Diktatur diplomatisch an.

Am 10. April 1939 schrieb Toller an Hugh Hunt (Kopie Spalek):

> As I am writing this letter, threatening news keep pouring in from Europe. God knows whether the letter will reach you in time of peace. And who knows what our fate will be when this war is over. Our reason may tell us that there ist no other way but who could be as hardboiled as to escape the sadness that it must be so.

So hartgesotten war Toller wahrlich nicht, daß es ihn nicht traurig gestimmt hätte, weil es so hatte kommen müssen, obwohl er immer wieder gewarnt hatte.

Seine Stimmungslage war offensichtlich völlig umgeschlagen. Schon aus dem Briefwechsel mit Frau Greenschpoon (Kopien Spalek), offensichtlich der Frau seines Psychiaters, im Verlauf des Jahres 1938, ergibt sich der Hinweis für eine nervliche Krise, die Toller dort selbst als Krankheit bezeichnete. Dr. Ralph Greenschpoon gegenüber beklagt Toller brieflich am 8. April 1939 (Kopie Spalek) das erneute Auftauchen der Krankheit, bei der das schlimmste die Unfähigkeit zu arbeiten sei.

5. Tollers letzte Tage

Alle, die mit Toller in den letzten Wochen seines Lebens noch zusammentrafen, berichten übereinstimmend, daß es ihm schlecht ging. Stellvertretend sei hier nur der Bericht Fritz Landshoffs aus seinen *Erinnerungen* wiedergegeben,[29] der Toller Mitte April 1939 in New York im Mayflower Hotel am Central Park aufgesucht hatte, wo Toller immer wohnte, wenn er in New York war.

> Ich war bestürzt über Tollers Zustand. Er war in einer tiefen Depression. Seine Augen entbehrten jeglichen Glanzes, seine Stimme war fast tonlos. Ich schlug ihm vor, mit mir gemeinsam nach Europa zurückzukehren, in der Hoffnung, daß ein völliger Szenenwechsel vielleicht eine Veränderung seines Zustandes bewirken würde. Toller ging zu meiner Freude auf meinen Vorschlag ein, und wir nahmen sogleich eine gemeinsame Kajüte auf der "Champlain", die Ende Mai nach Europa fahren

---

[29] Fritz Landshoff äußerte sich dazu auch in einem Interview mit Elisabeth Wehrmann.

sollte. Ungefähr zehn Tage vor der geplanten Abreise erkrankte ich an einer Fischvergiftung. Am nächsten Tag rief ich Toller von meinem Hotel aus an. Er kam sofort und verbrachte mehrere Stunden bei mir. Er war in der gleichen tiefernst-melancholischen Stimmung, in der ich ihn seit meiner Ankunft gesehen hatte. Obgleich ich bereits daran zweifelte, von der recht schweren Vergiftung schnell geheilt zu sein, erwähnte ich nichts von der möglichen Notwendigkeit, den Termin unserer Reise aufzuschieben. Er verließ mich mit dem Versprechen, mich in den allernächsten Tagen wieder aufzusuchen. Am anderen Abend besuchte mich Arnold Zweig, der gerade für kurze Zeit in New York war, und eröffnete die Unterhaltung mit der Frage: "Was sagen Sie zu Toller?" Ich erwiderte, daß er am Vortage bei mir gewesen sei. Darauf er: "Aber wissen Sie denn nicht, daß Toller sich heute mittag in seinem Zimmer erhängt hat?" (118)

Tollers Freitod am 22. Mai 1939, gingen offenbar Wochen der Schlaflosigkeit voraus. Klaus Mann berichtet in seinem Aufsatz "Mein letzter Tag mit Ernst Toller" von der gemeinsamen Rückreise von Washington nach New York, wo sie nach dem PEN-Kongreß noch beim Präsidenten der Vereinigten Staaten eingeladen waren. Klaus Mann war froh darüber, daß Toller im Weißen Haus noch in besserer Stimmung war, als die Wochen davor (109). Im Zug jedoch trennten sie sich, da sie verschiedene Schlafwagenabteils hatten, und Toller rief mit flehender Stimme, in der ein Weinen zitterte: "Wenn ich jetzt nur *schlafen* könnte! Niemand, der es nicht selber durchgemacht hat, kann ahnen, was das bedeutet: *nicht schlafen zu können* ..." Toller konnte aber nicht schlafen, er war die ganze Nacht wach gelegen und sah am nächsten Morgen "verwüstet" aus (111). "Tollers Gesicht war grau, und um die tragischen Augen hatten sich dunkle Schatten vertieft" (111). Das war am 12. Mai, zehn Tage vor Tollers Tod.[30]

Am 13. Mai 1939 richtete Toller ein Schreiben an den Prinzen Löwenstein und empfahl, obwohl es ihm selbst finanziell übel ging, den Schriftsteller Walter Mehring für ein Stipendium, weil der "sich in groesstem Elend befindet und nahe dem Verhungern ist" (Kopie Spalek).

Noch am 19. April hatte Toller gegenüber Dr. Ralph Greenschpoon (Kopie Spalek) bedauert, daß die menschlichen Beziehungen in die Brüche

---

[30] Klaus Mann schreibt im *Wendepunkt* (310) von Tollers gefährlich sensitiver psychischer Disposition und einer ominösen Tendenz zum Manisch-Depressiven. In seinen *Tagebücher* (108) spürt man, welch fürchterlicher Schlag Tollers Selbstmord für Klaus Mann war.

gingen, da er unfähig geworden sei, anderen zu helfen, wie er dies in besseren Zeiten stets versucht habe, und das bringe ihn zur Verzweiflung.

Wie jedoch sein Eintreten für Walter Mehring belegt, hatte er seinen Altruismus nicht verloren. Wahrscheinlich machte ihn viel verzweifelter, daß er manchen, insbesondere Familienangehörigen in Deutschland, nicht helfen konnte, obwohl er dies unbedingt wollte. Tragisch war insbesondere, daß er in eine katastrophale finanzielle Lage geraten war[31], weil er sein ganzes Privatvermögen für seinen Spanienhilfsplan aufgewendet hatte. An Anne Cohn schrieb er am 20. Januar 1939, daß er sich nicht in der Lage sehe, 1000 £ aufzubringen, die für ein Affidavit nötig wären (Kopie Spalek).

> Ich habe fast alles, was ich besass, in die Hilfsaktion für Spanien gesteckt, von der Du wahrscheinlich in den Zeitungen gelesen hast, aber ich muß und werde Menschen finden, die Herta und Euch beispringen.[32]

Diese Unfähigkeit zu helfen und die Erkenntnis, daß alles viel früher hätte getan werden müssen, brachten Toller zu der Überzeugung, gescheitert zu sein. In diesem Sinn äußerte er sich auch Stephen Spender am 28. Januar 1939 (Yale) gegenüber:

> [...] but with the things that are happening now in Spain, one feels that all this ought to have been done ever so much earlier, that all of us have somehow failed.

Diese Selbstvorwürfe des persönlichen Scheiterns wurden flankiert von ihn belastenden politischen Ereignissen: Der Anschluß Österreichs, der Einmarsch in die Tschechoslowakei, Schauprozesse in der Sowjetunion, der sich abzeichnende Hitler-Stalin-Pakt[33], die Reichspogromnacht, die Verfolgung der Familienmitglieder, der Tod Ossietzkys. Es ist bereits oft erwähnt worden, aber man muß es wieder tun: die Tatenlosigkeit der westlichen

---

[31] Bei Betty Frankenstein beklagte Toller sich brieflich am 22. Februar 1939 über schier unüberwindliche ökonomische Probleme (DLA). Im selben Brief äußert er übrigens die Befürchtung, daß seine Krankheit wiederkommen und ihn am Arbeiten hindern könne. Im Moment sei er so leer, wie selten zuvor. Am 27. Februar und am 1. Mai 1939 (DLA) schreibt er wieder an Betty Frankenstein über seine Angst wegen der in Deutschland verbliebenen Familienmitglieder.

[32] Tollers Schwester Hertha kam nicht mehr aus Deutschland heraus. Sie und ihr Mann wurden am 9. Dezember 1942 nach Auschwitz deportiert und dort vermutlich bereits eine Woche später ermordet (Dove, *He was*, 292). Dove stützt sich dabei auf eine Aussage von Anne Schönblum (Cohn?) aus Haifa aus dem Jahre 1988.

[33] Zum Schock, den dieser Pakt auslöste vgl. Wolfgang Leonhard.

Demokratien, die sich aus der Appeasement-Politik ergab, und der Sieg der faschistischen Diktatur in Spanien waren wohl mit die ausschlaggebenden Beweggründe für Tollers Selbstmord.[34] Am 19. Mai feierte Franco in Madrid mit einer großen Parade seinen Sieg.

Drei Tage später nahm sich Ernst Toller das Leben. Diese "letzte Demonstration der Freiheit" (Frühwald, *Exil*, 496) verdeutlichte einer zwanghaft gewordenen Welt, auf welchen Akt hin sich ihr Entscheidungsspielraum verengt hatte.

6. Nachrufe

Es blieb der nationalsozialistischen Presse in Deutschland vorbehalten, Ernst Toller auch nach seinem Tod noch zu verhöhnen. *Der Stümer* 28 (1939) (AK) hetzte unter der Überschrift "Jud Ernst Toller hat sich aufgehängt":

> Der jüdische Schriftsteller Ernst Toller war einer der gefährlichsten Agenten des Kommunismus. Vor 1933 "dichtete" er in Deutschland in deutscher Sprache. Bei der Machtübernahme durch den Nationalsozialismus flüchtete er nach England und heiratete dort eine 18jährige Schauspielerin, Miß Lili Randoff. In letzter Zeit wohnte er in einem Hotel in Neuyork. In seinem Hotelzimmer hat er sich nun erhängt. So fand ihn sein Sekretär vor, als er am Morgen das Zimmer seines Herrn betrat.

> In der größten Judenstadt der Welt, die 2½ Millionen Juden beherbergt, in der Metropole, wo die Juden alle Macht in der Hand haben, hat sich dieser Jud selbst erwürgt. Aus Armut gewiß nicht, denn arme Leute pflegen keine Sekretäre zu haben. Die Furcht vor der Entdeckung seiner jüdischen Gaunereien hat ihn, den Judas Ischariot des 20. Jahrhunderts, wohl zum Selbstmord getrieben. Die Zeitungen der Welt feiern diesen Gauner als Heiligen und Märthyrer der jüdischen Sache.

In New York hingegen wurde ein Komitee zur Vorbereitung des Totengedenkens gegründet. Ihm gehörten, wie die *New York Post* am 23. Mai 1939 verbreitete, u.a. Thomas Mann, Dorothy Thompson, Arnold Zweig und Alfred Doeblin an (*Fall*, 228). Über 500 Menschen folgten der Einladung zur

---

[34] Daß der Ausgang des spanischen Bürgerkriegs auf das Erlöschen der Anziehungskraft des Marxismus in der Literatur Europas und der USA Einfluß hatte, meint Frederick Benson (264). Zum "Einzelfall" George Orwell vgl. Schröder.

Gedenkfeier am 27. Mai, auf der u.a. Oskar Maria Graf und Juan Negrín, der ehemalige Präsident der spanischen Republik, der jetzt ebenfalls in die Emigration gezwungen war, sowie Sinclair Lewis sprachen. Klaus Mann verlas eine Botschaft seines Vaters. Am Tag darauf wurde Tollers Leiche im Beisein seiner Cousine Else, einer amerikanischen Journalistin, und von Ludwig Marcuse im kleinsten Kreis eingeäschert. Zwei Jahre danach stand die Urne immer noch im Keller des Krematoriums (Dove, *He was*, 264-265).

Doch äußerten die meisten Exilanten ihre Bestürzung, ihr Unverständnis oder ihr Mitgefühl über den Selbstmord. Erwin Piscator schrieb an Hans Sahl am 1. Juni 1939 (*Fall*, 228-230):

> Über meine Gefühle brauche ich Dir nichts mitzuteilen, Du wirst dieselben gehabt haben. Sein Gesicht im Sarg (ich war eine Stunde alleine da) war friedlich und schön, erstaunlich einfach, soweit man das sagen darf, beruhigend. Es ging etwas "Vollendetes" davon aus. (230)

Die Neue Weltbühne veröffentlichte am 8. Juni 1939 Nachrufe u.a. von Lion Feuchtwanger und Ferdinand Bruckner. Feuchtwanger schrieb, sein Freund Ernst Toller habe zuviel Herz für die anderen gehabt, um an sein eigenes Werk zu denken und charakterisierte ihn kurz: "Wenn einer, dann war er eine Kerze, die, an beiden Enden angezündet, verbrannte" (*Fall*, 230). Bruckner hingegen schrieb:

> Zum ersten Mal, nach einer Freundschaft von zwanzig Jahren, verstehe ich dich nicht, Ernst Toller. [...] Wenn ein Dichter, der im Elfenbeinturm lebt, Hand an sich legt, bleibt das ebenso eine Privatsache wie seine Dichtungen. Aber du warst doch ein Kämpfer, Ernst Toller". (*Fall*, 231)

Bruckner schloß mit den Worten, Toller ruhe jetzt in Frieden: "Ach, wir alle wollen den Frieden. Aber nicht diesen! Nicht diesen! Denn dieser ist ein Hitler-Friede". (232)

VIII. ZUSAMMENFASSUNG

Ernst Toller gilt als eines der wenigen Beispiele in Deutschland für das Zusammentreffen von aktivem Politiker und engagiertem Schriftsteller. Sein empfindsames Gemüt ließ ihn früh soziale Ungerechtigkeiten fühlen und rassische Benachteiligung ahnen. Der zunächst begeisterte Kriegsfreiwillige beschäftigte sich, von der Front zurück, mit studentischen politischen Initiativen für einen Verständigungsfrieden. In der Folgezeit verlagerte sich der Schwerpunkt seiner Arbeit hin zur politischen Programmatik. Die theoretische Untermauerung seines zunächst diffusen gefühlssozialistischen Ansatzes brachte ihn an die Seite der Arbeiterbewegung. Sein Politikverständnis zu diesem Zeitpunkt war stark an den Personen Max Weber, Gustav Landauer und Kurt Eisner orientiert. Deshalb stellte er sich eigentlich auch nicht in den Dienst der Revolution, sondern in den Dienst Kurt Eisners, da dieser Revolution nicht ausschließlich und vorrangig politisch-staatlich, sondern sozial und kulturell verstand. Aus Eisners "braintrust" wurde er im Laufe der revolutionären Ereignisse in München innerhalb kürzester Zeit in die Phalanx der Revolutionäre gespült. Viel zu jung, mangelte es ihm an politischer Identität, zu deren Ausbildung die Erfahrung der Politik in eine Politik der Erfahrung hätte umgesetzt werden müssen.

Die Verurteilung und Inhaftierung wegen Teilnahme an der Münchner Räterepublik bedeutete für Toller den Schlußstrich unter eine kurze Phase aktiv mitgestalteter Politik in der Führungsspitze eines Staates.

Die Konturen der persönlichen politischen Entwicklung lassen sich in ihrer Gradlinigkeit weiter verfolgen, obwohl im Gefängnis seine Ansicht reift, sich stärker zur literarischen als zur politischen Arbeit hingezogen zu fühlen. Seine Werke wurden in der vorliegenden Arbeit lediglich daraufhin untersucht, inwieweit die Bereiche Literatur und Politik Ausdruck desselben Wirkungszusammenhangs wurden. Toller reagierte auf die jeweilige politische Lage, indem er sie kritisierte und literarisch korrigierte. Die Wirklichkeit wurde ihm zum Stoff, zum Material, das er als Dichter umformen konnte. Darin liegt der Unterschied zum bloß utopischen Gegenentwurf.

Dem politischen Menschen Ernst Toller wird man nur schwerlich gerecht, blendete man sein literarisches Schaffen aus. Das Umgekehrte gilt jedoch gleichermaßen. Mit diesem Schaffen zeichnete Ernst Toller den Verlauf wie den Zustand politisch-gesellschaftlicher Ereignisse und Entwicklungen von der heraufziehenden Revolution über die restaurative Reaktion bis hin zum daraus keimenden Nationalsozialismus. Was ihn hervorhob, waren seine radikalen politischen Diagnosen, seine bestechende ideologiekritische Analyse und seine prospektive Kraft. Diese erstaunlichen prognostischen und analytischen Fähigkeiten machten ihn jedoch nach so gut wie allen Seiten verhaßter, je pessimistischer seine Kassandrarufe wurden.

Tollers politisches Grundkonzept beruhte, vom Anarchismus Gustav Landauers stark beeinflußt, auf den immer wieder angeführten Werten Freiheit, Friede, Glück, Verantwortung und Schönheit.

Leitbilder blieben Toller stets Gustav Landauer und sein anarchistisch-sozialistisches Denken im ideologischen sowie Kurt Eisners Einheitsbestrebungen der zunehmend sich zersplitternden linken Kräfte im taktischen Bereich. Seine grundlegenden Zweifel an Parteipolitik nahmen jedoch zu.

Mit seinem Entschluß, sich keiner Partei mehr anzuschließen, hatte er nach seiner Haftentlassung wohl den entscheidenen taktischen Fehler begangen. Er hatte sich mit diesem Entschluß jeder politischen Plattform beraubt, die es ihm erlaubt hätte, sich deutlicher akzentuieren, Meinungen beeinflussen, letztlich auch die erforderliche Macht ausüben zu können. Seiner Betätigung im Vorfeld der Politik fehlte die entsprechende Durchschlagskraft auf eine bestimmende Massenorganisation. Er fand im vorpolitischen

Raum auch nicht die Resonanz, die seine klaren Analysen und seine treffsicheren Prognosen verdient hätten.

Seine Literatur, die sich Gerechtigkeits- und Solidaritätsgefühlen nicht verschloß, sich also auf Moral einließ, verhielt sich folglich zu Macht eher kritisch als affirmativ. Indem er Moral auf intellektuelle Verhaltensweisen und politisches Handeln gleichermaßen bezog, zwängte er sie nicht in enge Moralvorstellungen ein, sondern maß sie an Wertvorstellungen wie Solidarität und Gerechtigkeit. Das Eintreten für den Schwächeren, nicht das Recht des Stärkeren war seine Maxime.

Er kämpfte mit dem Wort während der Weimarer Republik gegen Militarismus, Wiederaufrüstung, Nationalismus, Rassismus, Intoleranz und Ungerechtigkeit. Alle diese Teilbereiche verschmolzen im Kampf gegen den Nationalsozialismus. Im Exil bemühte er sich deshalb, die Zersplitterung der politischen Kräfte aufzuheben. Je mehr jedoch die Hoffnung auf Einigung aller antifaschistischen Kräfte schwand, desto intensiver wurde sein Eintreten für eine Volksfront einerseits und für eine Verbesserung der Lebensverhältnisse der Asylanten andererseits.

Die Niederlage der spanischen Republik mußte Toller als erneute Erfahrung einer verratenen Revolution empfinden. Er löste sich deshalb immer stärker vom moralischen Appell an den Einzelnen und von didaktischen Konfliktlösungsstrategien. Er sah nunmehr immer deutlicher entschiedenen Handlungsbedarf auf internationaler politischer Ebene in einer gemeinsamen Widerstandsstrategie aller demokratischen Systeme gegen die Diktatur. Die unverzügliche Anerkennung der faschistischen Diktatur Francos in Spanien durch England, Frankreich und die Vereinigten Staaten mußte Toller zutiefst erschüttern, da er seinerseits nie bereit war, ethische Überlegungen aus seinem politischen Handeln auszublenden. Insbesondere die Appeasement-Politik hatte wesentliche Inhalte und Wertvorstellungen in der Politik geopfert. Diese Gewissenlosigkeit der Politik trieb Ernst Toller zur Verzweiflung. Alles, wofür er literarisch und politisch gekämpft hatte, schien verloren. Am 22. Mai 1939 beging Ernst Toller in New York Selbstmord.

IX. QUELLEN- UND LITERATUR VERZEICHNIS

1. Quellen

1.1 Gedruckte Quellen von Ernst Toller

Toller, Ernst. *Gesammelte Werke*. Hg. John M. Spalek und Wolfgang Frühwald. 1: *Kritische Schriften, Reden und Reportagen*. o. O., 1978.

Toller, Ernst. *Gesammelte Werke*. Hg. John M. Spalek und Wolfgang Frühwald. 2: *Dramen und Gedichte aus dem Gefängnis (1918-1924)*. o. O., 1978.

Toller, Ernst. *Gesammelte Werke*. Hg. John M. Spalek und Wolfgang Frühwald. 3: *Politisches Theater und Dramen im Exil (1927-1939)*. o. O., 1978.

Toller, Ernst. *Gesammelte Werke*. Hg. Wolfgang Frühwald und John M. Spalek. 4: *Eine Jugend in Deutschland*. o. O., 1978.

Toller, Ernst. *Gesammelte Werke*. Hg. Wolfgang Frühwald und John M. Spalek. 5: *Briefe aus dem Gefängnis*. o. O., 1978.

Toller, Ernst. *Justiz: Erlebnisse*. Berlin, 1927.

Toller, Ernst. *Justiz-Erlebnisse*. (Nachdruck) Berlin, 1979.

Toller, Ernst. *Prosa, Briefe, Dramen, Gedichte*. Mit einem Vorwort von Kurt Hiller. Reinbek, 1979.

Toller, Ernst. *Quer durch: Reisebilder und Reden*. Reprint mit einem Vorwort zur Neuherausgabe von Stephan Reinhardt. Heidelberg, 1978.

Toller, Ernst. Telegramm an "Scheidemann, Ebert, Noske, Mitglieder der Regierung [...]" *Kain*, 5.5 (1. Februar 1919): 4.

Toller, Ernst. "Spanisches Tagebuch". *Exil* X.1 (1990): 10-26.

Nationalsozialismus: Eine Diskussion über den Kulturbankrott des Bürgertums zwischen Ernst Toller und Alfred Mühr. Redakteur der Deutschen Zeitung. Berlin, 1930.

Toller, Ernst. "Das Versagen des Pazifismus in Deutschland". John M. Spalek: "Ernst Tollers amerikanische Vortragsreise 1936/37" *LJGG*, 305-311.

Toller, Ernst. "Abschiedsworte von Ernst Toller an Paul Grätz". *Das Wort.* Moskau. 2.6. (Juni 1937).

Toller, Ernst. "An die Jugend aller Länder". *Freie Jugend.* Berlin. 1.3. (1. August 1919)

Toller, Ernst. "Die Angst der Kreatur". *Berliner Tageblatt* (AK)

Toller, Ernst. "Das Wort: Eröffnungsrede zum internationalen Schriftsteller-Kongreß in London, Juni 1936". *Das Neue Tage-Buch.* Paris, Amsterdam. 4.27 (4. Juli 1936)

Toller, Ernst. "Unser Kampf um Deutschland. (Ansprache, gehalten auf dem Deutschen Tag in New York)" *Das Wort.* Moskau. 2.3. (1937): 46-53

Toller, Ernst. "Der bayerische Seppl: Zwei Geschichten aus einem Zyklus". *Das Tagebuch.* Berlin. 8.26. (25. Juni 1927): 1047-1050. (AK)

"Ernst Toller: Dichter der Zeit. Vor dem Penklub in London hielt Ernst Toller aus Anlaß seiner, sowie Heinrich Manns und Lion Feuchtwangers Aufnahme folgende Ansprache". *Arbeiterzeitung.* Wien (26. November 1933)

"Ernst Toller antwortet auf E. Wollenbergs Angriffe". *Die Neue Bücherschau.* München. 7.10 (Oktober 1929): 542-544.

1.2 Ungedruckte Quellen von Ernst Toller

Toller, Ernst. Brief an Zeitschrift 'Laborista Esperanto Asocie' zum revolutionären Pazifismus. (AK)

Toller, Ernst. *Hoffmann.* Politischer Aufsatz. Fragment. Typoskipt. (AK)

Toller, Ernst. *Ein Glas Bier* (Erzählung) Typoskript (AK)

Toller, Ernst. P.A. (= Politischer Aufsatzentwurf, d. Verf.) über Räterepublik [Manuskript] AK

Toller, Ernst. Bayrische Bauern und Revolution [Manuskript] AK

Toller, Ernst. Folgen der Valuta. Pol.[itischer] Aufs.[atz] [Manuskript] AK

Toller, Ernst. Politische Lage. [Manuskript] AK

Toller, Ernst. Weltrevolution [Manuskript] AK

Toller, Ernst. *Briefe, Karten, Telegramme* von und an ihn wurden im Text mit Adressaten, Datum, wenn feststellbar und dem Fundort in den jeweiligen Archiven angegeben.

1.3 Sonstige gedruckte Quellen

Die Regierung Eisner 1918/19. Ministerratsprotokolle und Dokumente. Eingel. und bearb. von Franz J. Bauer. Unter Verwendung der Vorarbeiten von Dieter Albrecht, Düsseldorf 1987.

Stenographische Berichte über die Verhandlungen des Bayerischen Landtages, Tagungen 1919 bis 1922/23: 1919/20 Bde. 1-3. Bd. 1: 1. Sitzung v. 21.2.1919 - 27. Sitzung am 24.10.1919;

Bd. 2: 28. Sitzung v. 4.12.1919 - 58. Sitzung am 30.3.1920; Bd. 3: 59. Sitzung v. 22.4.1920 - 68. Sitzung am 2.6.1920.

Beilagen-Bände I - III: Beil.Bd. I, (Beil. 1-321), Beil.Bd. II, (Beil. 322-541a) und Beil.Bd. III, Beil. 542-1350).

Stenographische Berichte über die Verhandlungen des Kongresses der Arbeiter-, Bauern- und Soldatenräte (= Rätekongreß) vom 25.2.1919-8.3.1919. o.O.o.J./ Nachdrucke: Eingel. v. Gisela Kissel u. Hiltrud Witt, Glashütten i.T. 1974.

Stenographische Berichte über die Verhandlungen des Provisorischen Nationalrates des Volksstaates Bayern im Jahre 1918/1919 und Beilagenband.

II. Kongreß der Arbeiter-, Bauern- und Soldatenräte Deutschlands vom 8.-14.4.1919. Stenographisches Protokoll. Berlin, 1919.

Ason, Marga. "Als Sekretärin von Ernst Toller: Die Maschinerie der Verhandlungen". *Berliner Tageblatt.* 148 (28. März 1929)

"Ich fordere die Rückkehr zur Realität. Fast vergessene Dokumente: Der Schriftstellerkongreß zur Verteidigung der Kultur in Paris 1935". *DIE ZEIT.* 17 (19. April 1985): 33-35.

Amtliches Kursbuch: Bayern rechts des Rheins. Hg. Dt. Reichsbahngesellschaft. Ausgabe gültig v. 15. Mai bis 6. Oktober 1928. München, o.J.

Reichskursbuch 1914. Hg. Dt. Reichspostdirektion. Berlin, o.J. Ausgabe 1914.

Stationsverzeichnis der Eisenbahnen Europas Hg. im Auftrag des Vereins deutscher Eisenbahnverwaltungen v. A. Nether. Berlin, 1931.

Toller, Ida. "Ernst Toller". *Berliner Tageblatt.* 108 (5. März 1927)

"Der Levi ist los!" *Völkischer Kurier* (21. Juli 1924).

Das Heidelberger Programm: Grundsätze der Sozialdemokratie. Berlin, 1925.

Parteitagsprotokolle der SPD-Parteitage: abgehalten in Weimar am 15./16.6.1919, Berlin 1919 abgehalten in Kassel v. 10.10.-16.10.1920, Berlin 1920 abgehalten in Görlitz v. 18.9.-24.9.1921, Berlin 1921.

1.4 Sonstige ungedruckte Quellen

(Briefe, Karten, Telegramme) wurden im Text ausgewiesen. Sie stammen aus folgenden Archiven:

Archiv der Akademie der Künste, Sammlung Toller, Berlin (abgekürzt AK)

Bundesarchiv Koblenz (BA)

Deutsche Bibliothek, Literaturarchiv der Abteilung Exilliteratur in Frankfurt am Main. (DB)

Deutsches Literaturarchiv im Schiller-Nationalmuseum Marbach am Neckar. (DLA)

Institut für Zeitgeschichte, Archiv. (IfZ)

Yale University Library (Yale). Einsicht genommen über Kopien Prof. Spalek.

Archiv John M. Spalek. Zahlreiche Briefkopien, ausgewertet im März 1983.

Stadtbibliothek München, Handschriftenabteilung.

Bayerisches Hauptstaatsarchiv München, (BayHStA Abt. II):

a) Revolutionsakten:

MA I 980 Gründung der Republik (November, Dezember 1918)

MA I 983-987 Korrespondenz Eisner mit seinem Privatsekretär Fechenbach (1918/19).

MA I 989 Unterricht und Kultus November 1918-März 1919

MA I 991 Wissenschaft und Kunst

MA I 993 Provisorisches Parlament, Nationalversammlung

MA I 1009 Politische Berichte der bayr. Gesandtschaft in Berlin 1918/19

MA I 1010 Räterepublik, Dr. Lipp, Telegramme, April 1919

MA I 1011 Telegramme verschiedenen Inhalts 9.11.1918-27.2.1919

MA I 1015 Verhältnis Bayern - Reich 1918/19

MA I 1012/1013 Ministerratsprotokolle (auch gedruckte Ausgabe)

MA I 1027 Nachlaß Eisner (3 Akten)

b) Gesamtstaatsministerium:

MA 99511 Ministerratsprotokolle 9.11.1918-13.2.1919

MA 99512 Ministerratsprotokolle Übertragung Dr. v. Graßmann 14.11.1918-15.2.1919 (Eisner)

MA 99874 Ministerratssitzungen

MA 99901 Lostrennungsbestrebungen in Bayern, Angliederung an Bayern

MA 99902 Maßnahmen zur Wiederherstellung geordneter Verhältnisse in Bayern: Räterepublik/Befreiung Münchens

MA 99915 Ministerernennungen, Koalitionsverhandlungen 1919, Beschwerden

MA 99921 Sammelakt: Pressedienst

MA 99922 Begnadigungsgesuche

MA 99924 Verhaftung Toller/Niekisch

MA 99933 Streik-Lohnbewegungen

MA 100110 Presseangriffe gegen die Regierung Hoffmann

MA 100411 Volksgerichte, Gesetz v. 12.7.1919, VO v. 19.6.1919, Aufhebung des Standrechts

MA 100478 Entwaffnung im Vollzuge der Art. 177/78 der Friedensverträge 1919-1923

MA 100477 Einwohnerwehr, Selbstschutz, Escherich, 1919-1923

MA 101252 Politische Wochenberichte

MA 102010 II. Bayerische Staatsverfassung

MA 102017 Räteregierung

MA 102068 Gesamtstaatsministerium

MA 102135-102140 Halbmonatsberichte der Regierungspräsidenten

MA 102377 Korrespondenz Kurt Eisner

MA 102378 Eisner Korrespondenz, da: Leviné bietet am 11.11.1918 Eisner seine Mitarbeit an

MA 102379 Privatkorrespondenz des Ministerpräsidenten Hoffmann

MA 103471 Umsturzbewegungen im Reich

MA 103476 Niederschriften über die Sitzungen des Ausschusses zur Untersuchung der Vorgänge vom 1.5.1923 und der gegen Reichs- und Landesverfassung gerichteten Betrebungen vom 26.9. und 9.11.1923

c) Allgemeines Staatsarchiv

MInn 54190 Die Arbeiter-, Bauern- und Soldatenräte 1919-23 Allgemeines

MInn 54199 Umbildung des Bayerischen Staates

MInn 54210 Ämterberichte zur Ministerialentschließung vom 19.12.1919 betr. Arbeiterräte

MInn 66254 Gesetz über außerordentliche Maßnahmen zum Schutz des Freistaates (Art. 48 RV) 1921-23

MInn 66255 Ermordung des Ministerpräsidenten Kurt Eisner 1919-1927

MInn 66256 Räteregierung 1919

MInn 66263 Verlegung der Staatsregierung nach Bamberg

MInn 66269 Revolution 1918, 1920-1931 u.a. Brettreich-Denkschrift

MInn 66286 Die Vorgänge im Reich und in Bayern vom 13.3.1920 Allgemeines, 1920

MInn 71528 Plakatwesen, Flugblätter, Allgemeines, Bd. 1, 1915-28

d) Sammlung Rehse:

P 3560 Zeitungsberichte 1919-1936 u.a. Stefan Großmann: "Der Hochverräter Ernst Toller" Ernst Toller: "Die Friedenskonferenz zu Versailles" *Neue Zeitung* (1. April 1919) Ernst Toller (gez. mit Fendl): "Die Unabhängigen und die Räterepublik". *Münchner Rote Fahne* (9. April 1919).

Staatsarchiv München

a) Akten der Staatsanwaltschaften

Prozeßakten:

Beschlagnahmebeschluß des Tollerschen Bankkontos durch 1. Staatsanwalt bei dem standrechtlichen Gericht für München. Nr. 13 "deponierte Kriegsanleihen" in Höhe von 500 Mark. Nr. 15 "5 % Deutsche Reichsanleihe 1916 (Januar-Juli)"

Vernehmungsprotokolle:

– Ernst Toller

– Thekla Egl

– Dietrich Eckard u.a.

Rechnungen und Belege z.B. der Roten Armee

Tollers studentenpolitische Aktivitäten und medizinische Gutachten

b) **Prozeßakten auf Mikrofilm** (Nr. 1719 und 1720), (teilweise in schlechtem Zustand) 1985 von der Library of Congress, Washington, zurückgegeben an StAM

Vernehmungsprotokoll Anton Hofer

Spitzelmitschrift vom Toller-Prozeß der Nachrichtenabteilung Gr. Kdo. 4/A/47. Eing. 16.7.1919

Bericht des nach Niederschönenfeld kommandierten Kriminalbeamten vom 29. Juni 1921.

Weiter beschlagnahmte Abschriften

Anforderung der Geheimen Staatspolizei vom 31.3.1939 von Tollers Personalakten wegen antideutscher Hetze.

c) **Akten der Polizeidirektion München**

1927/28 Zeitungsausschnitte zu *Hoppla - wir leben!* Programmheft der Piscatorbühne Nr. 1. Hg. Piscatorbühne (Oktober/November 1927), Berlin.

1.5 Zeitungen und Zeitschriften

Aachener Volkszeitung

Antike und Abendland

Arbeiterzeitung

Bayerische Staatszeitung

Belfagor: Rassegna di Varia Umanita

Berliner Börsen-Courier

Berliner Lokal-Anzeiger

Berliner Stimme

Berliner Tageblatt

Börsenblatt des Deutschen Buchhandels

Bulletin de la Faculté des Lettres de Mulhouse

Bulletin des Leo-Baeck-Institutes

Das Neue Tage-Buch

Das Parlament

Das Tagebuch

Das Wort

Der Deutschunterricht

Der Kampf

Der Kurier

Der Spiegel

Der Stürmer

Der Tag

Der Tagesspiegel

Deutsche Tageszeitung

Die Neue Bücherschau

Die Sammlung

Die Welt

Die Weltbühne

DIE ZEIT

Eichstätter Volkszeitung

Escherich-Hefte

Frankfurter Allgemeine Zeitung

Frankfurter Hefte

Frankfurter Zeitung

Freie Jugend

German Life and Letters

German Quarterly

Germanic Notes

Germanisch-Romanische Monatsschrift

Germanistik

Geschichte in Wissenschaft und Unterricht

Geschichte und Gesellschaft

Gewerkschaftliche Monatshefte

Internationale Literatur

Jahrbuch des Märkischen Museums

Kain

Kieler Nachrichten

Kölner Zeitschrift für Soziologie und Sozialpsychologie

Kürbiskern

Literarisches Jahrbuch der Görres-Gesellschaft. Neue Folge.

Literatur in Bayern

Literatur und Kritik

Main-Echo

Merkur

Miesbacher Anzeiger

Militärgeschichtliche Mitteilungen

Monatshefte

Münchener Zeitung

Münchner Neueste Nachrichten

Münchner Post (Parteizeitung der MSPD)

Neuburger Zeitung

Neue Osnabrücker Zeitung

Neue Rundschau

Neue Zeitung

Neue Zürcher Zeitung

Orbis litterarum

Politische Studien

Quaderni di Lingue e Letterature

Revue d'Allemagne

Rote Fahne

Schwarze Protokolle

Social Research

Stuttgarter Nachrichten

Süddeutsche Zeitung

The Journal of Contemporary History

Verdener Aller-Zeitung

Vierteljahreshefte für Zeitgeschichte

Völkischer Kurier

Volksblatt (Berlin)

Vorwärts

Weimarer Beiträge

Welt am Abend

Welt am Montag

ZEITMagazin

Zeitschrift für Bayerische Landesgeschichte

2. Sonstige benutzte Literatur

Adorno, Theodor W. *Ästhetische Theorie*. Gesammelte Schriften. Hg. Gretel Adorno u. Rolf Tiedemann. Frankfurt am Main, 1970.

Adorno, Theodor W. *Minima Moralia. Reflexionen aus dem beschädigten Leben*. Frankfurt am Main, 1969.

Albrecht, Friedrich. "Beziehung zwischen Schriftsteller und Politik am Beginn des 20. Jahrhunderts". *Weimarer Beiträge* 13.3 (1967): 376-402

Albrecht, Friedrich. *Deutsche Schriftsteller in der Entscheidung. Wege zur Arbeiterklasse 1918-1933*. Berlin, Weimar, 1970.

Albrecht, Richard. *Der militante Sozialdemokrat: Carlo Mierendorff 1897 bis 1943. Eine Biografie*. Berlin, Bonn, 1987.

Altenhofer, Rosemarie. *Ernst Tollers politische Dramatik*. Diss. Washington Univ., St. Louis, 1977.

Altenhofer, Rosemarie. *Nachwort. Ernst Toller: Masse Mensch*. Stuttgart, 1979, 57-77.

Altwegg, Jürg. *Die Republik des Geistes: Frankreichs Intellektuelle zwischen Revolution und Reaktion*. München, 1986.

Anders, Achim. "Bekenntnis zur Menschlichkeit: Zum 60. Geburtstag von Ernst Toller". *Berliner Stimme*. (28. Nov. 1953) (AK).

Anonym/Sch. Pf. ""Hoppla, wir leben!" Piscator-Premiere am Nollendorfplatz". *Der Tag*, Berlin, Sept. 1927, (AK)

Anonym/W. K. "Ernst Toller-Matinee". *Berliner Börsen-Courier*. 422 (8. Sept. 1924) (AK)

Anonym/K. Kn. "Feuer aus den Kesseln: Tollers Reichspietsch-Tragödie im Theater am Schiffbauerdamm." *Welt am Abend*. Berlin, 1. Sept. 1930 (AK)

Anonym "Jud Ernst Toller hat sich aufgehängt". *Der Stürmer*. 28 (1939) (AK)

Anonym/(lni) "Martin Niemöller als 'Pastor Hall'-Vorbild. Ernst Tollers letztes Stück erstaufgeführt". *Verdener Aller-Zeitung*. (16. Mai 1983).

Anonym/Wn. "Menetekel und Vision: Ernst Toller 'Der entfesselte Wotan' im Stadttheater Pforzheim". *Stuttgarter Nachrichten*. (10. Mai 1961) (AK)

Anonym/Stx. "Piscator-Bühne: 'Hoppla, wir leben!' von Ernst Toller". *Berliner Lokal-Anzeiger*. 418 (4. Sept. 1927) (AK)

Anonym "Sollte Ernst Toller in der bayerischen Festung Niederschönenfeld ermordet werden?" *Das Tagebuch* 2.49 (10. Dez. 1921): 1499 (AK)

Anz, Thomas. "Ernst Toller aktuell?" Buchrezension *Frankfurter Allgemeine Zeitung* 74 (29. März 1983): Literaturbeilage.

Anz, Thomas und Michael Stark, Hg. *Expressionismus: Manifeste und Dokumente zur deutschen Literatur 1910-1920*. Stuttgart, 1982.

Aretin, Erwein von. *Krone und Ketten: Erinnerungen eines bayerischen Edelmannes*. Hg. Karl Buchheim und Karl Otmar von Aretin. München, 1955.

Arnold, Heinz Ludwig, Hg. *Deutsche Literatur im Exil 1933-1945: Dokumente und Materialien*. 2 Bde. Frankfurt am Main, 1974.

Ascheri, Annheide. "Ernst Toller: Analisi di una sconfitta". *Belfagor: Rassegna di Varia Umanita*. Lucca, Italien. 28 (1973): 474-481.

Auer, Erhard. *Das neue Bayern*. München, 1919.

Auer, Erhard. *Die politische Lage im Reich und in Bayern: Die deutsche Sozialdemokratie und der Vertrag von Versailles*. Rede des Genossen E. Auer auf dem Bezirksparteitag in München am 28. September 1924, Verlag d. Münchener Post.

Ay, Karl-Ludwig. "Volksstimmung und Volksmeinung als Voraussetzung der Münchner Revolution von 1918". *Bayern im Umbruch: Die Revolution von 1918, ihre Voraussetzungen, ihr Verlauf und ihre Folgen*. Hg. Karl Bosl, München und Wien, 1969, 345-386.

Badia, Gilbert, [u.a.]. *Les Barbelés de l'exil: Etudes sur l'émigration allemande et autrichienne (1938-1940)*. Grenoble, 1979.

Badia, Gilbert et Hélène Roussel. "Activités politiques et culturelles des émigrés de 1933 à 1939". *Emigrés francais en Allemagne-Emigrés allemands en France 1685-1945*. Ausstellungskatalog. Hg. Goethe Insitut Paris und Ministère des Relations Extérieures. Paris, 1983, 139-140.

Bance, Allan, Hg. *Weimar, Germany: Writers and Politics* Edinburgh, 1982.

Bander, Carol. "Exilliteratur und Exil im Spiegel der deutschsprachigen Presse der Westküste: 1933-1949". *Deutsche Exilliteratur seit 1933*. 1: *Kalifornien*. Hg. John M. Spalek und Joseph Strelka. Bern und München, 1976, 195-213.

Bauer Franz J. und Eduard Schmitt. "Die bayerischen Volksgerichte 1918-1924: Das Problem der Vereinbarkeit mit der Weimarer Reichsverfassung".*ZBLG* 48 (1985)

Bauer, Gerhard. *Gefangenschaft und Lebenslust: Oskar Maria Graf in seiner Zeit*. München 1987.

Bauer, Michael. "Ernst Toller und die Massenfestspiele der Leipziger Arbeiterschaft 1920-1924." Diss. Typoskript, München 1978.

Baumgarten, Eduard. *Max Weber: Werk und Person*. Dokumente, ausgew. u. komment. Tübingen, 1964.

Bebendorf, Klaus. *Tollers expressionistische Revolution*. Frankfurt am Main, Bern, New York, Paris, 1990.

Becher, Johannes R. *Metamorphosen eines Dichters: Gedichte, Briefe, Dokumente 1909-1945*. Berlin, 1992.

Beer, Max. *Geschichte des Sozialismus in England*. Stuttgart, 1913.

Benhabib, Seyla. *Kritik, Norm und Utopie: Die normativen Grundlagen der Kritischen Theorie*. Tb. Frankfurt am Mai, 1992.

Benjamin, Walter. *Gesammelte Schriften*. Hg. Rolf Tiedemann und Hermann Schweppenhäuser. Frankfurt am Main, 1972.

Benn, Gottfried. "Der neue Staat und die Intellektuellen." 4(1933) *Gesammelte Werke in acht Bänden*. Hg. Dieter Wellershoff, Wiesbaden, 1968.

Benson, Frederick R. *Schriftsteller in Waffen: Die Literatur und der Spanische Bürgerkrieg*. Zürich, 1969.

Benson, Renate. *Deutsches expressionistisches Theater: Ernst Toller und Georg Kaiser*. New York, 1987.

Benz, Wolfgang. "Süddeutschland in der Weimarer Republik: Ein Beitrag zur deutschen Innenpolitik 1918-1923". *Beiträge zur historischen Strukturanalyse Bayerns im Industriezeitalter*, Hg. Karl Bosl, 4, Berlin, 1970.

Bering, Dietz. *Die Intellektuellen: Geschichte eines Schimpfwortes*. Stuttgart, 1978.

Betz, Albrecht. *Exil und Engagement: Deutsche Schriftsteller im Frankreich der dreißiger Jahre*. München, 1986.

Beyer, Hans. *Die Revolution in Bayern 1918-19.* Berlin (Ost), 1982.

Birnbaum, Immanuel. "Juden in der Münchener Räterepublik". *Vergangene Tage: Jüdische Kultur in München.* Hg. Hans Lamm. München, Wien, 1982, 369-371.

Bischoff, Ludwig William. "Artists, Intellectuals and Revolution: Munich 1918-1919". Diss. Harvard Cambridge University, Mass., 1970.

Böhmer, Manfred. "Ein Zeuge und Bekenner: Ernst Tollers 'Pastor Hall' im Osnabrücker Theater erstaufgeführt". *Neue Osnabrücker Zeitung.* (16. Mai 1983)

Boll, Friedhelm. *Frieden ohne Revolution: Friedensstragien der deutschen Sozialdemokratie vom Erfurter Programm 1891 bis zur Revolution 1918.* Bonn, 1980.

Borkenau, Franz. *Kampfplatz Spanien.* Stuttgart, 1986.

Bosl, Karl. "Gesellschaft und Politik in Bayern vor dem Ende der Monarchie: Beiträge zu einer sozialen und politischen Strukturanalyse". *Zeitschrift für Bayerische Landesgeschichte* 28 (1965): 1-31.

Bosl, Karl, Hg. *Bayern im Umbruch: Die Revolution von 1918, ihre Voraussetzungen, ihr Verlauf und ihre Folgen.* München und Wien, 1969.

Bosl, Karl. *Bayerische Geschichte.* München, 1971.

Botstein, Leon. *Judentum und Modernität: Essays zur Rolle der Juden in der deutschen und österreichischen Kultur 1848-1938.* Wien, Köln, 1991.

Bracher, Karl-Dietrich. *Die Auflösung der Weimarer Republik: Eine Studie zum Problem des Machtverfalls in der Demokratie.* Stuttgart u. Düsseldorf, 1955, 5. Aufl., Villingen 1971.

Bracher, Karl-Dietrich, Wolfgang Sauer und Gerhard Schulz *Die nationalsozialistische Machtergreifung: Studien zur Errichtung des totalitären Herrschaftssystems in Deutschland 1933/34.* Köln und Opladen, 1960, 2. Aufl., 1962.

Bracher, Karl-Dietrich. *Die deutsche Diktatur: Entstehung Struktur Folgen des Nationalsozialismus,* Köln, Berlin, 1969.

Bracher, Karl-Dietrich. *Zeit der Ideologien: Eine Geschichte politischen Denkens im 20. Jahrhundert.* Stuttgart, 1982.

Brecht, Bertolt. *Gesammelte Werke in 20 Bänden: Schriften zur Literatur und Kunst.* Bd. 18. Zuerst Frankfurt am Main, 1967. Ungekürzte Lizenzausgabe. Zürich, 1977.

Broszat, Martin. "Widerstand: Der Bedeutungswandel eines Begriffs der Zeitgeschichte". *Süddeutsche Zeitung.* 268 (22./23. Nov. 1986): Feuilleton-Beilage, 10-11.

Bütow, Thomas. *Der Konflikt zwischen Revolution und Pazifismus im Werk Ernst Tollers.* Mit einem dokumentarischen Anhang. Hamburg, 1975.

Buselmeier, Michael. "Ein politischer Schriftsteller: Am 1. Dezember wäre Ernst Toller siebzig geworden". *DIE ZEIT* (29. Dez. 1963) (AK)

Busse, Walter. "Die sichtbare Drohung: 'Pastor Hall' im Deutschen Theater". *Der Kurier.* Berlin (25. Jan. 1947) (AK)

Cafferty, Helen Louise. "Georg Büchner's Influence on Ernst Toller: Irony and Pathos in Revolutionary Drama". Diss. Univ. of Michigan, 1976.

Cafferty, Helen L. "Pessimism, Perspectivism, and Tragedy: Hinkemann Reconsidered". *German Quarterly*, Princeton, NJ, 54 (Jan. 1981) 44-58.

Cantor, Jay. *The Space between: Literature and Politics.* Baltimore and London, 1981.

Cave, Richard Allen. "Johnston, Toller and Expressionism". *Denis Johnston: A Retrospective*. Hg. Joseph Ronsley. Gerrads Cross, England, Totowa, NJ, 1981, 78-104.

Choluj, Bozena. *Deutsche Schriftsteller im Banne der Novemberrevolution 1918: Bernhard Kellermann, Lion Feuchtwanger, Ernst Toller, Erich Mühsam, Franz Jung*. Diss. Warschau, 1988. Veröff. Wiesbaden, 1991.

Christadler, Marieluise, Hg. *Die geteilte Utopie: Sozialisten in Frankreich und Deutschland*. Mit einem Vorwort von Alfred Grosser. Opladen, 1985.

Dähn, Hans. *Rätedemokratische Modelle: Studien zur Rätediskussion in Deutschland 1918-1919*. Meisenheim, 1975.

Deak, Istvan. *Weimar Germany's Left-Wing Intellectuals*. Berkeley, 1968.

Dederke, Karlheinz. *Reich und Republik: Deutschland 1917-1933*. 6. Aufl. Stuttgart 1991.

Denkler, Horst. *Drama des Expressionismus: Programm - Spieltext - Theater*. München, 1967.

Deuerlein, Ernst. *Kleine Geschichte Bayerns*. Nürnberg, 1949.

Deuerlein, Ernst, Hg. *Quellen und Darstellungen zur Zeitgeschichte. 9: 'Der Hitler-Putsch'. Bayerische Dokumente zum 8./9. November 1923*. Stuttgart, 1962.

Deuerlein, Ernst. "Der Freistaat Bayern zwischen Räteherrschaft und Hitler-Putsch". *Aus Politik und Zeitgeschichte. Beilage zur Wochenzeitung das Parlament*, 44 (28. Oktober 1964).

Diederichs, Eugen. *Selbstzeugnisse und Briefe*. Düsseldorf, 1967.

Distl, Dieter. "Die Entwicklung der deutschen Sozialdemokratie". *Festschrift zum 50jährigen Bestehen des Ortsvereins Schrobenhausen der Sozialdemokratischen Partei Deutschlands 1925-1975*. Hg. Dieter Distl u. Benno Bickel für den SPD-Ortsverein Schrobenhausen. O. O. u. o. J., 19-39.

Distl, Dieter. "Wilhelm Hoegner: Studien zu einer politischen Biographie". Magisterarbeit, Typoskript, München, 1978.

Döblin, Alfred. *Die deutsche Literatur im Ausland seit 1933: Ein Dialog zwischen Politik und Kunst*. Paris, 1938.

Döblin, Alfred. *Ausgewählte Werke in Einzelbänden*. Hg. Walter Muschg. 14: *Schriften zur Politik und Gesellschaft*. Olten, 1972.

Donohoe, James. *Hitler's Conservative Opponents in Bavaria 1930-1945: A study of Catholic, monarchist, and separatist anti-Nazi activities*, Leiden, 1961.

Dorst, Tankred. *Toller*. Frankfurt am Main, 1968.

Dorst, Tankred. *Rotmord oder I was a German: Ein Fernsehspiel*. Nach dem Theaterstück "Toller" von Tankred Dorst. Tb. München, 1969.

Dorst, Tankred, Hg. *Die Münchner Räterepublik: Zeugnisse und Kommentar*. Mit einem Kommentar versehen von Helmut Neubauer. 5. Aufl. Frankfurt am Main, 1972.

Dotzauer, Gregor. *Da wölbt sich ein Himmel, der heißt: ohne Glück: über Ernst Toller*. Frankfurt am Main, 1988.

Dove, Richard. "Ernst Toller, Wilfred Wellock and Ashley Dukes: Some Historical Connections". *German Life and Letters*, London, 35 (1981/82) 58-63

Dove, Richard. *Revolutionary socialism in the works of Ernst Toller*. Diss. Canterbury, Univ. of Kent, 1983.

Dove, Richard. "Fenner Brockway and Ernst Toller: Document and Drama in 'Berlin - Letzte Ausgabe'". *German Life and Letters* 1 (1984).

Dove, Richard. "The Place of Ernst Toller in English Socialist Theatre 1924-1939". *German Life and Letters* 2(1985).

Dove, Richard. *He was a German: a biography of Ernst Toller*. With a preface by Frank Trommler. London, 1990.

Dove, Richard. "Problemreiche Zusammenarbeit: Ernst Tollers Beziehungen zu englischen und amerikanischen Theaterleuten nach 1933". *Exil. Sonderband 2. Exiltheater und Exildramatik 1933-1945*. Hg. Edita Koch und Frithjof Trapp unter Mitarbeit von Anne-Margarete Brenker. Maintal, 1991, 203-218.

Dove, Richard und Stephen Lamb. "Traum und Wirklichkeit: Ernst Tollers spanische Hilfsaktion". mit Erstveröffentlichung von Ernst Tollers Spanischem Tagebuch (10-26). *Exil* X.1 (1990): 5-9.

Drews, Richard, Alfred Kantorowicz, Hg. *Verboten und verbrannt: Deutsche Literatur 12 Jahre unterdrückt*. München, 1983.

Durieux, Tilla. *Meine ersten 90 Jahre*. München, Berlin, 1979.

Durzak, Manfred. *Das expressionistische Drama: Ernst Barlach - Ernst Toller - Fritz von Unruh*. München, 1979.

Durzak, Manfred. "Deutschsprachige Exilliteratur. Vom moralischen Zeugnis zum literarischen Dokument." *Die deutsche Exilliteratur 1933-1945*. Hg. Manfred Durzak. Stuttgart, 1973, 9-26.

Eberle, Theo. "Die großen politischen Parteien und die Revolution 1918/1919 in München". Diss. Tübingen, 1951.

Eichenlaub, René. "Les Intellectuels et la Révolution manquée de 1918-1919 en Bavière" *Bulletin de la Faculté des Lettres de Mulhouse*, 3 (1970): 40-47.

Eichenlaub, René. "L'Anarchisme en Allemagne: Gustav Landauer (1870-1919)". *Revue d'Allemagne* III, 4 (octobre-décembre 1971): 945-969.

Eichenlaub, René. "Räte et Räterepublik en Bavière: November 1918 - mai 1919". *Revue d'Allemagne* IX, 3 (Juillet-Septembre 1977): 382-398.

Eichenlaub, René. *Ernst Toller et l'expressionisme politique*. Paris, 1980.

Eisner, Freya. "Kurt Eisner als Literat". *Literatur in Bayern* 29 (Sept. 1992): 39-43.

Eisner, Kurt. *Die neue Zeit*. München 1919.

Eisner, Kurt. *Mein Gefängnistagebuch. Die Menschheit*. 15 (1928).

Eisner, Kurt. *Die halbe Macht den Räten: Ausgewählte Aufsätze und Reden*. Eingel. u. hg. v. Gerhard Schmolze. Köln, 1969.

Eisner, Lotte. *Ich hatte einst ein schönes Vaterland: Memoiren*. Geschrieben v. Martje Grohmann. Mit einem Vorwort v. Werner Herzog. Heidelberg, 1984.

Eksteins, Modris. *Tanz über Gräben: Die Geburt der Moderne und der Erste Weltkrieg*. Reinbek, 1990.

Elsaesser, Robert Bruce. "Ernst Toller and German Society: The Role of The Intellectual as Critic, 1914-1939". Diss. Rutgers University, The State University of New Jersey. 1973.

Emig, Brigitte. *Die Veredelung des Arbeiters*. Frankfurt, 1980.

Engels, Friedrich. *Die Lage der arbeitenden Klasse in England*. 2: *Werke* von Karl Marx, Friedrich Engels. Berlin, 1959.

Enzensberger, Hans Magnus. "Poesie und Politik". Zuerst 1962. Abgedruckt in: *Einzelheiten II: Poesie und Politik*. 4. Aufl., Frankfurt am Main, 1976, 113-137.

Erdmann, Karl Dietrich. *Gebhardt. Handbuch der deutschen Geschichte*. Hg. Herbert Grundmann. 18: *Der Erste Weltkrieg*. 9., neu bearbeitete Aufl. München, 1980.

Erdmann, Karl Dietrich. *Gebhardt. Handbuch der deutschen Geschichte*. Hg. Herbert Grundmann. 19: *Die Weimarer Republik*. 9., neu bearbeitete Aufl. München, 1980.

Erdmann, Karl Dietrich. *Gebhardt. Handbuch der deutschen Geschichte*. Hg. Herbert Grundmann. 20: *Deutschland unter der Herrschaft des Nationalsozialismus 1933-1939*. 9., neu bearbeitete Aufl. München, 1980.

Erdmann, Karl Dietrich und Hagen Schulze, Hg. *Weimar: Selbstpreisgabe einer Demokratie*. Düsseldorf, 1980.

Erger, Johannes. *Der Kapp-Lüttwitz-Putsch: Ein Beitrag zur deutschen Innenpolitik 1919/20*. Düsseldorf, 1967.

Exilforschung 2: Erinnerungen ans Exil - Kritische Lektüre der Autobiographien nach 1933 und andere Themen. Internationales Jahrbuch. München, 1984.

Eyck, Erich. *Geschichte der Weimarer Republik*. 1: *Vom Zusammenbruch des Kaisertums bis zur Wahl Hindenburgs*. Erlenbach, Zürich, Stuttgart, 1954.

Eykmann, Christoph. "Zum Problem des politischen Dichters im Expressionismus". *Denk- und Stilformen des Expressionismus*. Da insbes. Kapitel: 1 München, 1974.

Fabian, Ruth und Corinna Coulmas. *Die Emigration in Frankreich nach 1933*. München, New York, London, Paris, 1978.

Fähnders, Walter und Martin Rector. *Linksradikalismus und Literatur: Untersuchungen zur Geschichte der sozialistischen Literatur in der Weimarer Republik*. Bd. 1. Reinbek, 1974.

Feilchenfeldt, Konrad. *Deutsche Exilliteratur 1933-1945: Kommentar zu einer Epoche*. München, 1986.

Finzi Vita, Viviana. "Toller e la rivoluzione tedesca". *Ernst Toller: Lettere dal carcere*. Hg. Viviana Finzi Vita. Rom, 1980.

Fischer, Fritz. *Hitler war kein Betriebsunfall*. München, 1992.

Fishman, Sterling. "Prophets, Poets and Priests: A Study of the Men and Ideal that made the Munich Revolution of 1918/19". Diss., University of Wisconsin, 1960.

Flaim Allegri, Carmen. "Destino individuale e progetto politico in Masse Mensch di E. Toller". *Quaderni di Lingue e Letterature*. Verona, Italien 1 (1976) 139-150.

Flechtheim, Ossip K. "Die Anpassung der SPD: 1914, 1933 und 1959". *Kölner Zeitschrift für Soziologie und Sozialpsychologie*; 17 (1965): 584-604.

Flechtheim, Ossip K. *Die KPD in der Weimarer Repbulik*. Mit einer Einleitung von Hermann Weber. Frankfurt am Main, 1969.

Foerster, Friedrich Wilhelm. *Erlebte Weltgeschichte 1869-1953*. Nürnberg, 1953.

Fraenkel, Ernst. "Zur Entstehung des Faszismus". *Politische Studien, Monatsschrift der Hochschule für Politische Wissenschaften*. 11.120 (1960): 238-244.

Fraenkel, Sigmund. "Offener Brief an die Herren Erich Mühsam, Dr. Wadler, Dr. Otto Neurath, Ernst Toller und Gustav Landauer". v. 6. April 1919. *Vergangene Tage: Jüdische Kultur in München*. Hg. Hans Lamm. München, Wien, 1982, 373-375.

Frei, Anette. *Die Welt ist mein Haus: Das Leben der Anyy Klawa-Morf*. Zürich, 1991

Freyberg, Jutta von und Bärbel Hebel-Kunze. "Die deutsche Sozialdemokratie in der Zeit des Faschismus". Hg. Jutta v. Freyberg, u.a. *Geschichte der deutschen Sozialdemokratie 1863-1975;* Köln, 1975.

Freydank, Ruth. "Briefe Ernst Tollers aus dem Zuchthaus". *Jahrbuch des Märkischen Museums.* 2 (1976): 59-64.

Fritton, Michael Hugh. *Literatur und Politik in der Novemberrevolution 1918/1919: Theorie und Praxis revolutionärer Schriftsteller in Stuttgart und München (Edwin Hoernle, Fritz Rück, Max Barthel, Ernst Toller, Erich Mühsam).* Frankfurt am Main, Bern, New York, 1986.

Fritzsche, Walter. "Die Intellektuellen der bayerischen Revolution". *Kürbiskern* (1969)

Frölich, Paul. *Die Bayerische Räterepublik.* Leipzig, 1920.

Frühwald, Wolfgang. "Kunst als Tat und Leben: Über den Anteil deutscher Schriftsteller an der Revolution in München 1918/1919". *Sprache und Bekenntnis. Sonderband des literaturwissenschaftlichen Jahrbuchs. Hermann Kunisch zum 70. Geburtstag, 27. Oktober 1971.* Hg. Wolfgang Frühwald und Günter Niggl. Berlin, 1971, 361-389.

Frühwald, Wolfgang. "Nachwort". Ernst Toller, *Hinkemann.* Hg. Wolfgang Frühwald. Stuttgart, 1971, 71-93.

Frühwald, Wolfgang. "Exil als Ausbruchsversuch: Ernst Tollers Autobiographie". *Die deutsche Exilliteratur 1933-1945.* Hg. Manfred Durzak. Stuttgart, 1973, 489-498.

Frühwald, Wolfgang und Wolfgang Schieder. "Einleitung: Gegenwärtige Probleme der Exilforschung". *Leben im Exil: Probleme der Integration deutscher Flüchtlinge im Ausland 1933-1945.* Hg. Wolfgang Frühwald und Wolfgang Schieder, Hamburg, 1981, 9-27.

Fügen, Hans Norbert. *Max Weber.* Reinbek, 1985.

Furness, N. A. "Toller: 'Die Maschinenstürmer' - the English dimension". *German Life and Letters.* 33 (1980): 147-157.

Gay, Peter. *Die Republik der Außenseiter. Geist und Kultur in der Weimarer Zeit: 1918-1933.* Frankfurt am Main, 1970.

Geifrig, Werner. "Ernst Toller - Dichter und Politiker 'zwischen den Stühlen'". *Vergleichen und verändern. Festschrift für Helmut Motekat.* Hg. Albrecht Goetze und Günther Pflaum. München, 1970, 116-242.

Geiss, Immanuel. *Das deutsche Reich und der Erste Weltkrieg.* München, Wien, 1978.

Gerstl, Max. *Die bayerische Räte-Republik.* München, 1919.

Geyer, Michael. *Deutsche Rüstungspolitik 1860-1980.* Frankfurt am Main, 1984.

Gibaldi, Joseph und Walter S. Achtert. *Modern Language Association. Handbook for Writers of Research Papers.* 2. Aufl. New York, 1984.

Glaser, Horst Albert, Hg. *Deutsche Literatur: Eine Sozialgeschichte. Weimarer Republik - Drittes Reich.* 9. Reinbek, 1983.

Glock, Karl und Sohn, Hg. *Die Prozesse des Geiselmordes im Luitpold-Gymnasium in München vor dem Volksgericht: Einzige mit Unterstützung der Behörden reich illustrierte Ausgabe.* München, o. J.

Götze, Dieter. "Clara Zetkin über Ernst Toller: Ein Artikel aus dem Jahre 1926". *Weimarer Beiträge.* 22 (1976): 163-164.

Gollwitzer, Heinz. "Bayern 1918-1933". *Vierteljahreshefte für Zeitgeschichte* 3 (1955): 363-387.

Gottschalch, Wilfried. *Parlamentarismus und Rätedemokratie.* Berlin, 1968.

Grab, Walter und Julius H. Schoeps, Hg. *Juden in der Weimarer Republik.* Sachsenheim, 1986.

Graf, Oskar Maria. *Das Leben meiner Mutter.* Frankfurt am Main, 1982. 528-529.

Graf, Oskar Maria. *Wir sind Gefangene: Ein Bekenntnis aus diesem Jahrzehnt.* Frankfurt am Main, 1982.

Grass, Günter. "Geschenkte Freiheit. Versagen, Schuld, vertane Chancen". *DIE ZEIT* 20 (10. Mai 1985)

Grau, Bernhard. "Parteiopposition - Kurt Eisner und die Unabhängige Sozialdemokratische Partei". *Von der Klassenbewegung zur Volkspartei: Wegmarken der bayerischen Sozialdemokratie 1892-1992.* Hg. Hartmut Mehringer u.a. München, London, New York, Paris, 1992, 126-136.

Grimm, Gunter E., Hg. *Metamorphosen des Dichters: Das Selbstverständnis deutscher Schriftsteller von der Aufklärung bis zur Gegenwart.* Tb, Frankfurt am Main, 1992.

Grimm, Reinhold und Jost Hermand, Hg. *Deutsches utopisches Denken im 20. Jahrhundert.* Stuttgart, Berlin, Köln, Mainz, 1974.

Gritschneder, Otto. "Bewährungsfrist für den Terroristen Adolf H." *Süddeutsche Zeitung*, 87 (15./16. April 1989): XVIII.

Grosser, Alfred. "Die Rolle des politischen Schriftstellers". *Frankfurter Hefte* 5 (1978): 45-48.

Grosz, George. *Ein kleines Ja und ein großes Nein:* Hamburg, 1955.

Großmann, Stefan. *Der Hochverräter Ernst Toller: Die Geschichte eines Prozesses.* Berlin, 1919. abgedruckt in: Ernst Toller: *Prosa, Briefe, Dramen, Gedichte.* Reinbek, 1979, 311-327.

Gumbel, Emil Julius. *Verschwörer. Zur Geschichte und Soziologie der deutschen nationalistischen Geheimbünde 1918-1924.* Heidelberg, 1979.

Gumbel, Emil Julius. *Zwei Jahre Mord.* 2. Aufl. Berlin, 1921.

Gumbel, Emil Julius. *Vier Jahre politischer Mord.* Berlin, 1922.

Guthke, Karl S. *B. Traven: Biographie eines Rätsels.* Frankfurt am Main, 1987.

Haar, Carel ter. *Ernst Toller: Appell oder Resignation?* München, 1977. 2. Aufl. 1981.

Haar, Carel ter. "Ernst Tollers Verhältnis zur Sowjetunion". *Exilforschung. Ein internationales Jahrbuch.* 1: *Stalin und die Intellektuellen und andere Themen.* Hg. im Auftrag der Gesellschaft für Exilforschung/Society for Exile Studies von Thomas Koebner, Wulf Kopke und Joachim Radkau. München, 1983, 109-119.

Haar, Carel ter. "Ernst Toller (1893-1939), "der aber an Deutschland scheiterte..."". *Geschichte und Kultur der Juden in Bayern: Lebensläufe.* Hg. Manfred Treml und Wolf Weigand unter Mitarbeit v. Evamaria Brockhoff. München, 1988, 309-314.

Haar, Carel ter. "Besprechung Toller-Biographie Richard Doves" *Germanistik* 32 (1991/2): 567.

Haarmann, Hermann. *Erwin Piscator und die Schicksale der Berliner Dramaturgie: Nachträge zu einem Kapitel deutscher Theatergeschichte.* München, 1991.

Haase, Hugo. "Rede vor dem Münchener Standgericht (Gehalten am 15. Juli 1919)". Stefan Großmann. *Der Hochverräter Ernst Toller: Die Geschichte eines Prozesses.* Berlin, 1919, 30-36.

Habermas, Jürgen. *Protestbewegung und Hochschulreform.* Frankfurt am Main, 1969.

Härtling, Peter. "Toller - der Prüfstein, der zwischen die Mühlen geriet: Materialien zu seinem Fall". *Die Welt.* (1. Sept. 1979).

Haffner, Sebastian. *Die deutsche Revolution 1918/19.* München, 1979.

Hagmann, Meinrad. *Der Weg ins Verhängnis: Reichstagswahlergebnisse 1919-1933.* München, 1946.

Hannover, Heinrich und Elisabeth Hannover-Drück. *Politische Justiz 1918-1933*. Mit einer Einleitung von Karl Dietrich Bracher. Frankfurt am Main, 1966.

Harrer, Jürgen. "Die Sozialdemokratie in Novemberrevolution und Weimarer Republik 1918/1933.". *Geschichte der deutschen Sozialdemokratie 1863-1975*. Hg. Jutta von Freyberg [u.a.]. Köln, 1975, 65-179.

Heiber, Helmut. *Die Republik von Weimar*. Tb. 5. Aufl. München, 1971.

Heidegger, Hermann. *Die deutsche Sozialdemokratie und der nationale Staat 1970-1920*. Göttingen, 1956.

Heilbut, Anthony: *Exiled in Paradise. German Refugees, Artists and Intellectuals in America from the 1930's to the present.* New York, 1983.

Heilmann, Hans-Dieter. "Revolutionäre und Irre - die wahnsinnige Revolution und das normale Auschwitz." *Schwarze Protokolle*, Berlin, 14 (1976).

Heller, Peter. "The Liberal Radical as a Suicide. Notes on Ernst Toller.".*Modernist Studies: Literature and Culture 1920-1940*. Edmonton, Alberta (Can.) 2 (1976): 3-13.

Hennig, Diethard. *Johannes Hoffmann: Sozialdemokrat und Bayerischer Ministerpräsident*. München, London, New York, Paris, 1990.

Hennig, Diethard. "Gegen Revolution und Gegenrevolution. Johannes Hoffmann, Sozialdemokrat und bayerischer Ministerpräsident". *Von der Klassenbewegung zur Volkspartei: Wegmarken der bayerischen Sozialdemokratie 1892-1992*. Hg. Hartmut Mehringer u.a. München, London, New York, Paris, 1992, 151-162.

Henrichs, Benjamin. "Bekenntnisse eines Unpolitischen: Tollers 'Masse - Mensch' im TamS, München". *Süddeutsche Zeitung*. 290 (4. Dez. 1970).

Hermand, Jost und Frank Trommler. *Die Kultur der Weimarer Republik*. München, 1978.

Hermand, Jost, Hg. *Ernst Toller: Drama und Engagement*. Stuttgart, 1981.

Heuß, Theodor. *Erinnerungen 1905-1933* Tübingen, 1964.

Hillmayr, Heinrich. *Roter und weißer Terror in Bayern nach 1918: Ursache, Erscheinungsformen und Folgen der Gewalttätigkeit im Verlauf der revolutionären Ereignisse nach dem Ende des ersten Weltkrieges*. München, 1974.

Hirschfeld, Gerhard, Hg. *Exil in Großbritannien. Zur Emigration aus dem nationalsozialistischen Deutschland*. Stuttgart, 1983.

Hitzer, Friedrich. *Anton Graf Arco: Das Attentat auf Kurt Eisner und die Schüsse im Landtag*. München, 1988.

Hochdorf, Max. "Toller-Manifestationen im Großen Schauspielhaus". *Vorwärts*. 306 (1. Juli 1922).

Hoegner, Wilhelm. *Hitler und Kahr, Die bayerischen Napoleonsgrößen von 1923: Ein im Untersuchungsausschuß des Bayerischen Landtags aufgedeckter Justizskandal*. Hg. Landesausschuß der SPD in Bayern. München. 1. Teil, Januar 1928. 2. Teil, Mai 1928.

Hoegner, Wilhelm. *Der schwierige Außenseiter: Erinnerungen eines Abgeordneten, Emigranten und Ministerpräsidenten*. München, 1959.

Hoegner, Wilhelm. "Georg von Vollmar ein bayerischer Parlamentarier". *Politische Studien, Zweimonatsschrift für Zeitgeschichte und Politik*, 15.153 (Jan./Feb. 1964): 53-64.

Hoegner, Wilhelm. *Der politische Radikalismus in Deutschland 1919-1933*. München, Wien, 1966.

Hoegner, Wilhelm. *Flucht vor Hitler: Erinnerungen an die Kapitulation der ersten deutschen Republik 1933*. München, 1977.

Höhne, Heinz. *Die Machtergreifung: Deutschlands Weg in die Hitlerdiktatur.* Hamburg, 1983.

Hoelzel, Alfred. "Betrayed rebels in German literature: Büchner, Toller and Koestler". *Orbis litt.* 34 (1979): 238-258.

Hörburger, Christian. *Das Hörspiel der Weimarer Republik.* Stuttgart, 1975.

Hoffmann, Hanns Hubert. *Der Hitlerputsch: Krisenjahre deutscher Geschichte 1920-1924.* München, 1961.

Hofmiller, Josef. *Revolutionstagebuch 1918/19.* Leipzig, 1938.

Homann, Ursula. "Exil und literarischer Widerstand: Das Wort als gefürchtete politische Waffe". *Widerstand und Exil 1933-1945.* Hg. Bundeszentrale für politische Bildung. Bonn, 1985, 200-212.

Huder, Walter. *Ernst Toller: Jüngling, Schriftsteller und Revolutionär. Anläßlich seines 80. Geburtstages.* Typoskript. Akademie der Künste, Berlin.

Hunt, Richard N. *German Social Democracy 1918-1933.* New Haven and London, 1964.

Hyman, Ruth Salinger. *Gustav Landauer.* Indianapolis, 1977.

Jaeggi, Urs. *Literatur und Politik: Ein Essay.* Frankfurt am Main, 1972.

Jansen, Reinhard. *Georg von Vollmar. Eine politische Biographie.* Düsseldorf, 1958.

Jasper, Gotthard. "Justiz und Politik in der Weimarer Republik". *Vierteljahreshefte für Zeitgeschichte* 30 (1982):

Jungblut, Gerd W. "Erich Mühsam: Dichter und Revolutionär". *Erich Mühsam - Briefe an Zeitgenossen,* Bd. 1, Berlin, 1978.

Jungblut, Gerd W. *Erich Mühsam: Notizen eines politischen Werdegangs.* Schlitz, 1984.

Jungk, Peter Stephan. *Franz Werfel: Eine Lebensgeschichte.* Frankfurt am Main, 1987.

Kabermann, Friedrich. *Widerstand und Entscheidung eines deutschen Revolutionärs: Leben und Denken von Ernst Niekisch.* Köln, 1973.

Kändler, Klaus. *Drama und Klassenkampf: Beziehungen zwischen Epochenproblematik und dramatischem Konflikt in der sozialistischen Dramatik der Weimarer Republik.* Berlin, Weimar, 1970.

Kaes, Anton, Hg. *Weimarer Republik: Manifeste und Dokumente zur deutschen Literatur 1918-1933.* Stuttgart, 1983.

Kahn, Hartmut. "Drei Revolutionsstücke im Vergleich. Wolf, Toller, Plivier". *Von der Novemberrevolution zum Bund proletarisch-revolutionärer Schriftsteller.* (1980): 40-47.

Kalz, Wolfgang. *Gustav Landauer: Kultursozialist und Anarchist.* Meisenheim am Glan, 1967.

Kamber, Peter. *Geschichte zweier Leben: Wladimir Rosenbaum & Aline Valangin.* Zürich, 1990

Kamla, Thomas A. "Zu einem szenischen Dialog in Ernst Tollers Die Wandlung: Das Bild vom schlechten Christus". *Germanic Notes.* Bemidji, 8 (1977): 17-19.

Kane, Martin. "Erwin Piscator's 1927 Production of Hoppla, We're Alive". Hg. David Bradby, Louis James, Bernard Sharratt. *Performance and Politics in Popular Drama: Aspects of Popular Entertainment in Theatre, Film and Television.* Cambridge, 1980, 189-200.

Kane, Martin. *Weimar Germany and the limits of political art: a study of the work of George Grosz and Ernst Toller.* Tayport, 1987.

Kantorowicz, Alfred. *Politik und Literatur im Exil: Deutschsprachige Schriftsteller im Kampf gegen den Nationalsozialismus.* Hamburg, 1978. Ungekürzte Taschenbuchausgabe. München, 1983.

Kapfer, Herbert. *Der gefangene Dichter: Ernst Tollers Jahre in bayerischer Festungshaft.* Manuskript [8 Bl.]. München: Bayer. Rundfunk 1988 (Land und Leute).

Kapfer, Herbert und Carl-Ludwig Reichert. *Umsturz in München: Schriftsteller erzählen die Räterepublik.* München, 1988.

Karasek, Hellmuth. "Vom Hinkemann zum Nusser". *Spiegel.* 12 (17. März 1986).

Karl, Josef. *Die Schreckensherrschaft in München und Spartakus im bayr. Oberland: Tagebuchblätter und Ereignisse aus der Zeit der "bayr. Räterepublik" und der Münchner Kommune im Frühjahr 1919.* München, 1919.

Kastning, Alfred. *Die deutsche Sozialdemokratie zwischen Koalition und Opposition 1919-1923.* Paderborn, 1970.

Kauffeldt, Rolf. *Erich Mühsam: Literatur und Anarchie.* München, 1983.

Kauffeldt, Rolf. "Zur jüdischen Tradition im romantisch-anarchistischen Denken Erich Mühsams und Gustav Landauers". *Bulletin des Leo-Baeck-Instituts* 69 (1984).

Kaufmann, Arthur. *Gustav Radbruch: Rechtsdenker, Philosoph, Sozialdemokrat.* München, 1987.

Kellner, Douglas. "Expressionist Literature and the Dream of the New Man'." *Passion and Rebellion: The Expressionist Heritage.* Hg. Stephen Eric Bronner und Douglas Kellner, South Hadley, 1983, 166-200.

Keßler, Richard. *Heinrich Held als Parlamentarier: Eine Teilbiographie 1868-1924.* Berlin, 1971.

Kirsch, Hans-Christian, Hg. *Der Spanische Bürgerkrieg in Augenzeugenberichten.* Ungekürzte Taschenbuchausgabe. München, 1971.

Kirsch, Hans-Christian. "Ernst Toller: Revolution und Menschlichkeit". *Klassiker heute: Die Zeit des Expressionismus.* Hg. Brigitte Dörrlamm [u.a.] Frankfurt am Main, 1982, 307-332

Klages, Ludwig. *Der Geist als Widersacher der Seele.* 1: *Leben und Denkvermögen.* Leipzig, 1929. 2: *Die Lehre vom Willen.* Leipzig, 1929. 3.1: *Die Lehre von der Wirklichkeit der Bilder.* Leipzig, 1932. 3.2: *Das Weltbild des Pelasgertums.* Leipzig, 1932.

Klarmann, Adolf D. "Der expressionistische Dichter und die politische Sendung". *Der Dichter und seine Zeit: Politik im Spiegel der Literatur.* 3. Amherster Colloquium zur modernen deutschen Literatur 1969. Hg. Wolfgang Paulsen. Heidelberg, 1970, 158-180.

Klein, Alfred. "Zwei Dramatiker in der Entscheidung. Ernst Toller, Friedrich Wolf und die Novemberrevolution". Hg. Alfred Klein. 1977, 49-73.

Klein, Dorothea. "Der Wandel der dramatischen Darstellungsform im Werk Ernst Tollers (1919-1930)". Diss. Bochum, 1968.

Klein, Jürgen. "Die Auseinandersetzung der britischen Schriftsteller 1933 bis 1945 mit dem Dritten Reich". *Neue Rundschau* 98.4 (1987): 45-74.

Klein, Wolfgang, Hg. *Paris 1935: Erster Internationaler Schriftstellerkongreß zur Verteidigung der Kultur. Reden und Dokumente.* Berlin, 1982.

Klemperer, Klemens von. *Germany's New Conservatism.* Princeton, 1968.

Klemperer, Victor. *Curriculum vitae: Jugend um 1900.* Berlin, 1989.

Kluge, Ulrich. "Die Militär- und Rätepolitik der bayerischen Regierungen Eisner und Hoffmann 1918/19". MGM 13 (1973): 7-25.

Kluge, Ulrich. *Die deutsche Revolution 1918/19: Staat, Politik und Gesellschaft zwischen Weltkrieg und Kapp-Putsch.* Frankfurt am Main, 1985.

Knobloch, Hans-Jörg. "Ernst Toller - "Volksfreund" oder "Diva des Proletariats"?" *Neue Zürcher Zeitung.* 505 (30. Nov. 1974): 69.

Knobloch, Hans-Jörg. *Das Ende des Expressionismus: Von der Tragödie zur Komödie.* Frankfurt am Main, 1975.

Koebner, Thomas. "Der Passionsweg der Revolutionäre. Christliche Motive im politischen Drama der zwanziger Jahre". *Preis der Vernunft. Literatur und Kunst zwischen Aufklärung, Widerstand und Anpassung. Festschrift.* Hg. Klaus Siebenhaar und Hermann Haarmann. Berlin, 1982, 39-50.

Koester, Eckart. *Literatur und Weltkriegsideologie: Positionen und Begründungszusammenhänge des publizistischen Engagements deutscher Schriftsteller im Ersten Weltkrieg.* Kronberg, 1977.

Kolb, Eberhard. *Die Arbeiterräte in der deutschen Innenpolitik 1918-1919.* Düsseldorf, 1962.

Kolb, Eberhard. *Die Weimarer Republik.* München, Wien, 1984.

Kolinski, Eva. *Engagierter Expressionismus: Politik und Literatur zwischen Weltkrieg und Weimarer Republik.* Stuttgart, 1970.

Korte, Hermann. "Die Abdankung der "Lichtbringer". Wilhelminische Ära und literarischer Expressionismus in Ernst Tollers Komödie 'Der entfesselte Wotan'". *Germanisch-Romanische Monatsschrift.* 1.2. (1984)

Kortner, Fritz. *Aller Tage Abend.* Tb. München, 1969.

Kraus, Andreas. *Geschichte Bayerns: Von den Anfängen bis zur Gegenwart.* München, 1983.

Krause, Hartfrid. *USPD: Zur Geschichte der Unabhängigen Sozialdemokratischen Partei Deutschlands.* Frankfurt am Main, Köln, 1975.

Krauss, Werner. *Literaturtheorie, Philosophie und Politik.* Berlin, 1984.

Kreiler, Kurt. *Die Schriftstellerrepublik: Zum Verhältnis von Literatur und Politik in der Münchner Räterepublik. Ein systematisches Kapitel politischer Literaturgeschichte.* Berlin, 1978.

Kreuzer, Helmut. *Die Bohème: Beiträge zu ihrer Beschreibung.* Stuttgart, 1968.

Kristl, Wilhelm Lukas. "Ernst Toller in der Revolution 1918/19: Ein Beitrag zur Geschichte der Bayerischen Räterepublik". *Gewerkschaftliche Monatshefte* 20.4 (April 1969): 205-215.

Kritzer, Peter. *Die bayerische Sozialdemokratie und die bayerische Politik in den Jahren 1918-1923.* München, 1969.

Kritzer, Peter. "Die SPD in der bayerischen Revolution von 1918" *Bayern im Umbruch. Die Revolution von 1918, ihre Voraussetzungen, ihr Verlauf und ihre Folgen.* Hg. Karl Bosl. München und Wien, 1969, 427-452.

Krüger, Horst. "Ohne Macht und Mandat: Die Erbfeindlichkeit zwischen Literatur und Politik". *DIE ZEIT.* 27 (1970): 38.

Krüger, Peter. *Die Außenpolitik der Republik von Weimar.* Darmstadt, 1985.

Krummacher, F. A., Albert Wucher. *Die Weimarer Republik: Ihre Geschichte in Texten, Bildern und Dokumenten.* München - Wien - Basel, 1965.

Kühnl, Reinhard. *Die Weimarer Republik: Errichtung, Machtstruktur und Zerstörung einer Demokratie.* Reinbek, 1985.

Kuhn, Helmut. "Die Deutschen von Manhattan". *DIE ZEIT.* 25 (12. Juni 1992): 56.

Kunert, Günter. "Himmel und Erde. Zum Verhältnis von Literatur und Politik". *Börsenblatt* (6.12.1985).

Kuttenkeuler, W. (Hg.) *Poesie und Politik: Zur Situation der Literatur in Deutschland.* Bonn, 1973.

Kux, Manfred. *Moderne Dichterdramen: Dichter, Dichtung, Politik in Theaterstücken.* [u.a. Dorst 'Toller'] Köln, Wien, 1980.

Lamb, Stephen. "Ernst Toller: Vom Aktivismus zum humanistischen Materialismus" *Das literarische Leben in der Weimarer Republik.* Hg. Keith Bullivant. Königstein, 1978, 164-191.

Lamb, Stephen. "The medium and the message. Some reflections on Ernst Tollers Hörspiel 'Berlin, letzte Ausgabe'". *GLL* 37 (1983/84): 112-117.

Landauer, Gustav. *Sein Lebensgang in Briefen.* Hg. Martin Buber. 2 Bände, Frankfurt am Main, 1929.

Landauer, Gustav. "Aufruf zum Sozialismus". *Die Münchner Räterepublik.* Hg. Tankred Dorst. 5. Aufl. Auszugsweise veröff. Frankfurt am Main, 1966, 9-22.

Landauer, Gustav. *Erkenntnis und Befreiung: Ausgewählte Reden und Aufsätze.* Hg. u. Nachwort Ruth Link-Salinger. Frankfurt am Main, 1976.

Landshoff, Fritz H. *Amsterdam, Keizersgracht 333, Querido Verlag: Erinnerungen eines Verlegers.* Mit Briefen und Dokumenten. Berlin, Weimar, 1991.

Laqueur, Walter u. George Mosse. *Literature and Politics in The Twentieth Century.* New York, 1967.

Laqueur, Walter. "The Role of the Intelligentsia in the Weimar Republic". *Social Research.* 39.2 (1972): 213-227.

Laqueur, Walter. *Weimar. Die Kultur der Republik.* Frankfurt am Main, Berlin, Wien, 1977.

Laqueur, Walter u. George Mosse, (Hg). *The Left-Wing Intellectuals between the Wars.* New York, 1967.

Lehmann, Hans Georg. *In Acht und Bann: Politische Emigration, NS-Ausbürgerung und Wiedergutmachung am Beispiel Willy Brandts.* München, 1976.

Lehner, Herbert. "Die Fragwürdigkeit geistiger Politik. Brechts "Trommeln in der Nacht" und Tollers "Hinkemann"". *Akten des 6. Internationalen Germanistenkongresses.* 4 (1980): 104-111.

Lehnert, Detlef. *Sozialdemokratie und Novemberrevolution. Die Neuordnungsdebatte 1918/19 in der politischen Publizistik von SPD und USPD.* Frankfurt/New York, 1983.

Leonhard, Wolfgang. *Der Schock des Hitler-Stalin-Paktes.* Freiburg, 1986.

Lerg, Winfried B. *Rundfunkpolitik in der Weimarer Republik.* München, 1980.

Lewis, Beth Irwin. *George Grosz: Art and Politics in the Weimar Republic.* Madison Wisconsin, 1971.

Lichter, Käthe. "Max Weber als Lehrer und Politiker". *Der Kampf* XIX (Sept. 1926): 383-384.

Linse, Ulrich. "Der deutsche Anarchismus 1870-1918: Eine politische Bewegung zwischen Utopie und Wirklichkeit". Sonderdruck. *Geschichte in Wissenschaft und Unterricht* 9 (1969): 513-519.

Linse, Ulrich, Hg. *Gustav Landauer und die Revolutionszeit 1918/19.* Berlin, 1974.

Literatur, Macht, Moral. Rowohlt Literatur-Magazin. 16 (1986).

Lixl, Andreas. *Ernst Toller und die Weimarer Republik 1918-1933.* Heidelberg, 1986.

Lösche, Peter. *Der Bolschewismus im Urteil der deutschen Sozialdemokratie.* Berlin, 1967.

Lösche, Peter und Franz Walter. *Die SPD: Klassenpartei - Volkspartei - Quotenpartei. Zur Entwicklung der Sozialdemokratie von Weimar bis zur deutschen Vereinigung.* Darmstadt, 1992.

Löwenthal, Richard und Patrick von zur Mühlen, Hg. *Widerstand und Verweigerung in Deutschland 1933-1945.* Berlin, Bonn, 1982.

Lotterschmid, Michael und Hartmut Mehringer. "Erhard Auer - ein bayerischer Sozialdemokrat". *Von der Klassenbewegung zur Volkspartei: Wegmarken der bayerischen Sozialdemokratie 1892-1992.* Hg. Hartmut Mehringer [u.a.] München, London, New York, Paris, 1992, 138-150.

Luckmann, T. "Persönliche Identität und Lebenslauf: Gesellschaftliche Voraussetzungen". *Biographie und Geschichtswissenschaft.* Hg. G. Klingenstein, H. Lutz und G. Stourzh Wien, 1979, 29-46.

Lunacarskij, Anatolij. "Die Revolution und die Kunst" (1920/1922) *Parteilichkeit der Literatur oder Parteiliteratur? Materialien zu einer undogmatischen marxistischen Ästhetik* Hg. Hans Christoph Buch. Reinbek, 1972, 119-123.

Lunn, Eugene. *Prophet of Community: The Romantic Socialism of Gustav Landauer.* University of California Press, Berkeley, Los Angeles, London, 1973.

Lustiger, Arno. *Schalom Libertad: Juden im Spanischen Bürgerkrieg.* Frankfurt am Main, 1989.

Lutz, Heinrich. "Deutscher Krieg und Weltgewissen: Friedrich Wilhelm Foersters politische Publizistik und die Zensurstelle des bayerischen Kriegsministeriums (1915-1918)." *Zeitschrift für Bayerische Landesgeschichte* 25 (1962): 470-487.

Macfarlane Park, William. "Ernst Toller: The European Exile Years 1933-1936". Diss. University of Colorado, 1976.

Magris, Claudio. *Weit von wo? Verlorene Welt des Ostjudentums* Wien, 1974.

Maloof, Katharina Kaiser. "Mensch und Masse: Gedanken zur Problematik des Humanen in Ernst Tollers Werk". Diss. University of Washington, 1965.

Mann, Heinrich. *Der Haß: Deutsche Zeitgeschichte.* Nachwort v. Jürgen Haupt u. Materialienanhang zusammengestellt von Peter-Paul Schneider. Ungekürzte Taschenbuchausgabe. Frankfurt am Main, 1987.

Mann, Klaus. "Mein letzter Tag mit Ernst Toller". *Die Heimsuchung des europäischen Geistes: Aufsätze.* Hg. Martin Gregor-Dellin. München, 1973, 107-112.

Mann, Klaus. *Der Wendepunkt: Ein Lebensbericht.* Mit einem Nachwort von Frido Mann. Taschenbuchausgabe. Reinbek, 1984.

Mann, Klaus. *Mit dem Blick nach Deutschland: Der Schriftsteller und das politische Engagement.* Hg. u. Nachwort v. Michel Grunewald. München, 1985.

Mann, Klaus. *Briefe.* Hg. Friedrich Albrecht. Berlin, 1988.

Mann, Klaus. *Tagebücher 1938 bis 1939.* Hg. Joachim Heimannsberg, Peter Laemmle und Wilfried F. Schoeller. München, 1990.

Marcuse, Ludwig. *Mein zwanzigstes Jahrhundert.* Zürich, 1975.

Marks, Martha Gustavson. *Ernst Toller: His Fight against Fascism.* Ann Arbor, 1980.

Marnette, Hans. "Untersuchungen zum Inhalt-Form-Problem in Ernst Tollers Dramen". Diss. Päd. Hochschule Potsdam, 1963.

Marwedel, Rainer. *Theodor Lessing 1872-1933: Eine Biographie.* Darmstadt, Neuwied, 1987.

Mattern, Johannes. *Bavaria and the Reich: The conflict over the law for the protection of the republic.* Baltimore, 1923.

Matthias, Erich. "Die Sozialdemokratische Partei Deutschlands" *Das Ende der Parteien 1933.* Hg. Erich Matthias und Rudolf Morsey. Düsseldorf, 1960.

Maurer, Trude. *Ostjuden in Deutschland 1918-1933*. Hamburg, 1986.

Mehring, Walter. *Die verlorene Bibliothek: Autobiographie einer Kultur*. Ungek. Tb. München, 1972.

Melchinger, Siegfried. *Geschichte des politischen Theaters*. 2 Bde. Durchges. Taschenbuchausgabe. Frankfurt am Main, 1974.

Menges, Franz. *Reichsreform und Finanzpolitik: Die Aushöhlung der Eigenstaatlichkeit Bayerns auf finanzpolitischem Wege in der Zeit der Weimarer Republik*. Berlin, 1971.

Mennekes, Friedhelm. *Die Republik als Herausforderung: Konservatives Denken in Bayern zwischen Weimarer Republik und antidemokratischer Reaktion (1918-1925)*. Berlin, 1972.

Mennemeier, Franz N. "Das Proletarierdrama: Ernst Tollers Weg vom Aktionsstück zur Tragödie". *Der Deutschunterricht*. 24 (1972): 100-116.

Mertens, Ursula. *Die Rätebewegung in Bayern 1918/19*. Diss. Erlangen, 1984.

Meyer-Leviné, Rosa. *Leviné: Leben und Tod eines Revolutionärs*. Frankfurt am Main, 1974.

Middell, Eike, Hg. *Kunst und Literatur im antifaschistischen Exil 1933-1945*. 3: *Exil in den USA*. Frankfurt am Main, 1980.

Mierendorff, Marta. "Leopold Jessner". *Deutsche Exilliteratur seit 1933*. 1: *Kalifornien* Hg. John M. Spalek und Joseph Strelka. Bern und München, 738-750.

Milatz, Alfred. *Wahlen und Wähler in der Weimarer Republik*. Bonn, 1966.

Miller, Susanne. *Die Bürde der Macht: Die deutsche Sozialdemokratie 1918-1920*. Düsseldorf, 1979.

Miller, Susanne und Heinrich Potthoff. *Kleine Geschichte der SPD: Darstellung und Dokumentation 1848-1983*. 5. überarb. u. erw. Aufl. Bonn, 1983.

Mitchell, Allan. *Revolution in Bayern 1918/1919: Die Eisnerregierung und die Räterepublik*. München, 1967.

Möller, Horst. *Exodus der Kultur: Schriftsteller , Wissenschaftler und Künstler in der Emigration nach 1933*. München, 1984.

Möller, Horst. *Weimar: Die unvollendete Demokratie*. München, 1985.

Möller, Thomas. *Ethisch relevante Äußerungen von Max Weber zu den von ihm geprägten Begriffen der Gesinnungs- und Verantwortungsethik*. München, 1983.

Mommert, W. (dpa) "Toller in Ost-Berlin: In einer Welt der "Schlafmützen"". *Volksblatt*. Berlin (7. Juni 1984).

Mommsen, Hans. *Die verspielte Freiheit: Der Weg der Republik von Weimar in den Untergang 1918-1933*. Frankfurt, Berlin, 1990.

Mommsen, Wolfgang J. *Max Weber und die deutsche Politik 1890-1920*. 2. Aufl., Tübingen, 1974.

Mommsen, Wolfgang J. "Die deutsche Revolution 1918-1920". *Geschichte und Gesellschaft* 4 (1978)

Morsey, Wilhelm. "Verfassungsfeinde im öffentlichen Dienst der Weimarer Republik - ein aktuelles Lehrstück?" *Politische Parteien und öffentlicher Dienst*. Hg. Baum, Benda u.a., Bonn, 1982.

Mosse, George L. "Einführung: Die Entstehung des Faschismus". *Internationaler Faschismus 1920-1945*, Hg. Walter Laqueur u. George L. Mosse, München, 1966, 29-45.

Mosse, Werner E., Hg. *Deutsches Judentum in Krieg und Revolution 1916-1923*. Tübingen, 1971.

Mühlen, Patrick von zur. *Spanien war ihre Hoffnung: Die deutsche Linke im Spanischen Bürgerkrieg 1936 bis 1939*. Bonn, 1983.

Mühr, Alfred. *Deutschland, Deine Söhne: Begegnungen mit Ernst Toller, Walter Gropius, Josef Goebbels, Max Beckmann, Emil Jannings, Bert Brecht, Hermann Göring, Paul Wegener, Gustav Gründgens u.a.* Bergisch-Gladbach, 1983.

Mühsam, Erich. "Von Eisner bis Leviné: Die Entstehung der bayerischen Räterepublik". *Ich bin verdammt zu warten in einem Bürgergarten.* 1: *Gedichte, Stücke, Prosa.* Hg. Wolfgang Haug. Darmstadt und Neuwied, 1983, 89-139.

Mühsam, Erich. "Niederschönenfeld. Eine Chronik in Eingaben". *Ich bin verdammt zu warten in einem Bürgergarten.* 2: *Literarische und politische Aufsätze.* Hg. Wolfgang Haug. Darmstadt und Neuwied, 1983, 128-137.

Müller, Helmut L. *Die literarische Republik: Westdeutsche Schriftsteller und die Politik.* Mit einem Vorwort von Kurt Sontheimer. Weinheim. Basel, 1982.

Müller, Helmut L. "Der "dritte Weg" als deutsche Gesellschaftsidee". *Aus Politik und Zeitgeschichte. Beilage zur Wochenzeitung das Parlament.* B 27/84 (7. Juli 1984): 27-38.

Müller-Aenis, Martin. *Sozialdemokratie und Rätebewegung in der Provinz: Schwaben und Mittelfranken in der bayerischen Revolution 1918-1919.* München, 1986.

Müller-Meiningen, Ernst. *Aus Bayerns schwersten Tagen: Erinnerungen und Betrachtungen aus der Revolutionszeit.* Berlin, Leipzig, 1923.

Naumann, Uwe. *Klaus Mann.* Reinbek, 1984.

Nehru, Jawaharlal. *A Bunch of old Letters.* London, 1958.

Nehru, Jawaharlal. *Ernst Toller. Dokumente zu einer Freundschaft 1927-1939.* Mit Erinnerungen von Mulk Raj Anand. Halle, 1989.

Nenning, Günther. "Wo Staat ist, ist kein Geld: Nachdrückliche Erinnerung an Gustav Landauer, den die Deutschen vor siebzig Jahren ermordeten". *DIE ZEIT.* 47 (17. Nov. 1989): 78-79.

Neubauer, Helmut. "München 1918/19". *Die Münchner Räterepublik: Zeugnisse und Kommentar.* Hg. Tankred Dorst. 5. Aufl. Frankfurt am Main, 1972 (171-188).

Niekisch, Ernst. "Erinnerungen an Ernst Toller". *Theater der Welt: Ein Almanach.* Hg. Herbert Ihering. Berlin, 1949. abgedr. Hansjörg Viesel, *Literaten an der Wand*, 580-587.

Niekisch, Ernst. *Gewagtes Leben: Begegnungen und Erlebnisse.* Köln, Berlin, 1958.

Nössig, Manfred, Johanna Rosenberg, Bärbel Schrader, Hg. *Literaturdebatten in der Weimarer Republik.* Berlin und Weimar, 1980.

Nolte, Ernst. "Zur Phänomenologie des Faschismus". *Vierteljahreshefte für Zeitgeschichte* (1962): 373-407.

Noske, Gustav. *Von Kiel bis Kapp: Zur Geschichte der deutschen Revolution.* Berlin, 1920.

Oesterle, Jürgen. "Einsamkeit und Eigensinn: Das Internationale Calwer Kolloquium über Hermann Hesse und die Politik". *Süddeutsche Zeitung.* 139 (19. Juni 1992): 40.

Ohlendorf, Harald H. "W. H. Auden: 'In Memory of Ernst Toller'." *Comparative Criticism: A Yearbook*, New York. (1979): 167-183.

Oertzen, Peter von. *Betriebsräte in der Novemberrevolution: Eine politikwissenschaftliche Untersuchung über Ideengehalt und Struktur der betrieblichen und wirtschaftlichen Arbeiterräte in der deutschen Revolution 1918/19.* Düsseldorf, 1963.

Ossar, Michael. *Anarchism in the Dramas of Ernst Toller.* Albany, 1980.

Ott, Sieghart. *Kunst und Staat.* München, 1968.

Otte, Holger. *Gustav Radbruchs Kieler Jahre 1919-1926.* Frankfurt, Bern, 1982.

Papenfuss, Dietrich und Jürgen Söring, Hg. *Rezeption der deutschen Gegenwartsliteratur im Ausland. Internationale Forschungen zur neueren deutschen Literatur.* Tagungsbeiträge eines Symposiums der Alexander von Humboldt-Stiftung, Bonn-Bad Godesberg veranstaltet vom 21. bis 26. Oktober 1975 in Ludwigsburg. Stuttgart, 1976.

Park, William Macfarlane. "Ernst Toller: The European Exile Years 1933-1936". Diss. Univ. of Colorado, 1976.

Pérez-Ramos, Barbara. *Intelligenz und Politik im Spanischen Bürgerkrieg 1936-1939.* Bonn, 1984.

Peter, Lothar. "Ernst Toller und Erich Mühsam in der Münchner Räterepublik". *Literarische Intelligenz und Klassenkampf: "Die Aktion" 1911-1932.* Hg. Lothar Peter. Köln, 1972, 115-123.

Peukert, Detlev J. K. *Die Weimarer Republik: Krisenjahre der Klassischen Moderne.* Frankfurt am Main, 1988.

Peukert, Detlev J. *Max Webers Diagnose der Moderne.* Göttingen, 1989.

Pfützner, Klaus. *Die Massenfestspiele der Arbeiter in Leipzig (1920-1924).* Leipzig, 1960.

Pittock, Malcolm. *Ernst Toller.* Boston (Mass. USA), 1979. [Rez. vgl. Furness]

Plato, Alexander von. *Zur Einschätzung der Klassenkämpfe in der Weimarer Republik: Die KPD und Komintern, Sozialdemokratie und Trotzkismus.* Berlin, 1973.

Pörtner, Paul. "The Writer's Revolution: Munich 1918-1919". *The Journal of Contemporary History.* 3.4 (Oktober 1968): 137-151.

Poliakov, Leon. *Geschichte des Antisemitismus.* Band I - IV, Worms, 1977-1983.

Prager, Eugen. *Das Gebot der Stunde: Geschichte der USPD.* 4. Aufl. Berlin, Bonn, 1980.

Pridham, Geoffrey. "The National Socialist Party in Southern Bavaria, 1925-1933. A Study of its Development in a predominantly Roman Catholic Area". Diss. University of London, August 1969.

Pridham, Geoffrey. *Hitler's Rise to Power: The Nazi Movement in Bavaria 1923-1933.* London, 1973.

Pross, Harry. "Literaten an die Wand: Die Schriftsteller und die Münchner Räterepublik 1919", 4: *Unter dem Pflaster liegt der Strand.* Berlin, 1977 (183-208).

Pross, Harry. *Literatur und Politik.* Freiburg, 1963.

Prümm, Karl. "Jugend ohne Väter: zu den autobiographischen Jugendromanen der späten zwanziger Jahre". *"Mit uns zieht die neue Zeit": Der Mythos Jugend.* Hg. Thomas Koebner, Rolf-Peter Janz und Frank Trommler. Frankfurt am Main, 1985, 563-589.

Radbruch, Gustav. *Der innere Weg:* Aufriß meines Lebens. 2. Aufl. Göttingen, 1961.

Raddatz, Fritz J. "Erfahrung Mexiko: Am Ende versöhnen Ruinen". *ZEITMagazin.* 40 (28. Sept. 1990): 24-41.

Reichel, Peter. "Protest und Prophetie vor 1933: Fundamentalistische Strömungen und die Suche nach irdischen Paradiesen". *Merkur* 9/10.46. (September/Oktober 1992): 763-781.

Reichmann, Eva G. "Der Bewußtseinswandel der deutschen Juden". *Deutsches Judentum in Krieg und Revolution: 1916-1923.* Hg. Werner E. Mosse. Tübingen, 1971.

Reimann, Joachim. *Ernst Müller-Meiningen senior und der Linksliberalismus in seiner Zeit: zur Biographie eines bayerischen und deutschen Politikers (1866-1944).* München, 1968.

Reimer, Robert C. "The Tragedy of the Revolutionary: A Study of the Drama-of-Revolution of Ernst Toller, Friedrich Wolf, and Bertolt Brecht: 1918-1933". Diss. Univ. of Kansas, 1971.

Reinhardt, Stephan, Hg. *Lesebuch Weimarer Republik: Deutsche Schriftsteller und ihr Staat von 1918 bis 1933.* Berlin, 1982.

Reso, Martin. "Der gesellschaftlich-ethische Protest im dichterischen Werk Ernst Tollers". Diss. Jena, 1957.

Richard, Lionel. *D'une Apocalypse à l'autre.* Paris, 1976.

Riedel, Walter. *Der neue Mensch: Mythos und Wirklichkeit.* Bonn, 1970.

Ritter, Gerhard A. *Staat, Arbeiterschaft und Arbeiterbewegung in Deutschland: Vom Vormärz bis zum Ende der Weimarer Republik.* Berlin, Bonn, 1980.

Ritter, Gerhard A. und Susanne Miller, Hg. *Die deutsche Revolution 1918-1919.* Frankfurt am Main, 1983. (Erweiterte Taschenbuchausgabe).

Ritter, Naomi. "Rezension zu Michael Ossar: Anarchism in the Dramas of Ernst Toller". *Monatshefte* 74 (1982): 369-371.

Ritz, Peter. "Toller war nie Kommunist". *Kieler Nachrichten.* (24. Juni 1978).

Rogers, Jacqueline Bloom. "Ernst Toller's Prose Writings". Diss. Yale, 1972.

Roland, Christoph. "Der rote König von Bayern: Einst weltberühmt und vergessen. Die Wiederentdeckung Ernst Tollers". *Aachener Volkszeitung* (30. Nov. 1968) (AK).

Rosenberg, Arthur. *Die Entstehung und Geschichte der Weimarer Republik.* Frankfurt am Main, 1955.

Rothe, Wolfgang. *Der Aktivismus, 1915-1920.* München, 1969.

Rothe, Wolfgang, Hg. *Die deutsche Literatur in der Weimarer Republik.* Stuttgart, 1974.

Rothe, Wolfgang. *Ernst Toller in Selbstzeugnissen und Bilddokumenten.* Reinbek, 1983.

Rothstein, Sigurd. *Der Traum von der Gemeinschaft: Kontinuität und Innovation in Ernst Tollers Dramen.* Frankfurt am Main, Bern, New York, Paris, 1987.

Ruckhäberle, Hans Joachim u.a., Hg. *Theater in der Weimarer Republik.* Köln, 1977.

Rühle, Jürgen. *Literatur und Revolution: Die Schriftsteller und der Kommunismus.* Taschenbuchausgabe. München, 1963.

Rürup, Reinhard. *Emanzipation und Antisemitismus: Studien zur 'Judenfrage' in der bürgerlichen Gesellschaft.* Göttingen, 1975.

Sabrow, Martin. "Reichsminister Rathenau ermordet". *DIE ZEIT.* 26 (19. Juni 1992): 78.

Sahl, Hans. *Das Exil im Exil: Memoiren eines Moralisten* 2. Frankfurt am Main, 1990.

Sauder, Gerhard, Hg. *Die Bücherverbrennung: Zum 10. Mai 1933.* München, Wien, 1983.

Schabert, Thilo. "Verhängnisvolle Verheißung: Das Gottesmotiv im europäischen Denken - und die Katastophe, in die es führte". *Süddeutsche Zeitung.* 285 (10./11. Dez. 1988) Feuilleton-Beilage.

Schade, Franz. *Kurt Eisner und die bayerische Sozialdemokratie.* Hannover, 1961.

Schäfer, Hans Dieter. *Das gespaltene Bewußtsein: Deutsche Kultur und Lebenswirklichkeit 1933-1945.* 2. Aufl. München, Wien, 1982.

Schanbacher, Eberhard. *Parlamentarische Wahlen und Wahlsystem in der Weimarer Republik.* Düsseldorf, 1982.

Scheuch, Erwin K. *Kulturintelligenz als Machtfaktor: Intellektuelle zwischen Geist und Politik.* Zürich, 1974.

Scheuer, Helmut. "Biographie. Überlegungen zu einer Gattungsbeschreibung". *Vom anderen und vom Selbst: Beiträge zu Fragen der Biographie und Autobiographie.* Hg. Reinhold Grimm und Jost Hermand. Königstein, 1982, 9-29.

Schira, Reinhold und Milo Lohse. "Nie wieder Frieden". *Schultheater der Länder 1991.* Hg. Bundesarbeitsgemeinschaft für das darstellende Spiel in der Schule u.a. o.O.o.J., 23-24.

Schlenstedt, Silvia. "Tat vermähle sich dem Traum: Revolutionäres und Evolutionäres im Utopischen expressionistischer Literatur". *Revolution und Literatur: Zum Verhältnis von Erbe, Revolution und Literatur.* Hg. Werner Mittenzwei und Reinhard Weisbach. Frankfurt am Main, 1972, 129-158.

Schlenstedt, Silvia. *Wer schreibt, handelt. Strategien und Verfahren literarischer Arbeit vor und nach 1933.* Berlin und Weimar, 1983.

Schmitt, Gregor. "Auf dem Wege zur Revolution in Bayern: Parlamentarische Reformversuche vor der Novemberrevolution". *ZBLG,* 22 (1957): 498-513.

Schmitt, Hans-Jürgen und Godehard Schramm, Hg. *Sozialistische Realismuskonzeptionen: Dokumente zum I. Allunionskongreß der Sowjetschriftsteller.* Frankfurt am Main, 1974.

Schmolze, Gerhard, Hg. *Revolution und Räterepublik in München 1918/19 in Augenzeugenberichten.* München, 1978.

Schneider, Peter. "Politische Dichtung: Ihre Grenzen und Möglichkeiten". Hg. Peter Stein. *Theorie der politischen Dichtung.* München, 1973, 141-155.

Schneider, Sigrid. "Exil.". *Kulturpolitisches Wörterbuch Bundesrepublik Deutschland / Deutsche Demokratische Republik im Vergleich.* Hg. Wolfgang R. Langenbucher, Ralf Rytlewski, Bernd Weyergraf. Stuttgart, 1983, 170-174.

Schnorbus, Axel. *Arbeit und Sozialordnung in Bayern vor dem Ersten Weltkrieg (1890-1914).* München, 1969.

Schock, Ralph. *Gustav Regler - Literatur und Politik - (1933-1940).* Frankfurt am Main, 1984.

Schödel, Helmut. "Theater in München: Der fliegende Hinkemann: Franz Xaver Kroetz inszeniert ein Stück von Kroetz: "Der Nusser", frei nach Ernst Toller". *DIE ZEIT.* 13 (21. März 1986).

Schönhoven, Klaus. ""Land der versäumten Gelegenheiten": Die Revolution von 1918/19 und ihre Folgen". *Von der Klassenbewegung zur Volkspartei: Wegmarken der bayerischen Sozialdemokratie 1892-1992.* Hg. Hartmut Mehringer u.a. München, London, New York, Paris, 1992, 113-125.

Scholem, Gershom. "Zur Sozialpsychologie der Juden in Deutschland 1900-1930". *Judaica.* 4. Hg. Rolf Tiedemann. Frankfurt am Main, 1984.

Schrader, Bärbel und Jürgen Schebera: *Die "goldenen" zwanziger Jahre: Kunst und Kultur der Weimarer Republik.* Köln, 1987.

Schröder, Hans Christoph. *George Orwell: Eine intellektuelle Biographie.* München, 1988.

Schürer, Ernst. "Literarisches Engagement und politische Praxis: Das Vorbild Ernst Toller." *Rezeption der deutschen Gegenwartsliteratur im Ausland.* Hg. Dietrich Papenfuß und Jürgen Söring Stuttgart, 1979, 353-366.

Schulz, Gerhard. *Deutschland seit dem Ersten Weltkrieg 1918-1945.* Göttingen, 1976.

Schulz, Gerhard. *Zwischen Demokratie und Diktatur: Verfassungspolitik und Reichsreform in der Weimarer Republik.* 3: *Von Brüning zu Hitler: Der Wandel des politischen Systems in Deutschland 1930-1933.*Berlin, 1992.

Schulze, Hagen. *Freikorps und Republik 1918-1920.* Boppard, 1969.

Schulze, Hagen. *Weimar: Deutschland 1917-1933*. Berlin, 1982.

Schwarz, Albert. "Die Zeit von 1918 bis 1933. Erster Teil: Der Sturz der Monarchie. Revolution und Rätezeit. Die Entwicklung des Freistaates (1918-1920)." "Zweiter Teil: Der vom Bürgertum geführte Freistaat in der Weimarer Republik (1920-1933)." *Bayerische Geschichte im 19. und 20. Jahrhundert 1800-1970.* 1: *Staat und Politik.* München, 1978, 387-517.

Schwend, Karl. *Bayern zwischen Monarchie und Diktatur: Beiträge zur bayerischen Frage in der Zeit von 1918 bis 1933*. München, 1954.

Sease, Virginia. "Bruno Franck". *Deutsche Exilliteratur seit 1933*. 1: *Kalifornien*. Hg. John M. Spalek und Joseph Strelka. Bern und München, 1976, 352-370.

Seligmann, Michael. *Aufstand der Räte: Die erste bayerische Räterepublik vom 7. April 1919*. 2 Bde. Grafenau, 1989.

Sendtner, Kurt. *Rupprecht von Wittelsbach: Kronprinz von Bayern*. München, 1954.

Serke, Jürgen. *Nach Hause: Eine Heimat-Kunde*. Köln, 1979. [u.a. zu Ernst Toller]

Serke, Jürgen. *Die verbrannten Dichter*. Erweiterte Taschenbuchausgabe. Frankfurt am Main, 1980.

Shaw, Leroy R. "Biographie als Literaturwissenschaft?" *Rezeption der deutschen Gegenwartsliteratur im Ausland*. Hg. Dietrich Papenfuß und Jürgen Söring. 247-254.

Signer, Paul. *Ernst Toller: Eine Studie von Paul Signer*. Berlin, 1924.

Silone, Ignazio. *Der Fascismus: Seine Entstehung und seine Entwicklung*. Zürich, 1934.

Silva, M. Helena Goncalves da. *Character, ideology and symbolism in the plays of Wedekind, Sternheim, Kaiser, Toller and Brecht*. London, 1985.

Skasa, Michael. "Münchner Theater-Festival: Aufstand der Massen als Lightshow: Das Living Theatre mit 'Masse Mensch' von Ernst Toller". *Süddeutsche Zeitung*. (2. Juni 1980)

Skasa, Michael. "Expressionistisches Brettl: Tollers 'Entfesselter Wotan' im neuen Münchner Werkraumtheater". *Süddeutsche Zeitung*. (11. Nov. 1983).

Skasa, Michael. "Totgeburten aus Novembernächten: Kroetz macht aus Tollers "Hinkemann" einen "Nusser"". *Süddeutsche Zeitung*. 63 (17. März 1986)

Sloterdijk, Peter. *Literatur und Organisation von Lebenserfahrung: Autobiographien der Zwanziger Jahre*. München, 1978.

Sontheimer, Kurt. *Antidemokratisches Denken in der Weimarer Republik: Die politischen Ideen des deutschen Nationalismus zwischen 1918 und 1933*. Studienausgabe mit einem Ergänzungsteil Antidemokratisches Denken in der Bundesrepublik. München, 1968.

Sontheimer, Kurt. "Weimar - ein deutsches Kaleidoskop". *Die deutsche Literatur in der Weimarer Republik*. Hg. Wolfgang Rothe. Stuttgart, 1974.

Sontheimer, Kurt. "Literatur und Politik". *Neue Rundschau* 83 (1972): 402-414.

Sontheimer, Kurt. "Die Weimarer Republik: Verfall und Versprechen einer deutschen Demokratie". *Deutschland: Wandel und Bestand. Eine Bilanz nach hundert Jahren*. Hg. Edgar Joseph Feuchtwanger, München, 1973, 118ff.

Sontheimer, Kurt. "Thomas Mann als politischer Schriftsteller". *Vierteljahreshefte für Zeitgeschichte* 6 (1958): 1-44. abgedr. in *Thomas Mann*. Darmstadt, 1975, 165-226.

Sontheimer, Kurt. "Von Zeit zu Zeit das Herz waschen: Thomas Mann - ein Unpolitischer?" *Süddeutsche Zeitung*. 286 (12./13. Dez. 1987): Feuilleton-Beilage, 139-140.

Souchy, Augustin *"Vorsicht: Anarchist!" Ein Leben für die Freiheit. Politische Erinnerungen*. Darmstadt, Neuwied, 1977.

Soudek, Ingrid Helene Woithe. "Man and the Machine: A Contrastive Study of Ernst Toller's Die Maschinenstürmer and Elmer Rice's The Adding Machine". Diss. Univ. of Michigan, 1974. Ann Arbor, Microfilm, 1982.

Spaemann, Robert. "Widersprüche" *Süddeutsche Zeitung,* (15. Jan. 1983).

Spalek, John M. und Joseph Strelka, Hg. *Deutsche Exilliteratur seit 1933.* 1,1: *Kalifornien.* Bern und München, 1976.

Spalek, John M. "Der Nachlaß Ernst Tollers": *LJGG* 6 (1965): 251-266.

Spalek, John M. "Ernst Toller: The Need for a New Estimate" *The German Quarterly* 39.4 (Nov. 1966): 581-598.

Spalek, John M. *Ernst Toller and His Critics: A Bibliography.* Charlottesville (USA), 1968. Nachdruck, New York, 1973.

Spalek, John M. "Ernst Tollers Vortragstätigkeit und seine Hilfsaktionen im Exil.". *Exil und innere Emigration* 2. Internationale Tagung in St. Louis. Hg. Peter Uwe Hohendahl und Egon Schwarz. Frankfurt am Main, 1973, 85-100.

Spalek, John M. *Verzeichnis der Quellen und Materialien der deutschsprachigen Emigration in den USA seit 1933.* Charlottesville, 1979.

Spalek, John M. und Wolfgang Frühwald. "Ernst Tollers amerikanische Vortragsreise 1936/37. Mit bisher unveröffentlichten Texten und einem Anhang". *LJGG,* 6 (1965): 267-311.

Spalek, John M. und Wolfgang Frühwald, Hg. *Der Fall Toller: Kommentar und Materialien.* München, Wien, 1979.

Stark, Michael. *Für und wider den Expressionismus: Die Entstehung der Intellektuellendebatte in der deutschen Literaturgeschichte.* Stuttgart, 1982.

Steger, Bernd. *Berufssoldaten oder Prätorianer: Die Einflußnahme des bayerischen Offizierskorps auf die Innenpolitik in Bayern und im Reich 1918-1924.* Berlin, 1980.

Stehling, Jutta. *Weimarer Koalition und SPD in Baden: Ein Beitrag zur Geschichte der Partei- und Kulturpolitik in der Weimarer Republik.* Frankfurt am Main, 1976.

Stein, Peter. "Einleitung: Die Theorie der politischen Dichtung in der bürgerlichen Literaturwissenschaft". Hg. Peter Stein. *Theorie der politischen Dichtung.* München, 1973, 7-53.

Steinbach, Peter. "Republik ohne Grundkonsens: Grundwerteverlust und Zerstörung der politischen Kultur in der Weimarer Republik". *Machtverfall und Machtergreifung: Aufstieg und Herrschaft des Nationalsozialismus.* Hg. Rudolf Lill und Heinrich Oberreuter. München, 1983, 63-92.

Stephan, Alexander. *Die deutsche Exilliteratur 1933-1945: Eine Einführung.* München, 1979.

Stephan, Alexander und Hans Wagner, Hg. *Schreiben im Exil: Zur Ästhetik der deutschen Exilliteratur 1933-1945.* Bonn, 1985.

Sternburg, Wilhelm von. *Lion Feuchtwanger: Ein deutsches Schriftstellerleben.* Königstein, 1984.

Sternfeld, Wilhelm und Eva Tiedemann. *Deutsche Exil-Literatur 1933-1945: Eine Bio-Bibliographie.* 2. verb. u. erweiterte Aufl. Heidelberg, 1970.

Stock, Wolfgang Jean. "Schriftsteller als Politiker: Eine West-Berliner Ausstellung über die Münchner Räterepublik" *Main-Echo.* Aschaffenburg (10. Juli 1976) (AK)

Stone, Michael. "Ein Friseur spielt verrückt: Ernst Tollers 'Entfesselter Wotan' im Deutschen Theater". *Der Tagesspiegel.* (3. Okt. 1979).

Strauß, Botho. *Versuch, ästhetische und politische Ereignisse zusammenzudenken. Essays und Theaterkritiken.* München, 1987.

Strauß und Torney-Diederichs, Lulu von , Hg. *Eugen Diederichs: Leben und Werk. Ausgewählte Briefe und Aufzeichnungen.* Jena, 1936.

Stürmer, Michael. *Das ruhelose Reich: Deutschland 1866-1918.* Berlin, 1983.

Stürmer, Michael. *Die Weimarer Republik.* Königstein, 1980.

Stuke, Horst. *Philosophie der Tat.* Stuttgart, 1963.

Styan, J. L. "Expressionism in Germany: Kaiser and Toller". *Modern drama and practice.* Hg. J. L. Styan, 3 (1981): 47-62.

Thamer, Hans-Ulrich. *Verführung und Gewalt: Deutschland 1933-1945.* 5: *Die Deutschen und ihre Nation.* Berlin, 1986.

Treue, Wolfgang. *Deutsche Parteiprogramme 1861-1961.* Quellensammlung, 3. Aufl. Göttingen, 1961.

Treue, Wilhelm. Gebhardt. *Handbuch der deutschen Geschichte.* Hg. Herbert Grundmann. 17: *Gesellschaft, Wirtschaft und Technik Deutschlands im 19. Jahrhundert.* 9., neu bearbeitete Aufl., München, 1980.

Trommler, Frank. *Sozialistische Literatur in Deutschland: Ein historischer Überblick.* Stuttgart, 1976.

Trommler, Frank. "Verfall Weimars oder Verfall der Kultur? Zum Krisengefühl der Intelligenz um 1930". *Weimars Ende.* Hg. Thomas Koebner, Frankfurt am Main, 1982.

Trotnow, Helmut. *Karl Liebknecht: Eine politische Biographie.* Tb. München, 1982.

Tuchmann, Barbara. *August 1914.* Bern, München, 1979.

Vegesack, Thomas von. *Die Macht und die Phantasie.* Hamburg, 1979.

Viesel, Hansjörg. *Literaten an der Wand: Die Münchner Räterepublik und die Schriftsteller.* Texte, Materialien und Dokumente. Frankfurt am Main, 1980.

Voegelin, Eric. *Die neue Wissenschaft der Politik.* Salzburg, 1977.

Völker, Klaus. *Bertolt Brecht: Eine Biographie.* München, 1976.

Vogt, Jochen. *Peter Weiss.* Hamburg, 1987.

Vollhardt, Friedrich. "Wer etwas zu sagen hat, trete vor und schweige: Anmerkungen zu einer unbekannten Erklärung Dr. Arthur Schnitzlers zum Fall Ernst Toller aus dem Jahre 1919". *Literatur und Kritik.* (Aug./Sept. 1981): 462-473.

Vondung, Klaus. "Apokalyptische Erwartung: Zur Jugendrevolte in der deutschen Literatur zwischen 1910 und 1930". *"Mit uns zieht die neue Zeit": Der Mythos Jugend.* Hg. Thomas Koebner, Rolf Peter Janz und Frank Trommler. Frankfurt am Main, 1985, 519-545.

Wächter, Hans-Christof. *Theater im Exil: Sozialgeschichte des deutschen Exiltheaters 1933-1945.* München, 1973.

Walberer, Ulrich, Hg. *10. Mai 1933: Bücherverbrennung in Deutschland und die Folgen.* Frankfurt am Main, 1983.

Walter, Hans-Albert. "Deutsche Literatur im Exil. Ein Modellfall für die Zusammenhänge von Literatur und Politik". *Merkur* 273 (1971): 77-84.

Walter, Hans-Albert, Hg. *Deutsche Exilliteratur 1933-1950.* 2: *Europäisches Appeasement und überseeische Asylpraxis.* Stuttgart, 1984.

Walter, Ingo F., Hg. *Realismus: Zwischen Revolution und Reaktion 1919-1939.* München, 1981.

Walzel, Oskar. *Handbuch der Literaturwissenschaft*. 2: *Deutsche Dichtung von Gottsched bis zur Gegenwart*. Wildpark-Potsdam, 1930.

Watson, George. *Politics and Literature in Modern Britain*. London, 1977.

Watt, D. C. "Die bayerischen Bemühungen um Ausweisung Hitlers 1924". *Vierteljahreshefte für Zeitgeschichte* 6 (1958): 270-280.

Weber, Hermann. *Die Wandlung des deutschen Kommunismus: Die Stalinisierung der KPD in der Weimarer Republik*. Gekürzte Studienausgabe, Frankfurt am Main, 1969.

Weber, Marianne. *Max Weber: Ein Lebensbild*. 2. Aufl. Heidelberg, 1950.

Weber, Max. *Politik als Beruf*. München und Leipzig, 2. Aufl. 1926. Neuaufl. Reclam, 1992.

Weber, Max. *Gesammelte politische Schriften*. Hg. Johannes Winckelmann Tübingen, 3. Aufl. 1971.

Weber, Max. "Politik als Beruf". *Gesammelte politische Schriften*, Tübingen 3 (1971): 505-560

Weber, Richard. *Proletarisches Theater und revolutionäre Arbeiterbewegung 1918-1925*. Köln, 1976.

Wehrmann, Elisabeth. ""Ernst Toller war mein bester Freund". Großer Verleger des deutschen Exils. Der Gründer des deutschsprachigen Querido-Verlages in Amsterdam, Fritz Landshoff". *DIE ZEIT*, 11 (12. März 1982): 45.

Weisenborn, Günther. *An die deutschen Dichter im Ausland: Aus einer Gedächtnisrede für Ernst Toller*. Kopie. Akademie der Künste, Berlin.

Weiss, Peter. *Die Ästhetik des Widerstands*. Dreibändige Ausgabe in einem Band. Frankfurt am Main, 1983.

Wellershoff, Dieter. *Literatur und Veränderung: Versuche zu einer Metakritik der Literatur*. München, 1971.

Werner, Emil. *Die Freiheit hat ihren Preis: Die bayerische Sozialdemokratie von ihren Anfängen bis zum Widerstand im NS-Staat*. München, 1979.

Werner, Paul. *Die Bayerische Räterepublik: Tatsachen und Kritik*. 2. Aufl. Leipzig, 1920 [i.e. Paul Frölich].

Wette, Wolfram. *Gustav Noske: Eine politische Biographie* 2. Aufl. Düsseldorf, 1988.

Wette, Wolfram. *Militarismus und Pazifismus: Auseinandersetzung mit den deutschen Kriegen*. Bremen, 1991.

Wheeler, Robert F. *USPD und Internationale: Sozialistischer Internationalismus in der Zeit der Revolution*. Frankfurt am Main, Berlin, Wien, 1975.

Wiehn, Edgar Roij. *Intellektuelle in Politik und Gesellschaft*. Stuttgart, 1971.

Wiesemann, Falk. *Die Vorgeschichte der nationalsozialistischen Machtübernahme in Bayern 1932/1933*. Berlin-München, 1975.

Willard, Penelope D. "Gefühl und Erkenntnis: Ernst Toller's revisions of his dramas". Diss. Albany, State Univ. of New York. Ann Arbor, Microfilm, 1988.

Willenberg, Knud. "Priapus - der letzte der Götter. zur Bedeutung des antiken Gottes in der deutschen Literatur des 18. und 20. Jahrhunderts". *Antike und Abendland* 25 (1979): 68-82. [u.a. zu Ernst Toller]

Willet, John. *The New Sobriety*. New York, 1978.

Willett, John. *Explosion der Mitte. Kunst und Politik 1917-1933*. deutsch, München, 1981.

Williams, C. E. "Writers and Politics in Modern Germany (1918-1945)". *Writers and Politics in Modern Britain, France and Germany.* Hg. J. E. Flower, J. A. Morris, C. E. Williams, New York, 1977, 1-94.

Willibrand, Anthony William. *Ernst Toller and His Ideology.* Diss. 1940. Iowa City, 1945.

Willibrand, William Anthony. *Ernst Toller: Product of Two Revolutions.* Norman, Oklahoma, 1941.

Winkler, Heinrich August. *Die Sozialdemokratie und die Revolution von 1918/19.* Berlin, Bonn, 1979.

Winkler, Heinrich August. *Von der Revolution zur Stabilisierung: Arbeiter und Arbeiterbewegung in der Weimarer Republik 1918 bis 1924.* Berlin, Bonn, 1984.

Winkler, Heinrich August. *Der Schein der Normalität: Arbeiter und Arbeiterbewegung in der Weimarer Republik 1924-1930.* Bonn, 1985.

Winkler, Heinrich August. *Der Weg in die Katastrophe: Arbeiter und Arbeiterbewegung in der Weimarer Republik 1930 bis 1933.* Berlin, Bonn, 1987.

Wolf, Siegbert. *Gustav Landauer zur Einführung.* Hamburg, 1988.

Wollenberg, Erich. *Als Rotarmist vor München: Reportage aus der Münchener Räterepublik.* München, 1929.

Würffel, Stefan Bodo, Hg. *Frühe sozialistische Hörspiele von Johannes R. Becher u.a.* Frankfurt am Main, 1982.

Wuthenow, Ralph-Rainer. "Schriftsteller und politische Verantwortung: Ein Denk-Zettel". *Neue Rundschau* 98.4 (1987): 38-44.

Zimmermann, Werner Gabriel. *Bayern und das Reich 1918-1923: Der bayerische Föderalismus zwischen Revolution und Reaktion.* München, 1953.

Zechlin, Egmont. *Die deutsche Politik und die Juden im Ersten Weltkrieg.* Göttingen, 1969.

X. ABKÜRZUNGSVERZEICHNIS

AK	Archiv der Akademie der Künste, Berlin, Sammlung Ernst Toller
An.	Anonymer Verfasser
BA	Bundesarchiv Koblenz
BayHStA	Bayerisches Hauptstaatsarchiv München
DB	Deutsche Bibliothek, Literaturarchiv der Abteilung Exilliteratur in Frankfurt am Main
DLA	Deutsches Literaturarchiv im Schiller-Nationalmuseum Marbach am Neckar
Fasz.	Faszikel
GLL	German Life and Letters
IfZ	Institut für Zeitgeschichte München
KPD	Kommunistische Partei Deutschlands
LJGG	Literaturwissenschaftliches Jahrbuch der Görres-Gesellschaft. Neue Folge.
MGM	Metro-Goldwyn-Mayer (Filmgesellschaft)
MSP(D)	Mehrheitssozialdemokratische Partei (Deutschlands)
RAR	Revolutionärer Arbeiterrat
StAM	Staatsarchiv München
Tb	Taschenbuch
USP(D)	Unabhängige Sozialdemokratische Partei (Deutschlands)
Yale	Yale University Library
ZBLG	Zeitschrift für Bayerische Landesgeschichte